# 法国调节学派与中国特色社会主义政治经济学

# French Regulation School and Political Economy of Socialism with Chinese Characteristics

任保平 康蓉 段雨晨 等著

中国经济出版社
CHINA ECONOMIC PUBLISHING HOUSE
·北京·

**图书在版编目（CIP）数据**

法国调节学派与中国特色社会主义政治经济学 / 任保平等著. -- 北京：中国经济出版社，2023. 10

ISBN 978 - 7 - 5136 - 7587 - 1

Ⅰ. ①法… Ⅱ. ①任… Ⅲ. ①马克思主义政治经济学 - 经济思想史 - 研究 - 法国 - 现代 ②中国特色社会主义 - 社会主义政治经济学 - 研究 Ⅳ. ①F091. 9 ②F120. 2

**中国国家版本馆 CIP 数据核字（2023）第 234500 号**

责任编辑　贺　静
责任印制　马小宾
封面设计　任燕飞工作室

**出版发行**　中国经济出版社
**印 刷 者**　北京艾普海德印刷有限公司
**经 销 者**　各地新华书店
**开　　本**　710mm × 1000mm　1/16
**印　　张**　20
**字　　数**　278 千字
**版　　次**　2023 年 10 月第 1 版
**印　　次**　2023 年 10 月第 1 次
**定　　价**　89. 00 元
**广告经营许可证**　京西工商广字第 8179 号

**中国经济出版社** **网址** http://epc. sinopec. com/epc/ **社址** 北京市东城区安定门外大街 58 号 **邮编** 100011
本版图书如存在印装质量问题，请与本社销售中心联系调换（联系电话：010 - 57512564）

# 目　录

# 第一章　法国调节学派对中国特色社会主义政治经济学研究的启示

任保平*

法国调节学派（简称“调节学派”）是欧美马克思主义经济思想流派之一，是马克思阶段理论发展的产物，其学说创立的目的在于解释资本主义陷入危机的根源和走出危机的原因。20 世纪 90 年代以来，调节学派的理论进一步发展，被广泛运用到对转型经济、发展中经济和经济全球化、亚洲金融危机及拉美经济危机、国际合作和区域经济一体化等新问题的研究中。该学派继承了马克思经济学中的核心理论与范畴，同时又从马克思理论中那些高度抽象的概念中分离出若干中间概念，来解释经济主体的相互作用及其规律。因此，系统梳理和评析法国调节学派的经济理论，研究马克思主义政治经济学创新发展的规律，对于中国特色社会主义政治经济学研究具有重要意义。

## 一、调节学派的方法论与核心概念

自 20 世纪 70 年代中期以来，法国的一些经济学家通过将马克思、凯恩斯和卡尔多经济理论的独特结合，并从以布罗代尔等为代表的法国年鉴学派和波拉尼、熊彼特的理论中汲取灵感，发展了一种研究资本主义经济长期演化的独特方法，在制度与演化经济学的发展中，形成了法国的“调节”学派。调节学派自 20 世纪 70 年代最早在法国形成以来，在世界范围

* 任保平，南京大学数字经济与管理学院院长、教授、博士生导师，教育部“长江学者”特聘教授，主要研究方向为数字经济和高质量发展、发展的政治经济学。

内引起了广泛关注，并在理论和经验研究方面取得了很大进展。

## （一）调节学派的方法论

调节学派的方法论特点是在对资本主义经济发展的研究中，运用历史的、理论的、比较的方法，来探索积累体制和调节方式二者关系所表现出的规律性的内容。该学派主张积极运用多学科研究方法，充分利用历史学、政治学、经济学、社会学和法学等学科的研究成果，认为没有纯粹的经济现象，各种经济行为都是在密集的社会关系和政治规定的网络框架中进行的。

## （二）调节学派的核心概念

调节学派在继承马克思经济学核心概念、基本范畴和基本规律的基础上，发展出了一些新的概念来解释当代资本主义经济。这些核心概念有：

（1）工业或科技生产范式。此概念说明社会劳动分工的程度，其含义是指劳动过程中的技术和分工。主要用于进行微观层面的经济分析。

（2）积累体制。调节学派认为一个稳定的积累体制需要外在于经济的政治社会机制来调节，需要一种调节模式。积累体制的含义是指维持稳定经济生产与消费平衡类型的模式，主要用于宏观经济层次的分析，针对市场的稳定而建立，该学派认为稳定的积累体制的形成机制是大规模生产需要大批量消费来配合。

（3）调节模式。这个概念是一个集规范、制度、传统、组织形式、社会网络、行为类型等于一体的复合体概念，其功能在于使行为人遵守规则，形成体制再生产的模式，从而维持一个积累体制的稳定。主要处于微观和宏观之间的社会制度层次。

（4）发展模式。工业范式、积累体制和调节模式相互调整，互为补充，从而能够维持一段相当长时期的资本主义稳定发展，这样的发展可称为发展模式。

## （三）调节学派的理论框架

在调节学派的分析框架中，积累体制、调节模式和发展模式构成了其理论的概念基础。调节学派认为，社会经济结构中主要的制度组织一致性匹配推动经济持续发展，而不匹配则产生了不稳定性、危机和宏观经济衰退。在调节理论中，长期动态被看作是不连续的。当一种发展模式的潜力趋于耗尽时，从前各部分之间的连贯性就会消失，在新的连贯性出现之前，存在着不稳定和无序。在这种情况下，积累过程变得越来越与制度形式的稳定性不兼容，它无法完成在现有制度基础上的自我再生产，不平衡已达到这种情况：在给定的调节模式中，从前自我修正的机制变得无效了，发展模式陷于危机之中，经济增长速度放缓，甚至出现停滞，从而产生了不得不进行制度变革的压力。

## 二、调节学派的理论渊源

### （一）调节学派理论与马克思政治经济学的关系

调节学派坚持和继承马克思经济学，而不是马克思主义的政治经济学，也就是说，其学理基础是以《资本论》为基础的马克思经济学，而不是以《帝国主义论》为基础的马克思主义经济学。

1. 调节学派理论对马克思政治经济学核心概念和范畴的继承

（1）马克思关于生产力—生产关系以及社会再生产的论述。调节学派的核心概念间相互作用的机理遵循了马克思关于生产力—生产关系以及社会再生产的论述。调节学派始终围绕马克思的生产方式概念进行分析，他们认为每一个稳定的积累体系都一定需要生产力与生产关系之间保持系统稳定性。在研究社会再生产理论时，马克思将生产关系的再生产问题放在非常重要的位置，认为生产关系的再生产是随着生产力的发展而不断完善的过程。在这一过程中，生产关系的再生产对生产关系中不适应生产力发展的某些方面和环节进行改革，从而以新的内容和形式来代替。这些思想认识在法国调节学派的理论中都得到了继承。

（2）调节学派继承了马克思经济学中的核心理论与范畴。虽然调节学派创造了一些概念和范畴，但是基本的概念和理论基础仍然是马克思的，如资本积累、利润率下降等。

（3）调节学派坚持和继承了马克思的利润率下降趋势理论。调节学派认为马克思关于利润率下降趋势的规律是分析资本主义经济运行机制时最重要的理论工具；在坚持这一理论的同时，结合资本主义发展的历史和现实，从各种制度结构及其功能角度就资本积累的过程、动力、障碍因素及绩效进行了分析。

2. 调节学派理论对马克思政治经济学的发展

（1）调节学派认为马克思理论中的一些概念高度抽象，应该从中分离出若干中间概念来解释经济主体的相互作用及其规律。在生产方式概念的基础上，调节学派提出了积累体制、调节模式、工资关系等概念。

（2）在马克思剩余价值理论基础上，调节学派提出了内涵型积累和外延型积累等概念。

（3）调节学派对马克思的再生产概念进行了解构。在马克思的理论中，再生产一方面是物质资料再生产，另一方面也是生产关系再生产。调节学派则不再强调这是同一过程的二重性，而是将“调节模式”和“积累体制”这两个概念分离成两个单独的概念来解释。对于物质资料再生产的环节，调节学派以工业生产范式这一概念进行分析；而对于生产关系再生产的环节，则以制度形式为分析对象。

### （二）调节学派理论与新古典理论、凯恩斯理论的关系

1. 调节学派理论与新古典理论的关系

调节学派的理论与新古典经济学理论相对立。新古典学派以经济行为的不变性为前提，不考虑任何时间和地点的变化，提供的是一种非历史的经济规律，从而把历史排除在外，因而它不能解释资本主义经济的历史演变过程。

2. 调节学派理论与凯恩斯主义经济学的关系

调节学派认为凯恩斯主义经济理论研究的是开放程度较低的经济，而当前面临的却是全球化经济。调节学派试图发展马克思的制度理论，把制度与凯恩斯的宏观经济结合起来，开创一种不同于以前的历史的和制度的经济理论。调节学派理论以现实前提为基础，它认为，适用于任何时间和任何地点的理论是不存在的，必须把概念工具和现实条件结合起来，因此

必须不断创立新的调节方式和经济制度。

## 三、调节学派的其他经济理论

### （一）调节学派的制度经济学理论

21 世纪初，法国调节学派完成了第一代和第二代的新老交替，对制度经济学理论进行了研究，做出了较大的贡献。他们认为“各个社会主体都有各自的利益，他们在追求自己利益的过程中会产生社会冲突，而制度就是为了调节社会冲突而产生的，是社会主体在社会冲突中相互妥协的产物。其中，制度形成时的历史条件和政治交换对于形成什么样的制度起着关键性的作用。同时，制度、意识形态和政治媒介的相互作用形成了社会冲突调节的一般机制”①。第二代学者继承了调节学派初建时期的方法论，继续强调调节理论的独特性，并在制度理论重建方面做出了较大贡献。自 19 世纪以来，如何把经济的历史特点和经济理论结合起来是持久争论的主题。调节学派认为，新古典经济学不考虑任何时间和地点，提供的是一种非历史的经济规律，因而它不能解释资本主义经济的历史性演化过程；而马克思有关资本主义发展的长期动力学虽然强调了社会关系和积累过程的历史特定性，但其概念过于抽象。因此，阿格利埃塔和博耶等调节学派的开创者们认为，为了发展一种对资本主义多样化经济形态的演化进行解释的理论框架，“调节”方法应该从更抽象的概念（如生产方式）中找出中间概念和模式，如积累体制和制度形式等，用来解释经济行为者在相互作用时表现出来的规则性，最后再与观察到的事实进行相当细致的比较。在调节学派制度经济理论的分析框架中，积累体制、调节模式和制度形式构成了调节理论的概念基础，当积累体制、调节模式和制度形式相互补充，一度足以确保资本主义扩张的长波所需的条件时，由此所产生的复合体常常被综合性地认定为发展模式，调节学派运用上述框架对美欧资本主义从福特制向后福特制的转变进行了分析。调节学派第二代的制度形成理论，

---

① 吕守军．法国调节学派的制度理论[J]．上海交通大学学报（哲学社会科学版），2009(12)．

在继承第一代学者理论的基础上，形成了不同于新制度经济学、比较制度分析理论、美国激进学派和法国公约经济学的具有自身特色的理论。

### （二）调节学派的经济危机理论

调节学派不认同新古典经济学的外来冲击造成危机的观点，认为经济危机可以从不同层次来解释，他们从对资本主义特定历史条件下资本积累过程与经济发展过程的统一认识上入手，将经济危机划分为五类，并逐一进行解释。第一类是外部扰动造成的危机。这类危机是因为某一既定实体的持续再生产受到阻碍，或者是与自然灾害相关的短缺造成的，或者是由源于外部事件或战争的经济垮台而造成的。这种危机既不是因为调节模式的正常运行出了问题，也不是因为积累体制的衰竭而造成的。第二类是周期性危机，这种危机是在一个既定国家某个时期的主导调节模式内发生的，它只能部分且缓慢地影响主导制度形式，而且它是一个稳定发展模式中调节机制的必要组成部分。第三类是调节体系的危机。与主导调节模式相联系的机制被最终证明不能克服不利的短期趋势，因此在这样的时期出现的危机就被定义为调节体系的危机。当局部不均衡逐渐聚集并不再能被现行社会经济程序予以处理的时候，调节体系的危机便出现了。第四类是发展模式的危机。这类危机是由达到最本质制度形式的极限以及这些制度形式之间矛盾的产生来定义的。这类危机是由于最本质的经济模式出了问题而导致的危机，比如生产组织、资本增殖过程、价值分配以及社会需求的组成都或多或少存在问题而导致的危机。这类危机是由于经济再生产动态过程受阻的问题而形成的，因而是比较严重的危机。第五类是主导生产模式的终极危机。当一种经济结构达到一种制度形式安排的极限，对现行社会关系集合的最基本层面提出挑战时，这类危机便产生了。这类危机与马克思主义理论中的危机相似。

### （三）调节学派的比较资本主义研究

调节学派作为比较资本主义研究中一个重要的理论派别，将分析重点从对资本主义发展阶段转换的研究转向对资本主义多样性的研究，并运用制度层级、制度互补、协调机制等概念，对不同国家资本主义的制度结构和发展模式进行了比较分析。“从马克思主义理论那里，调节理论保留了对资本主义长期演化的兴趣，但是调节理论不接受马克思的继承者们坚持的宏大的资本主义理论。”① 把研究资本主义特定发展阶段的稳定存在条件及其发展阶段的转变作为研究的核心问题，把资本主义的历史视为连续的阶段，为了对资本主义的结构形式和发展阶段进行理论上的深入分析，调节理论通过一系列中等层次的模型建立起了理论和历史之间的联系，提出了一系列能够把马克思主义政治经济学应用于实际历史的中间概念，并用于研究资本主义的制度和实践。调节学派的资本主义多样性研究，是在批判已有的资本主义多样性理论，把资本主义多样性分析纳入调节学派的概念工具和理论框架中向前推进的。

## 四、调节学派的政策主张

法国调节学派从其基本理论出发，主张对资本主义的“国家与市场的关系、政府与企业的关系、雇主与雇员关系、国际经济关系”② 这四大经济关系进行调节。

### （一）调节国家与市场的关系

虽然“调节学派在国家与市场关系问题上持后凯恩斯主义观点”，但是他们强调了国家在积累体制中代表社会集体价值并对个人的意志和利益进行调节的观点，认为现代社会的复杂性、社会和技术发展范式的内在要求以及各国经济发展依赖性的加强，更加突出了国家干预的作用。他主张在加强国家干预的同时，通过制度建设规范政府行为，以最大限度地减少寻租活动，充分发挥中介组织和机构的作用，使国家与市场相得益彰。

### （二）调节政府与企业的关系

调节学派认为当代资本主义国家调节方式的转变始自 20 世纪 80 年代，其背景是主要发达国家经济进入“滞胀时期”，凯恩斯主义破产，国家垄断资本主义陷入危机。国家调节方式转变的目标和任务是改变战后经济增

---

① 张旭．调节学派的比较资本主义研究及其启示[J]．山东社会科学，2016(2)．

② 李其庆．法国调节学派评析[J]．经济社会体制比较，2004(2)．

长方式，使之适应新技术发展和国际竞争日益加剧的需要。其特点是：在生产和技术方面，强调对资本的集约投资，重视劳动生产率的提高；在企业治理方面，强调内部监督机制；在企业效益评估标准方面，注重企业规模的扩大；在劳资关系方面，采用集体谈判方式决定国民工资标准；在市场竞争方面，强调产品价格由生产成本加边际成本决定。

### （三）调节雇主与雇员的关系

调节学派认为，雇主与雇员关系的调节对于积累体制的稳定具有关键性作用。雇主与雇员关系的调节包括雇佣关系的调节，劳动力使用和管理的调节，工资的调节，国民收入再分配的调节，就业培训、再就业培训、终身教育、分担失业风险的调节。他们认为，为确保由利润转化而来的投资增长与工人购买力增长相配合，需要实施凯恩斯主义国家干预政策，保证资本主义企业的雇主与雇员之间建立起较长时期和稳定的合约关系。

### （四）调节国际经济关系

调节学派认为国际经济关系的调节包括：保护正常情况下的市场资金的流动，保护消费者；确保银行支付能力，监督支付能力比率和内部控制；处理金融危机，解决银行破产问题，抑制系统性风险扩散。

## 五、调节学派理论对中国特色社会主义政治经济学研究的借鉴与启示

法国调节学派理论被引入中国后，受到了马克思主义经济学研究领域学者的广泛关注。早期贾根良对学派的起源、研究纲领的形成、分析框架等进行了介绍。李其庆对调节学派的基本理论观点和政策主张进行了全面的梳理和评析。吴易风教授的《当代西方经济学流派与思潮》一书，在第9章中全面介绍了调节学派。陈叶盛的著作《调节学派理论研究》（中国人民大学出版社，2012年版），归纳了从20世纪70年代调节学派理论诞生开始直到当今的调节学派理论的发展历程，并对其主要分析框架进行了概括，形成了完整的调节经济思想史概述。近年来，法国调节学派的理论日益受到国内经济学界的重视。

中国经济发展进入新常态的新阶段，2015 年 11 月 23 日，习近平总书记在十八届中央政治局第二十八次集体学习时的讲话中指出，要立足我国国情和我国发展实践，揭示新特点新规律，提炼和总结我国经济发展实践的规律性成果，把实践经验上升为系统化的经济学说，不断开拓当代中国马克思主义政治经济学新境界。在当前我们研究中国特色社会主义政治经济学、开拓马克思主义政治经济学新境界的过程中，可以从法国调节学派中吸收思想借鉴。

**（一）借鉴调节学派的基本理论，研究中国经济发展的新问题**

法国调节学派是在马克思政治经济学的框架内发展而来的，他们依据资本主义的新变化，研究了资本主义经济发展的新问题，建立了自己的基本理论。19 世纪中叶，马克思和恩格斯以机器大工业时期的欧洲为蓝本，以资本主义生产方式为研究对象，创立了马克思主义政治经济学。此后，列宁也以资本主义生产方式为研究对象，分析了当时帝国主义阶段的经济特征。马克思、恩格斯和列宁时期的经典马克思主义政治经济学的研究对象是资本主义生产方式，研究任务是揭示资本主义社会的基本矛盾，研究社会主义如何代替资本主义。伴随新中国经济建设和改革开放实践，我国社会主义生产方式不断发展完善。我国经济发展进入了新阶段，也出现了许多新问题、新情况和新矛盾。借鉴调节学派的理论，开拓当代中国马克思主义政治经济学新境界，需要立足中国国情和经济发展实践，拓展政治经济学的研究对象和研究任务，在研究社会主义初级阶段生产方式的基础上，重点研究社会主义经济发展和经济运行，揭示中国特色社会主义经济发展和运行规律。对于中国特色社会主义政治经济学研究来说，非常重要的就是对我国经济结构转变的理解，必须在分清经济结构转变过程中出现的问题的不同层次和不同性质的基础上，提出相应的对策。调节学派理论为我们解决现实问题提供了理论指导。

**（二）借鉴调节学派的基本理论，概括总结新材料、新事实**

借鉴法国调节学派的理论，开拓马克思主义政治经济学新境界，要重视对新中国经济建设特别是改革开放以来新材料、新事实的研究，进而概括总结为系统化的经济学说。2013 年 6 月 25 日，中共中央政治局就中国特色社会主义理论和实践进行第七次集体学习时，习近平总书记强调："在对历史的深入思考中做好现实工作、更好走向未来，不断交出坚持和发展中国特色社会主义的合格答卷。"政治经济学是人们在占有充分的历史和现实材料基础上，运用科学的抽象方法，透过经济现象而探讨其内在联系的科学。它以一定社会生产方式作为自己的研究对象，研究其发生和发展变化的客观规律。借鉴法国调节学派的理论，我们要研究改革开放以来经济建设的新材料。

改革开放以来，我国经济发展取得了举世瞩目的成就，在理论探索上取得了重大成果，形成了许多新材料。例如，在社会主义市场经济发展、初级阶段基本经济制度完善、国有企业改革、对外开放、农村经济改革发展等方面都形成了许多新材料，需要运用马克思主义政治经济学的科学方法，概括和总结其中的规律性，进而上升为中国特色社会主义经济理论。借鉴法国调节学派的理论，我们要研究现阶段经济发展中的新材料。我国经济发展进入新常态，出现了许多新问题、新情况、新矛盾，也出现了许多新的事实材料，如经济发展从高速向中高速的转换、"四个全面"战略布局的展开、新发展理念的提出、"五化"同步协调发展、政府与市场关系的处理、跨越"中等收入陷阱"的实践等。中国政治经济学的创新发展需要系统概括总结这些新的事实材料，探索新常态下经济发展和经济运行的新规律，并把它们上升为当代中国马克思主义政治经济学理论。

**（三）借鉴调节学派的基本理论，提炼升华新理论、新话语**

理论是对现实生活的反映、对实践经验的升华，理论必然要随着实践的发展而发展。从来就不存在可以脱离特定历史背景和现实生活的普适的经济学。借鉴调节学派的理论，开拓马克思主义政治经济学新境界，要在坚持马克思主义政治经济学基本原理的基础上，依据马克思主义政治经济学与时俱进的特征，依据不断发展变化的经济实践，推动当代中国马克思主义政治经济学创新发展。借鉴调节学派的理论，形成新的理论体系和话语体系。在广泛学习借鉴的基础上，要依据新问题、新情况、新矛盾和新事实，不断提炼形成新的当代中国马克思主义政治经济学理论，包括经济发展新常态的理论，新发展理念的理论，使市场在资源配置中起决定性作用和更好发挥政府作用的理论，推动新型工业化、信息化、城镇化、农业现代化、绿色化协调发展的理论，发展更高层次开放型经济的理论，实现全体人民共同富裕的理论等。当前，适应和引领经济发展新常态，尤须坚持以中国问题为导向，构建中国版的马克思主义政治经济学理论体系和话语体系。马克思主义政治经济学的科学性集中体现在其立场、方法论和世界观上，而不是一些具体论断上。借鉴调节学派的理论，开拓马克思主义政治经济学新境界，必须克服教条主义，适应时代变化，关注当代中国重大理论和现实问题，加强对中国模式和中国经验的研究，从中国经济改革、发展和运行的事实中概括出具有普遍意义的规律和论断；概括提炼与中国历史、文化、传统、制度和实践相适应，具有中国特色，体现时代特点和世界发展趋势的马克思主义政治经济学概念、范畴、论断和基本规律，形成既体现马克思主义政治经济学立场、观点、方法，又不同于西方经济学，并能同世界对话的政治经济学理论体系和话语体系。

# 第二章　法国调节学派与新古典经济学的比较

宋　宇　张　玉*

20 世纪 60 年代末 70 年代初，西方资本主义国家爆发了经济危机与经济学危机，资本主义经济面临前所未有的“滞胀”。新古典经济学坚持认为市场是唯一的调节方式，政府无法对资本主义国家面临的经济问题开出有效的“药方”，反对政府干预。在此背景下，法国一些青年马克思主义学者创新性地提出了调节理论，将经济学与资本主义的发展过程紧密联系，认为经济学是随着资本主义的发展过程不断更新、持续完善的。本章首先从产生背景、基本内容、主要观点以及政策主张四个方面对新古典经济学与法国调节学派进行了介绍，随后对两个学派之间的共性进行了分析，从二者关于经济危机以及政府与市场关系的不同认识出发进行对比分析，最后阐述了法国调节学派对马克思经济学特别是中国特色社会主义政治经济学的借鉴意义。

## 一、新古典经济学概述

在西方经济学的诸多流派中，新古典经济学是具有承上启下作用的重要流派，它在继承古典经济学自由与竞争的传统基础上，对经济学的研究方法与领域进行了扩展，为现代宏微观经济学体系的形成奠定了基础。19 世纪末期，阿尔弗雷德·马歇尔将边际分析方法与古典经济学派的“市场

---

* 宋宇，西北大学经济管理学院教授、博士生导师，主要研究方向为政治经济学与发展经济学；张玉，西北大学经济管理学院硕士研究生，主要研究方向为理论经济学。

原教旨主义”进行综合，由此开了“新古典经济学派”研究先河，并使其于20世纪30年代之前在经济学界占据主流地位。新古典经济学包含不同的学派，如英国剑桥学派、瑞士洛桑学派、奥地利学派等，因此其具体经济思想与政策主张也并非完全一致，但共同点皆是使用边际分析法、抽象演绎法与梳理分析法等方法进行经济学分析，并将研究对象聚焦于企业与消费者，将完全竞争与充分就业作为分析研究的前提。本节将从新古典经济学的产生背景、代表人物、主要内容三个方面对新古典经济学进行阐述。

### （一）新古典经济学的产生背景

新古典经济学的产生与发展具有深刻的历史背景。18世纪50年代之后，发生在英国的工业革命对欧美国家的工业与技术进步起到了巨大的推动作用，促使这些欧美国家开始了以动力机器、纺织机器与铁路运输为主要内容的技术革命，并在此之后进一步壮大了自身的工业与经济实力，而工业与经济的发展又带来了对劳动力、原材料以及资本的大量需求。正是在这种资本主义经济快速上升的阶段，自由竞争不仅成为当时社会最主要的生产方式，也逐渐成为资产阶级政治家与经济学家的思想主张。从亚当·斯密到萨伊，古典经济学家均将自由放任市场与供给创造需求这种政府不对经济进行干预的立论作为前提条件。

亚当·斯密指出，每个人在追求经济人自身经济利益的同时，会受到“看不见的手”的引导，即在市场的引导下，经济人往往能比真正出于本意的情况下更为有效地促进社会利益。商品生产者通过将自身的利益与经济发展有机结合，不需要政府干预就可以实现经济平衡发展。萨伊提出供给可以创造需求，若非发生自然灾害或者政府政策变动，政府不应该干预经济，经济应该脱离于政治而单独存在，这样有利于经济的繁荣。在自由放任与自由竞争的前提假设下，古典经济学对自然状态下的生产、成本与价格的形成进行了研究，但受制于研究本身的深度，研究方法较为简单，主要以归纳、推理与演绎为主。

进入19世纪末期，欧美等国家开始了以电力为核心的第二次技术革命，在材料、交通运输方面发生了翻天覆地的变革，英、法、德、美4个国家的煤产量增加了5倍，世界钢产量提升了150倍，与此同时，汽车被发明出来，铁路网得到普及，蒸汽船取代了帆船。新技术的产生不仅带来了生产力的巨大提升，同时还带来了资本主义生产方式的变革，资本与生产都出现了垄断现象，使得资本主义社会的不平等日益加重，美国与德国的工业生产力逐渐超过英国与法国这两个老牌资本主义国家。同时，在资本主义国家发展不平衡的同时，各国间原材料的采集与商品销售也日趋紧密，资本与市场之间的联系也更加密切，相较于之前封闭的国别经济，第二次技术革命使得开放型外贸经济的繁荣日益显现。然而，经济发展的不平等与开放型的地区经济的出现使得资本主义国家内外积累的矛盾不断加深，并于1873年爆发了空前严重的世界经济危机。由此，18世纪末19世纪初的资本主义国家经济发展现状为经济学家提供了丰富的研究对象，一方面是资本主义生产力水平的迅猛提升，而另一方面则是经济危机的频发与深化，这也给以往经济学理论的立论与结论提出了现实挑战。传统的古典经济学在研究的广度与深度上都已经无法适应资本主义社会发展的需要，归纳、推理与演绎等逻辑分析法面对日益复杂的企业生产与个人消费行为无法得出准确、定量的分析结果，经济学理论与分析方法的革新势在必行。

正是在此社会背景下，19世纪70年代到20世纪初期，西方经济学的研究内容与研究方法均出现了创新。马歇尔等将边际学派的思想与传统的古典经济学理论相结合，运用边际分析法对供给与需求、生产与消费进行分析研究，为资产阶级经济学对效益、消费倾向等问题的研究提供了重要工具，拓宽了西方经济学研究的深度与广度，而后世也将边际分析方法的使用称为“边际革命”。由此，西方经济学以一般均衡理论、边际生产力理论以及边际效用理论为主要研究内容，以边际分析、数理模型为主要研究工具，采取静态分析与个量分析，在经过英国剑桥学派代表人物阿尔弗雷德·马歇尔的综合后，形成了新古典经济学。

英国经济学家埃里克·罗尔在其著作《经济思想史》中指出：“人们

往往将上世纪 70 年代在经济分析工具方面的改变看作经济学中一场全面革命的标志。古典学派强调生产、成本与供给，而现代的经济学者则更关心消费、需求与效用。边际效用概念的提出实现了这一重点的转移”，而琼·罗宾逊夫人则更进一步指出，新古典经济学将注意力转移到交换之上，以效用作为商品价值理论的基础，将各个经济主体作为经济分析的根源。由此可以看出，新古典经济学根植于 19 世纪末的资本主义国家生产力不断提高与经济危机不断显露的社会现实，在继承传统古典经济学自由放任思想的基础上，将边际分析方法引入经济学分析之中，使用边际分析、数理分析等方法，对家庭、企业与消费者的效用、收益与成本进行衡量，成为统治西方经济学长达 40 年的正统经济理论。

**（二）新古典经济学的代表人物**

新古典经济学派的代表人物有卡尔·门格尔、里昂·瓦尔拉斯、阿尔弗雷德·马歇尔等，其中卡尔·门格尔是奥地利学派的代表人物，里昂·瓦尔拉斯是洛桑学派的代表人物，而阿尔弗雷德·马歇尔是剑桥学派的代表人物，也是新古典经济学的创始人。

卡尔·门格尔是 19 世纪 70 年代那场开启了新古典经济学序幕的“边际革命”的三大发起者之一，也是经济科学中的奥地利学派当之无愧的开山鼻祖。他先后在维也纳大学和布拉格大学研修法律和政治科学，1867 年在克拉科夫大学取得法学博士学位。毕业后，他成为一名撰写经济分析方面文章的记者；经过几年的锻炼，他进入奥地利首相办公厅新闻部工作。工作期间，他撰写了那部至今仍被视为奥地利学派不可动摇的基石的理论著作——《国民经济学原理》（1871）。1883 年，他出版了第二部著作《关于社会科学尤其是政治经济学方法的探讨》，由这本书引起的奥地利学派与德国历史学派关于经济学方法的论战持续到 20 世纪初才偃旗息鼓。门格尔坚持理论研究的抽象法，注重经济现象的因果关系，以较为通俗的方法阐述边际效用价值论，奠定了主观价值理论的基础，在当时的经济学界产生了较为广泛的影响。19 世纪 80 年代，他拥有了一大批追随者，并形成了强有力的奥地利学派。

法国经济学家里昂·瓦尔拉斯开创了一般均衡理论，他是一位数理经济学家，也是边际革命领导人、洛桑学派创始人。瓦尔拉斯于19世纪50年代开始研究政治经济学，1870年被聘为洛桑大学政治经济学教授。他是边际效用价值论的创建人之一。他把边际效用称为“稀少性”，并在经济学中使用了数学，研究了使一切市场（指所有商品的市场）都处于供求相等状态的均衡，即一般均衡，成为西方数理经济学和一般均衡理论的创建者和主要代表人物。他的一般均衡分析法被西方经济学所普遍使用。他把自由竞争的资本主义看作最理想的制度，但也主张国家根据正义原则干预经济。他的主要著作有《政治经济学和正义》《赋税批判理论，并附：忆洛桑代表大会》《纯粹政治经济学纲要》《社会经济学研究》《社会思想研究》《实用政治经济学研究》。

阿尔弗雷德·马歇尔是近代英国著名的经济学家之一，新古典学派的创始人，剑桥大学经济学教授，他是19世纪末和20世纪初英国经济学界最重要的人物。在马歇尔的努力下，经济学从仅仅是人文科学和历史学科下的一门必修课发展成为一门独立的学科。马歇尔最主要的著作是1890年出版的《经济学原理》。该书在西方经济学界被公认为划时代的著作，也是继《国富论》之后最伟大的经济学著作。该书所阐述的经济学说被看作英国古典政治经济学的继续和发展。以马歇尔为核心而形成的新古典学派在长达40年的时间里在西方经济学中一直占据着支配地位。马歇尔经济学说的核心是均衡价格论，而《经济学原理》正是对均衡价格论的论证和引申。他认为，市场价格决定于供需双方的力量均衡，犹如剪刀的两翼是同时起作用的。这本书在马歇尔在世时就出版了8次之多，成为当时最有影响力的专著，多年来其一直被奉为英国经济学界的“圣经”。而他本人也被认为是英国古典经济学的继承者和发展者，他的理论及其追随者被称为新古典理论和新古典学派。同时，由于他及其学生如J. M. 凯恩斯、J. S. 尼科尔森、A. C. 庇古、D. H. 麦格雷戈等先后长期在剑桥大学任教，新古典学派也被称为剑桥学派。

### （三）新古典经济学的主要内容

新古典经济学的主要理论基础是奥地利学派的门格尔、洛桑学派的瓦尔拉斯等提出的一般均衡理论与边际效用论，这些新观点与新的研究方法经过马歇尔的整合与发展，形成了新古典经济学的主要内容。而到了 20 世纪 30 年代后，资本主义国家所爆发的经济大危机开始让经济学家们对主张自由放任的思想产生怀疑，美国经济学家凯恩斯据此提出了著名的凯恩斯理论，主张通过政府这只“看得见的手”对经济运行进行干预与调节，这也在一定程度上反映出凯恩斯主张通过政府以及一定的经济制度对经济发展进行约束。实际上，早在 19 世纪末，凡勃仑、康芒斯等学者就率先关注到制度对于经济发展的重要意义，旧制度经济学者指出制度在很大程度上可以被认为是正式与非正式冲突解决过程的结果，其变化受到产权、法律与组织的影响。然而，旧制度经济学缺乏施政纲领与方法上的解读，无法深入微观层面，逐渐被科斯与诺思创立的新制度经济学派所代替。新制度经济学派提出了交易费用理论、产权理论以及制度变迁理论，侧重于对制度、产权与交易费用的研究，在很大程度上拓展了新古典经济学的研究边界，也在一定程度上为法国调节学派提供了理论参考与借鉴。本章认为，新古典经济学以一般均衡理论与边际效用论为理论基石，伴随着经济社会的发展不断吸纳新思想，包含凯恩斯的凯恩斯理论、新制度经济学理论等。本章主要从一般均衡理论、边际效用理论、交易费用理论与制度变迁理论四个部分介绍新古典经济学的主要内容。

1. 一般均衡理论

瓦尔拉斯对经济学的最大贡献便是创立了一般均衡理论，并构建了一套普适性的一般均衡求解研究方法。在其著作《纯粹的政治经济学原理》中，瓦尔拉斯从生产与交换两个方面对一般均衡理论进行了阐述。关于生产的一般均衡，瓦尔拉斯在假定充分就业与完全竞争的条件之下，指出企业家会从工人那里购买劳动，从资本家那里取得资本，从地主那里获得土地，将不同的生产资料相结合生产出产品，由此得出生产成本规律，即购买一切生产要素的总成本必等于出售一切产品的总收入。在完全竞争的市场环境下，若某商品的生产是有利可图的，则会吸引其他企业家进入该产品的生产领域，由此形成竞争而带来生产要素价格的上升与产品价格的下降，进而形成静态均衡。而关于交换的一般均衡，瓦尔拉斯则使用数学方程进行了表达，即假设有 A、B 两种商品参与交换，以 *Dab* 表示以 B 换 A 的需求，*Dba* 则表示以 A 换 B 的需求，*Pab* 为使用 B 来表示 A 的价格，*Pba* 表示以 A 表示 B 的商品价格，则 A 与 B 的有效需求方程为：

$$Dab = Fab\ (Pab) \qquad Dba = Fba\ (Pba)$$

$$\text{即：} Dba = DabPab \quad Dab = DbaPba$$

如果将交换扩展到更加一般的情形，则将所有的有效需求方程式进行联立之后就可以求出均衡价格与均衡量。

2. 边际效用理论

边际效用理论由杰文斯、门格尔与瓦尔拉斯于 19 世纪 70 年代提出，并由奥地利学派的庞巴维克与维塞尔发展后形成完整的体系，具体思想如下：第一，边际效用理论强调消费者的主观欲望，效用是主观的。门格尔将影响人类经济活动的因素概括为欲望与满足，庞巴维克则通过分析消费者的欲望和满足提出边际效用决定价值量的思想，当要求满足的需求越强时，边际效用就会越高，价值量越大。第二，效用是价值的源泉，其本身并不是价值，当效用与产品的稀缺性相结合时才会形成价值。价值的形态依赖于商品的效用性与稀缺性，物品越稀缺其价值越大，决定一个物品价值的并非最大效用与平均效用，而是其最小效用，即“边际效用”。杰文斯将效用分为总效用与最终效用，总效用为所有商品实际效用之和，而最终效用则表示现有商品中绩效的最后加量的效用程度，即边际效用程度；瓦尔拉斯同样将稀缺性与商品的效用相结合，指出商品满足消费者欲望强度的是商品供给量的函数，当供给量增加时其满足欲望的强度就会降低。尽管杰文斯、门格尔与瓦尔拉斯都在其著作中阐述了类似的思想，但首次提出“边际效用”概念的是维塞尔，他指出人们对商品效用的评价会随着商品拥有量的增多而降低，数量越多，其满足程度就会变小，即商品的边际效用必然越低，正是这种边际效用决定了商品对于消费者的价值。

3. 交易费用理论

交易费用理论是整个现代产权理论“大厦”的基础。著名经济学家罗纳德·科斯在《企业的性质》一文中首次提出“交易费用”的思想，阿罗第一个使用“交易费用”这个术语，威廉姆森系统研究了交易费用理论。该理论认为，企业和市场是两种可以相互替代的资源配置机制，存在有限理性、机会主义、不确定性与小数目条件，使得市场交易费用高昂，为节约交易费用，企业作为代替市场的新型交易形式应运而生。交易费用决定了企业的存在，企业采取不同组织方式的最终目的也是节约交易费用。科斯指出，市场和企业都是两种不同的组织劳动分工的方式（即两种不同的“交易”方式），企业产生的原因是企业组织劳动分工的交易费用低于市场组织劳动分工的费用。一方面，企业作为一种交易形式，可以把若干个生产要素的所有者和产品的所有者组成一个单位参加市场交易，从而减少了交易者的数目和交易中的摩擦，降低了交易成本；另一方面，在企业之内，市场交易被取消，伴随着市场交易的复杂结构被企业家所替代，企业家指挥生产，因此，企业替代了市场。由此可见，无论是企业内部交易，还是市场交易，都存在着不同的交易费用；而企业替代市场，是因为通过企业交易而形成的交易费用比通过市场交易而形成的交易费用低。科斯首先赋予“交易”以稀缺性，他首先认识到交易的稀缺性，就使分析“交易费用产生的原因”有了基础。但科斯并没有明确指出稀缺就是产生交易费用的根源 。尽管他实际上已经揭示出了这一点。他只是从事实出发，赋予交易以稀缺性，从而把交易作为制度经济学的基本分析单位，而没有分析其产生原因。在科斯之后，威廉姆森等经济学家又进一步对交易费用理论进行了发展和完善。威廉姆森将交易费用分为事前的交易费用和事后的交易费用。他认为，事前的交易费用是指由于将来的情况不确定，需要事先规定交易各方的权利、责任和义务，在明确这些权利、责任和义务的过程中就要花费成本和代价，而这种成本和代价与交易各方的产权结构的明晰度有关；而事后的交易费用是指交易发生以后的成本。

4. 制度变迁理论

诺思指出，制度由非正式约束、正式约束与实施构成，他不仅强调非正式约束的重要性，还赋予非正式约束比正式约束更重要的地位。在诺思看来，非正式约束源于文化传承与社会信息，其对于如何解决人类协调问题的行为准则、行为规范具有重要作用。同时，诺思认为制度创新与变革可以将人类社会进步所产生的技术创新固定下来，降低交易费用有利于降低制度成本，提高制度的收益，因此制度变迁通常被理解为高收益制度对低收益制度的替代过程。当然，诺思也对制度变迁的源泉进行了系统性的分析，他认为知识的持续发展是制度变迁的中观表现形式，相对价格与偏好的转移是制度变迁的微观源泉，而规模报酬的递增与不完全市场则是制度变迁路径的宏观决定因素。由此，诺思以微观—中观—宏观为三维框架，系统分析了制度变迁的源泉与决定性因素，既从宏观层面分析了组织在制度变迁中实现的手段，又分析了微观层面制度变迁的动力，还研究了宏观层面制度变迁的独特形塑因素，这在一定程度上反映了多种学派与思想的融合。

总的来看，新古典经济理论在对边际学派思想融合发展的基础上，将边际、数理分析的方法应用于消费、厂商分析之中，在坚持自由放任经济思想的基础上，对一般均衡、边际效用等理论进行了系统分析。然而，在经过了 20 世纪 30 年代的经济大萧条后，传统新古典思想遭到大量质疑，政府与制度对经济的作用开始受到经济学家的关注，由此形成了凯恩斯理论以及新制度经济理论，其对传统的新古典经济理论进行了抨击与改造。新古典经济思想的形成以及其在 20 世纪后的发展，在一定程度上为法国调节学派的思想提供了思想借鉴。

## 二、法国调节学派概述

### （一）法国调节学派的产生背景

1944 年，西方主要国家为了促进战后资本主义国家经济的复苏与发展，建立了布雷顿森林体系。该体系是一种将美元与黄金相挂钩的金本位制，并将其他国家的货币与美元相挂钩，实质上是建立了一种以美元为中心的国际货币体系，该体系的建立需要以美国的国际地位为基本保障，以外汇自由化、贸易自由化与资本自由化为核心内容。特里芬提出，在该体系下，美元作为国际货币具有国际支付与国际储备的职能，这就要求美元维持币值稳定，即美国在国际贸易中要长期处于顺差地位，有足够存量的黄金储备；战后各国为了发展经济必然会需要大量美元，但是以美元作为国际结算与储备的手段，会使得美元在海外各国不断沉淀，从长期来看，这又会使美国在国际贸易中处于逆差，这是该体系固有的矛盾。20 世纪 50 年代后，一方面，美国深陷越南战争的“泥潭”，美国财政赤字加剧，美元的国际信誉受到极大的冲击；另一方面，西欧、日本的经济实力与国际地位不断提升，冲击了美国世界霸主的地位，贸易保护主义的兴起，使美国无力继续承担稳定美元汇率的责任，1971 年尼克松政府宣告布雷顿森林体系结束。布雷顿森林体系的崩溃在一定程度上加剧了国际金融市场的不稳定性，为后来全球性金融危机与经济危机的爆发埋下了祸根。除此之外，原油价格一直被资本主义国家人为地压得很低，导致产油国对资本主义旧的石油体系产生强烈不满，主要产油国提高石油价格的诉求一直得不到西方资本主义国家的重视与回应，双方的矛盾长期累积而得不到缓解。1973 年，第四次中东战争爆发，阿拉伯国家以此为契机，决定利用石油这一武器维护自己的权益，试图改变西方国家对以色列的庇护态度。阿拉伯主要产油国在大幅提高石油价格的同时减少石油的产量，甚至对西方资本主义国家采取石油禁运措施。当时中东是西方发达资本主义国家乃至美国、日本的主要石油供应商，石油价格的上升带动了其他能源价格的上涨，大大加剧了西方国家的财政赤字，导致资本主义生产迅速萎缩、企业倒闭，西方国家的经济出现一片混乱，“二战后资本主义的黄金发展时期”就此画上了句号。西方发达资本主义国家经济社会面临前所未有的“滞胀”，经济社会中高通货膨胀率与高失业率并存。

在此背景下，西方经济学家试图找寻该现象出现的根本原因并探索出一个合适的解决方案，试图回答西方资本主义为什么没能一直维持二战后的繁荣发展而跌入经济危机之中，资本主义发展为什么呈现出经济增长与经济危机交替出现的特征，此次经济危机是否与20世纪30年代资本主义大萧条在爆发原因、表现形式等方面相同，资本主义国家如何能够有效解决此次经济危机等问题。

当时占据主流经济学地位的凯恩斯经济学仍然试图将解决20世纪30年代大萧条时用的“有效需求不足论”和“相机抉择的财政政策论”用于解释20世纪70年代发生的经济危机。该理论主张用政府投资来扩大就业与有效需求，但是对此次“滞胀”的解释力度明显不足，新古典经济学派趁此机会夺回了主流经济学的地位。但是新古典经济学派继承并发展了斯密“看不见的手”与自由放任的经济思想，主张政府“无为而治”，认为市场是资源配置的唯一方式，是经济运行的唯一调节方式，无须外力干预，市场能够自发地达到均衡，经济危机是由于外部力量的出现扰乱了市场本身的秩序，是一种偶然事件，只要能够排除干扰市场运行的外部力量，市场就能够自发地恢复均衡，并且没有对劳动力市场、货币市场与商品市场进行有效区分，甚至将其等同看待。上述两个学派在20世纪70年代的僵持使得经济学陷入比经济危机更严重的危机。与此同时，以米歇尔·阿格利埃塔为代表的一批法国青年学者旗帜鲜明地坚持马克思经济学，认为由于现实情况具有复杂性与多变性，社会经济也是不断变化的，马克思经济学应该是随着历史的变化而不断完善、持续创新、与时俱进的理论体系，而不是一成不变的；另一方面，他们反对新古典经济学派静态的、历史的、均衡的分析方法，认为制度是与现实情况相适应的，基于现实的制度也应是多样的。米歇尔·阿格利埃塔于1976年出版《资本主义的调节理论：美国经验》被认为是法国调节学派创立的标志。该学派认为资本主义社会必然存在经济危机，但是资本主义面对小危机时可以不断调整使得自身得以延续下去，当面对大危机时资本主义就会走向灭亡。

**（二）法国调节学派的代表性人物**

法国调节学派的代表性人物有米歇尔·阿格利埃塔、罗伯特·博耶、阿兰·利比兹、布鲁诺·阿玛布尔等。

米歇尔·阿格利埃塔，1938 年生于法国萨瓦，他曾担任过巴黎第十大学教授，并且是国际信息预测研究中心顾问与法国总统经济分析顾问委员会成员，其代表作除了《资本主义的调节理论：美国经验》外，还有《货币的力量》《雇佣劳动社会的嬗变》《金融危机及创新》《危机是否已经开始结束》等。

罗伯特·博耶，生于 1943 年，曾担任法国社会科学高等研究学院教授和法国经济研究与应用研究中心研究员，为美洲研究所科学委员会成员，其代表作有《历史视角下的工资形成：基于法国经验的考察》《欧洲的弹性理论》《后福特主义》《金融资本主义的崩溃》等。

阿兰·利比兹，生于 1947 年，曾任法国国立科学研究所所长、法国总统咨询委员会中经济分析审查委员会成员，以及欧洲议会议员，其代表作有《为什么会出现危机与货币膨胀》《奇迹和幻影：福特主义的全球性危机》《调节方法和政治生态》等。

布鲁诺·阿玛布尔，生于 1961 年，曾担任巴黎第一大学、日内瓦大学经济学教授，以及巴黎经济研究中心研究员，曾获法国最佳青年经济学家奖，其代表作有《产品市场调节、生产和创新性》《现代资本主义的结构危机与制度变革：转型中的法国资本主义》《现代资本主义的多样性》等。

**（三）法国调节学派的基本内容**

1. 第一代法国调节学派

第一代法国调节学派以西方资本主义国家自二战后到 20 世纪 70 年代出现的经济发展黄金期为研究对象，创新性地提出了福特主义积累体制并对其形成、发展与衰退做出阐释。而在此之后，伴随 20 世纪 90 年代“新经济”的出现，一些学者从金融主导型积累体制形成的角度阐述了“新经济”出现的原因以及 2008 年金融危机爆发的根源，由此形成了金融主导型积累体制论。

（1）福特主义积累体制论

第一代法国调节学派学者们提出的福特主义积累体制论离不开发展模式、积累体制、调节模式、制度诸形式与危机理论的概念。他们将发展模式看作在积累体制与调节模式相互补充、相互作用下，经济社会在相当长一段时期内能够稳定发展的模式。正因如此，积累体制与调节模式的转换会导致发展模式的转换。而积累体制又分为“外延型积累体制”与“内涵型积累体制”，外延型积累体制是指资本积累主要依靠劳动时间和劳动力等生产要素投入的增加；内涵型积累体制是指资本积累主要依靠技术进步带来的劳动生产率的提高，具体包括“大量生产与大量消费相伴随的内涵型积累体制”与“仅有大量生产却缺乏大量消费的内涵型积累体制”，前者又被称为福特主义积累体制。① 调节模式是指使发展模式和积累体制互相作用且维持稳定状态的习俗、组织形式、行为方式、制度约束和社会网络的社会突现性结构。利比兹指出：“积累体制必然依赖于规范、习惯、法律、调节网络等诸多形式的存在。这些形式是在相互斗争和行为主体之间的日常行为习惯的基础上形成的，它保证了资本主义再生产形式的实现。个人的行动体现了社会的习惯、组织内部的规范，而这些习惯与规范被称为调节模式。”② 博耶将调节模式看作制度诸形式的结合，③ 主要包括雇佣劳动关系制度、货币制度、竞争形式、国家制度与国际体制五种制度形式。制度诸形式的不同组合会产生特定的调节模式以及与之相匹配的积累体制，而积累体制与调节模式相互作用又会产生特定的发展模式。调节学派在马克思关于经济危机认识的基础上将资本主义经济危机细分为五类，即最初的危机、调节模式内部的危机、调节模式的危机、积累体制的危机和最终的危机，前四种危机通过资本主义内部结构的调整与完善均可得到解决，而最终的危机则意味着资本主义的灭亡。

二战后，西方资本主义国家的经济在30年内得到迅猛发展，迎来了“黄金发展时期”，法国调节学派将该时期的经济发展归分为“大量生产与

---

① [法]米歇尔·阿格利埃塔．资本主义的调节理论：美国经验[M]．巴黎：卡尔曼出版社，1976：74－80.

② [法]阿兰·利比兹．奇迹和幻影：福特主义的全球性危机[M]．巴黎：拉德库维特出版社，1985：26－27.

③ [法]罗伯特·博耶．调节理论：挑战危机的经济学[M]．巴黎：拉德库维特出版社，1986：252－253.

大量消费相伴随的内涵型积累体制"，揭示了福特主义积累体制和资本主义战后黄金发展时期的内在联系。法国调节学派认为福特主义在原理方面具有以下特征：首先，生产和分配的决定权相分离，生产决定权掌握在生产者手里，而随着工会力量的强大，利润分配的决定权逐渐转移到工会手中；其次，长期稳定的雇佣关系，企业为了实现稳定生产与长期利润，会向工会做出一定妥协并与劳动者签订长期劳务合同；最后，生产和分配的决定权相分离与长期稳定的雇佣关系相互作用，使得资本主义在生产方面劳动生产率不断提高，工人实际工资不断增加、购买力不断增强，社会消费和投资需求增加，生产者扩大生产规模。法国调节学派认为福特主义在制度方面具有以下特征：工会走向组织化、国家干预增强、稳定的国际货币制度。福特主义下资本主义的生产和分配过程都发生了重大变化，劳动生产率的提高使得生产者获得大量利润，并把其中一部分以工资的形式转移给劳动者，增加了工人阶级的购买力，提高了社会消费需求和投资需求；凯恩斯主义下的国家干预完成了基础设施建设，工会在力量增强后拥有了一定的分配决定权，形成了长期稳定的雇佣关系，促进社会层面形成了公平分配的局面，并在一定程度上缓和了社会矛盾，福特主义积累体制促进了二战后资本主义国家的黄金发展。

福特主义积累体制从资本循环的角度对福特主义生产过程的特征进行考察。在资本循环的第一阶段，生产者购买劳动力和生产工具并将其投入生产过程，在这一阶段，随着技术的进步，投入生产的工具转变为大型机器，劳资双方在工会的介入下形成了长期稳定的雇佣关系。在资本循环的第二阶段，劳动力使用生产工具生产出新的产品，泰勒制下管理层通过大量工厂实验研究出最有效率的劳动步骤，流水线的生产过程使得工人成为低技能的重复劳动者，劳动者富有技术的劳动逐渐转为简单机械的操作，劳动者由于不具备专业技术随时有可能会被替换掉，劳动的控制权从工人手中转移到生产者手中。在资本循环的第三阶段，第二阶段生产出来的商品被出售，生产者获得资金并将其用于下一阶段的生产，流水线的标准化生产降低了厂商的生产成本，厂商获得更多的利润；而工会力量的存在对于企业与工人之间达成长期合作关系起到重要作用，生产者将一部分利润分给工人，促进了大规模消费市场的形成。

在福特主义积累体制下，生产者为了减少生产过程中的不确定性，努力将生产过程的控制权掌握在自己手里，为了获得更多的利润，通过大量实验研究出一套更加有“效率”的劳动者流水线工作模式。在这种情况下，劳动者越来越多地被视为生产工具，生产者忽略劳动者的情感诉求，福特主义的崩溃也与此紧密联系。米歇尔·阿格利埃塔指出，20 世纪 70 年代资本主义国家经济衰退的根本原因不在于石油危机，而在于福特主义积累体制的结构性危机：首先，泰勒制下生产效率逐渐丧失，生产者与管理层的严格约束引发了劳动者的厌恶情绪，劳动者参与商品生产过程的积极性降低甚至出现大量辞职现象。其次，社会贫富差距不断扩大，在机器大生产时代只要工人进行简单的机械操作就可以生产大量商品，企业雇用工人时倾向于采取派遣制与短期雇佣方式，生产者与劳动者之间的长期雇佣关系被打破，大量社会财富被聚集到少数资本家手中，资本家和劳动者的收入差距不断扩大；除此之外，20 世纪 70 年代石油危机的爆发极大地挑战了价格在市场中具有调节作用这一地位，利息率的上涨阻碍了生产投资积极性，激发了投机行为。最后，福特主义积累体制下大量机器被投入生产过程，机械化的生产无法满足消费者的多样化与差异化需求，而工会力量的削弱加剧了生产过程中雇佣关系的不稳定性，消费者的消费倾向降低，大量生产与大量消费的基础不复存在。综上所述，福特主义积累体制与调节模式与该阶段资本主义的发展状况已不再适应，若没有新的积累体制与调节模式的出现，资本主义会一直萧条下去。

法国调节学派认为制度是宏观经济调节中各种矛盾相互妥协的产物，将制度和规则视为调节经济的工具，并对制度和规则是如何调节经济的进行了深入研究。他们认为雇佣劳动制度是福特主义积累体制中最不容忽视的，工资制度与劳动生产率互为影响、相辅相成，工会的存在有效调节了劳资之间的对立关系，有力地补充了主流经济学的研究内容。而新古典学派认为，降低资本家成本的主要方式是减少工人工资，这会导致消费者的消费倾向下降，不利于资本主义扩大生产和经济发展。因此，相比于新古典学派，法国调节学派的分析范式更具有现实意义，更适合分析社会阶级关系。

（2）金融主导型积累体制论

福特主义发展模式崩溃后，法国调节学派将研究重点放在探索美国新的发展模式上。他们认为20世纪90年代后由于美国等资本主义国家企业治理结构发生了重大变化，企业经营的主要目标转为“实现股东价值”，从而美国在制度诸形式、调节模式与积累体制方面都发生了重大转变。就制度诸形式而言：第一，企业打破了签订长期雇佣合同的惯例，倾向于采用更加灵活的派遣制与短期雇佣等较不稳定的形式，但由于工人手中普遍持有股票进而可以在金融市场上获得一定收益，冲淡了雇佣形式变化的影响；第二，差异化的消费需求使得企业在产品生产方面面临更加激烈的竞争，而且金融市场对企业经营决策的影响也空前增强；第三，国家发行的债券数量不断增加，金融市场上新自由主义思想对其决策的影响越来越大；第四，金融全球化背景下货币膨胀与货币紧缩时常发生，各国中央银行的重心由稳定物价转向稳定金融市场；第五，世界金融的中心主要在英美两国的金融业，两国可以通过金融创新促进自身经济增长，而其他资本主义国家经济增长的主要途径依旧是本国出口贸易。① 就调节模式而言，20世纪90年代的企业更加重视股东主权，股票选择权成为连接劳动者与经营者以及利润分配的“桥梁”，劳动者和资本家之间形成了“经营—金融”的妥协关系，这一时期形成了“股东主权型”的调节模式。就积累体制而言，这一时期经济增长的原动力转为股票、债券等，资产价格的上涨带来资产收入与金融收益的增加，劳动者普遍持有股票有利于社会消费需求和投资需求不断扩大，形成了“金融主导型积累体制”。②基于以上转变，

① 吕守军．法国调节学派理论与马克思主义经济学创新[M]．上海：上海人民出版社，2015：72－73.

② BOYER RORBERT. Is a finance－led growth regime a viable alternative to fordism? A preliminary analysis[J]. Economiy and society，2000，29（1）：116－120.

20 世纪 90 年代初期资本主义国家实现了由福特主义积累体制向金融主导型积累体制的转变。

但是由于金融主导型积累体制具有不稳定性、不可持续性的特征，为 2008 年国际金融危机的爆发埋下了隐患。在消费方面，劳动者普遍持有股票而拥有较少的实际货币，股票和住宅价格上涨会增加劳动者收入，而且劳动者容易获得贷款，消费者的过度消费导致债务不断增加，而劳动者的实际工资却停滞不前，一旦资产价格下跌一定会引发次贷危机。在投资方面，资产价格持续上涨使得资本家倾向于把更多的资金投向金融市场而少投或者不投向实体经济，金融经济与实体经济的脱轨造成经济泡沫越吹越大，最终使资本主义走向“自我涉及的危机”之路。① 除此之外，金融市场欠缺自我调控的能力，若没有适当的约束规则很容易出现金融失控现象。1999 年美国废除《格拉斯—斯蒂格尔法案》，在大大提升金融市场自由度的同时也加剧了金融市场失控的风险。2007 年美国资产价格暴跌进而引起次贷危机，短时间内金融收益迅速下降、金融机构亏损并相继破产、金融系统瘫痪，而美国过度消费方式的崩溃大大减少了全球的消费需求与投资需求，进而爆发了全球经济危机，“金融主导型积累体制”宣告结束。

与福特主义积累体制不同，金融主导型积累体制的崩溃并不是由技术进步或国际政治冲击等引起的，而是金融市场缺乏管制造成的，而我国政府沉着冷静应对 2008 年的全球经济危机，结果是我国受到较小的冲击。基于此，本章提出以下两方面建议：一方面，国内应该强化政府对金融市场的监管力度，不断完善金融市场的法律法规，进一步明确债务人与债权人之间的责任与义务，明确金融产品的交易规则，提升政府与国民之间信息沟通的质量，提高金融市场的透明度；另一方面，不断加强国际合作，改革国际货币基金组织与世界银行等组织，各国在行动上保持步调一致，并不断提升人民币的国际话语权，迅速摆脱全球经济危机，避免此类事件再

① GUTTMANN R. A primer on finance - led capitalism and its crisis [J]. Revue de la regulation, 2008, 3(4): 13 - 14.

次发生。

2. 第二代法国调节学派

米歇尔·阿格利埃塔指出："资本主义的调节理论，是关于制度诸形式形成、发展和衰退的理论，一言以蔽之，是在资本主义结构分离的过程中对其运动和变化进行研究的理论。"① 法国调节学派自创立以来就围绕20世纪70年代的石油危机和2008年的经济危机进行解释。同其他学派一样，法国调节学派在受到青睐的同时也受到一些理论界的质疑与批判，其原因主要有以下两点：首先，调节学派自身存在问题。该学派的学者们以结构主义作为自身研究的基石，并以此为出发点对资本主义经济危机进行解释，但其在发展过程中逐渐失去了自身的独特性，并没有在结构主义的基础上就制度如何调节社会冲突进行回答，且也没有实现对结构主义的超越。其次，法国调节学派将制度视为一种重要的调节方式。但是以青木昌彦等为代表的比较制度理论已被大多数学者视作制度经济学的微观基础，法国调节学派与此相比有被边缘化的危机。因此，法国调节学派不得不重新思考自己的学派定位并进行创新发展，在解释和回答不断出现的新问题的同时对已有的概念与理论进行创新，与时俱进，以保持自身理论的独特性与完整性。2003年，布鲁诺·阿玛布尔出版《现代资本主义的多样性》被看作第二代法国调节学派的创立标志。在2003—2004年法国调节学派年会上新老两代学者作的数十场报告被看作法国调节学派两代之间交替的标志。第二代法国调节学派的学者们深化了对结构主义这一理论基础的研究，从微观主体入手，创新性地对制度互补性与制度阶层性进行研究，提出了"制度形成理论"和"资本主义多样性理论"。

（1）制度形成理论

20世纪80年代，制度成为诸多学派的重点研究内容，就制度形成理论而言，美国激进政治经济学派、法国公约经济学派与比较制度分析理论

① AGLIETTA MICHEL. Regulation et crises du capitalism：L' experiences des etats - unis [M]. Paris：Calmann - levy，1997：13 - 14.

都做出了重大贡献。法国调节学派当然也不例外，他们将制度视为重要的调节手段之一并加以研究。第一代法国调节学派的学者们就将制度纳入了分析范畴，但仅仅将制度视为资本主义结构的产物，将之称为结构诸形式。米歇尔·阿格利埃塔在《资本主义的调节理论：美国经验》一书中就将制度与资本主义结构放在同等重要的位置，但其称调节社会冲突的制度诸形式为结构诸形式，在此基础上对相对资本主义发展模式、积累体制与调节模式进行研究。[①] 第二代法国调节学派的代表学者布鲁诺·阿玛布尔在其代表作《现代资本主义的多样性》一书中延续了第一代法国调节学派的传统，继续将结构主义作为方法论的源泉，但将制度作为出发点考察资本主义结构诸形式，并且对第一代学者们提出的理论与概念进行了修订与完善。[②] 第二代学者们深入研究制度理论，形成了不同于美国激进政治经济学派、法国公约学派与比较制度分析理论的制度理论，创造性地提出了制度形成理论。

法国调节学派第二代学者们从社会冲突的角度重新认识制度的作用，他们认为人与人之间、人与社会主体之间、社会主体与社会主体之间是普遍存在社会冲突的，制度是解决冲突的最好工具。制度之所以能有效调节社会各主体之间的冲突是因为政治力量的存在，布鲁诺·阿玛布尔等学者将政治看作“社会和实现社会选择的子系统之一”，[③] 在政治力量的作用下社会各主体之间相互妥协形成制度。但一般实际产生的制度与设计初衷是存在一定偏差的，因为社会主体之间的利害关系是多元的，因此产生的冲突也是多元的，政治力量能够使得这些多元的冲突相互妥协形成唯一制度。制度的形成与社会各主体是有限理性还是完全理性无关，而是与各方采取的博弈以及各主体之间的政治成本等密切相关。除此之外，制度是特定历史条件下不同主体博弈的产物。由于历史是不可逆且不可还原的，因

---

① ［法］米歇尔·阿格利埃塔．资本主义的调节理论：美国经验［M］．巴黎：卡尔曼出版社，1976：26.

② AMABLE BRUNO. The diversity of modern capitalism［M］. Oxford：oxford university press，2003.

③ AMABLE BRUNO，S. PALOMBARINI. L' economie politiquen' est pas une science morale［M］. Paris：rasion d' agir，2005：179.

此制度形成是唯一的，制度形成后与意识形态、政治媒介相互影响，相互作用，共同调节社会冲突。布鲁诺·阿玛布尔认为当政治的供需双方不能顺利交换时，政治体制就陷入了“政治的危机”与“体系的危机”,① 前者是指支配集团不再能满足社会主体与政治需求，可以通过不改变既有制度而产生新的支配集团来解决；后者是指无论何种政治战略都无法适应社会发展需要，只能用新的制度来取代现有的制度。

第二代法国调节学派学者们提出的制度形成理论在方法论上继承了第一代学者们的结构主义方法论，坚持理论与实际相结合，用高度抽象的理论去解释现实问题。但其对制度形成理论的论述又不同于其他制度学派，他们从人类社会普遍存在的冲突入手，将政治力量视为制度形成过程中不可或缺的因素。

（2）资本主义多样性理论

20 世纪末，随着东欧剧变、苏联解体，世界发展出现“一超多强”的格局，社会主义阵营与资本主义阵营出现巨大变化，社会主义阵营无论从数量上还是质量上都无法与资本主义阵营相比较。美国作为当时唯一的超级大国，在世界经济格局中独一无二的地位。新古典经济学和新自由主义学者们提出了世界正在向美国型资本主义收敛的假说，法国调节学派否定了这种收敛假说，从制度的互补性与阶层性角度提出了资本主义多样性理论。

早期法国调节学派的学者们就提出了“国民的轨道的分歧”的假说,② 认为资本主义的收敛是多方向的，资本主义具有多条发展道路。第一条是美国型发展道路，又称“新福特主义”，其因工会主导下的劳资关系瓦解而摒弃了福特主义的分配方式，但却保留并强化了泰勒主义的劳动方式；第二条道路是沃尔沃主义，以德国和瑞典为代表，在生产过程中放弃了泰

① AMABLE BRUNO, S. PALOMBARINI. L'economie politiquen'est pas une science morale [M]. Paris: rasiond'agir, 2005: 243.

② BOYER ROBERT. The capital labor relations in OECD countries: from the fordist "golden age" to contrasted national trajectories[J]. Cepremap, 1990: 4 - 5.

勒制，在分配方式上延续了福特主义的核心内容；第三条道路是丰田主义，以日本为代表，通过创新企业经营方式，将研发、生产和消费过程紧密结合，提高劳动者的参与意识与劳动积极性。调节学派早期关于资本主义收敛的假说蕴含了丰富的“资本主义多样性”思想，从根本上否定了世界正在向美国型资本主义收敛的假说。1991 年，法国学者阿尔布特提出了“资本主义两类型说”,① 认为资本主义之间主要存在以美国和英国为代表的盎格鲁 - 撒克逊资本主义和以德国为代表的莱茵资本主义的对抗。

第一代法国调节学派学者罗伯特·博耶在阿尔布特论点的基础上，对资本主义进行了更加精确细致的划分，提出“资本主义四类型说”,② 将莱茵资本主义进一步划分为以瑞典为代表的社会民主型资本主义、以日本为代表的企业主导型资本主义和以德国为代表的国家主导型资本主义。第二代法国调节学派学者布鲁诺·阿玛布尔通过对 21 个 OECD 国家进行比较研究，提出了“资本主义五类型说”,③ 分别包括市场主导型资本主义、社会民主主义型资本主义、地中海型资本主义、亚洲型资本主义和欧洲大陆型资本主义。法国调节学派借助于对制度本质特征的分析，证实了资本主义多样性的存在，认为资本主义只能是多样化的进化，否定了美国型资本主义的普遍性与效率性。但是法国调节学派仅仅将研究领域放在资本主义国家，中国作为目前世界第二大经济体，在发展过程中形成了中国特色社会主义制度，法国调节学派对中国的关注不够，不利于自身理论的完善。

**（四）法国调节学派的政策主张**

法国调节学派以马克思经济学为基础，综合吸收了凯恩斯主义经济思想，从微观、中观、宏观的不同角度对资本主义的发展演进过程进行分析，在方法论上强调结构主义与制度的多样性、互补性与阶层性，认为

---

① ALBERT MICHEL. Capitalisme contre capitalisme[M]. Paris: seuil, 1991: 80 – 82.

② BOYER ROBERT. Une Theorie du capitalism est – elle possible[M]. Paris: Odile jacob, 2004: 35 – 36.

③ AMABLE BRENO. The diversity of modern capitalism[M]. Oxford: Oxford university press, 2003: 17.

“市场经济和资本主义是不稳定的”，制度的存在可以有效调节社会各种冲突，而政治又是影响制度的重要因素，主张政府干预市场。

马克思认为只有计划经济和共产主义才能解决资本主义社会的矛盾与冲突，而凯恩斯经济学则指出在资本主义阶段，拉动投资需求和消费需求可以有效解决社会有效需求不足的问题。法国调节学派综合了二者的思想，指出政府干预能够有效解决资本主义运行中的部分危机，即遇到经济运行中的“小危机”和“结构性危机”时，可以通过转变发展模式来实现经济复苏；但并非所有的政府干预都是有效的，强调政府干预过程中双方自愿一致的重要性，但在解决社会矛盾与冲突方面仅将政府作为五种制度形式之一，而将雇佣劳动关系的调节放在首要位置。

## 三、法国调节学派与新古典经济学的联系与区别

### （一）关于经济危机的认识

经济危机这一问题历来是经济学家们研究经济问题绕不开的话题。法国调节学派与新古典经济学关于经济危机的起因、治理以及资本主义最终的发展走向方面都持相反的观点。

新古典经济学继承了古典经济学关于资本主义经济危机的认识，认为经济危机是经济发展过程中的偶然事件，只要排除外部力量的干扰，在市场调节的机制下经济社会会自发地恢复均衡。李嘉图将生产过剩定义为资本主义生产过程中部分商品暂时没有售卖的现象，只要有充分的时间让市场发挥调节作用就一定会解决。① 马尔萨斯认为资本主义发展过程中一定会在部分部门出现生产过剩的情况，进而蔓延产生资本主义的全体危机，地主阶级的大量奢侈性消费是解决危机的主要手段。② 20 世纪 30 年代西方资本主义进入大萧条时期，当时新古典经济学主要学者之一庇谷将此次大萧条的根本原因归结于工人要求的工资过高甚至超过了资本家的预期，其认为只要工人降低工资要求，资本家就愿意雇用更多的工人投入社会生产

① ［英］李嘉图．政治经济学及赋税原理［M］．郭大力，王亚南，译．南京：译林出版社，2011：75.

② ［英］马尔萨斯．人口论［M］．郭大力，译．北京：北京大学出版社，2008：111－116.

过程，失业工人数量会大大降低，资本主义就能摆脱此次经济危机。[①] 1936年凯恩斯提出“社会有效需求不足论”，认为工人工资降低确实有利于就业，但是较低的工资意味着较低的购买力，会导致投资需求和消费需求不足，因而解决之道在于增加政府的消费和投资需求。[②] 凯恩斯经济学占据了二战后资本主义黄金发展时期的主流经济学地位。20世纪70年代资本主义国家爆发石油危机，凯恩斯经济学主张的“有效需求不足论”与“相机抉择的财政政策”在此次危机面前束手无策，新古典经济学趁势夺回主流经济学的地位，主张自由放任与市场调节，导致社会收入分配更加不均、贫富差距进一步扩大、经济社会更加不稳定，为次贷危机和金融危机的爆发埋下了隐患。

法国调节学派继承了马克思关于经济危机的基本观点，认为“资本主义和市场经济本身是不稳定的，资本主义必然存在经济危机”。马克思在对资本主义生产力和生产关系进行深入分析后指出，阶级剥削是资本主义所固有的，资本主义固有的阶级矛盾仅靠改变分配关系是无法解决的，要对生产力和生产关系进行变革，因此资本主义必然会被更高形式的社会主义和共产主义所取代，资本主义必然会走向灭亡。[③]在此基础上，第一代法国调节学派学者米歇尔·阿格利埃塔指出制度对经济的调节作用，认为新古典经济学理论中市场是可以自我调节的并且倾向于平衡的观点是错误的，市场机制必须由法律法规进行补充才能达到稳定，而且它们是中间媒介。罗伯特·博耶进一步将资本主义经济危机划分为五种，即外部扰动造成的危机；周期性危机；调节体系危机；一种更高层次的危机——发展模式的危机；主导生产模式的终极危机。[④] 他将前两种危机定义为小危机，将调节体系和发展模式的危机定义为结构性危机，他认为到目前为止资本主义发展过程中出现的危机都是小危机和结构性危机，而这些危机都可以

---

① [英]庇谷. 福利经济学[M]. 朱泱，等译. 北京：商务印书馆，2006：67

② [英]凯恩斯. 就业、利息和货币通论[M]. 高鸿业，译. 北京：商务印书馆，1999：38.

③ [德]马克思. 资本论[M]. 郭大力，王亚男，译. 上海：上海三联书店，2009：202－204.

④ BOYER ROBERT. The capital labor relations in OECD countries：from the fordist “golden age” to contrasted national trajectories[J]. Cepremap，1990：11－12.

通过资本主义内部的调节克服，终极危机的出现则意味着资本主义走向灭亡。除此之外，法国调节学派还指出新古典经济学对古典经济学的继承是片面的，忽视了亚当·斯密关于资本主义生产力和生产关系背后所蕴含的阶级不平等的认识，将劳动力、货币和一般商品等同看待，是一种历史的、静态的、均衡的分析方法，因此，新古典经济学必然不可能得到关于经济危机的正确认识。

**（二）关于政府与市场关系的认识**

兴起于19世纪末期的新古典经济学继承了亚当·斯密的“看不见的手”与古典经济学的自由放任思想，主张市场是经济运行唯一的调节方式，经济危机的出现是偶然的，没有外力的干预（如工会、政府政策等）市场会自发地实现均衡，认为政府的社会保障支出与基础设施建设只会增加财政赤字，政府应该“无为而治”，即扮演好“守夜人”的角色。显然，新古典经济学将政府与市场看作两个相互独立的领域，政府是与权力紧密相连的，而市场则是研究如何实现财富积累的。其主张的反对政府干预的经济思想对英美国家的国有企业私有化改革在理念和行动上都产生了极大的影响，加速了两国政府与市场分离的速度。20世纪90年代，创新型国家取代福特主义型国家成为全球经济发展的主要推动力，开放国际市场的理念推动全球化与金融化程度进一步提高，出现了金融占据主导地位而政府成为其“附庸品”的现象。新古典经济学依旧倡导自由放任政策，认为即使市场运行中存在不确定性与不稳定因素，也没有充分的证据表明政府应当参与到经济运行中甚至干预市场。

法国调节学派指出，新古典经济学的政策主张并没有考虑到各个国家的积累体制、调节模式与发展模式之间的不同，其理念的出发点是国际金融机构而不是普通民众，因而加剧了全球金融的不稳定性。对此，法国调节学派对新古典经济学提出了以下批判性观点：第一，新古典经济学关于政府与市场关系的认识具有片面性，二战后资本主义的黄金发展时期以凯恩斯主义为指导思想，政府的干预确实在降低失业率方面发挥了一定作用，且健全了社会保障制度，大大提高了人力资本和企业的竞争力。第二，政府干预总是围绕稳定物价、促进经济发展、保障充分就业、实现国际收支平衡与摆脱经济危机等目标展开，政府在干预市场的过程中保持高度的自律性，在促进国家转变新的积累体制、形成新的制度形式与调节模式方面发挥着重要作用，因此，新古典经济学提出的“国家化”不利于国家发展的观点是谬误。第三，20 世纪 70 年代由石油危机引发的经济危机是经济和政治共同作用的结果，而新古典经济学却将危机仅仅看作政府规制、工会组织等外部力量作用的结果，忽视了市场本身诸如外部性、信息不对称、道德风险与逆向选择等问题，一味地强调市场调节与自由放任，但政府干预能够弥补市场失灵，促进经济社会稳定发展。第四，由于20 世纪 90 年代出现了政府成为金融“附庸品”的现象，新古典经济学进一步提出弱化政府的职能与作用，法国调节学派从现实出发，发现中央银行和财政部在金融风险下进行了一系列关于制度的新的有益探索，有效地缓解了经济主体间的各种矛盾与冲突，降低了金融风险，稳定了金融市场，发挥着不可替代的作用。

除了以上对新古典经济学的批判，法国调节学派还反对以下两种错误倾向：一是以新古典经济学为代表的只强调市场的调节作用，从而忽视了政府调节等其他调节方式的作用；二是以制度经济学为代表的片面地强调政府和制度的作用，对市场的调节作用予以全盘否定。在法国调节学派看来，调节模式不止一种，制度、企业内部、市场、政府等都具有对经济的调节作用，只有将各种调节方式结合起来才能够更好地将积累体制与调节模式相结合，充分挖掘发展模式的潜力，促进经济持续稳定发展。

**（三）关于资本主义收敛假说的认识**

20 世纪 90 年代，随着苏联解体、东欧剧变，美苏对立的两极世界格局结束，日本经济进入泡沫时代，资本主义阵营美国一家独大，而社会主义阵营无论是从数量上还是质量上都不能和资本主义阵营相比较，形成了“一超多强”的世界格局，新古典经济学的学者们提出世界正在向美国型资本主义收敛的假说，即冷战结束后社会主义向资本主义收敛，而资本主义又收敛于美国型资本主义，美国型资本主义是效率最高的。法国调节学派提出资本主义多样性理论，对新古典经济学的资本主义收敛假说进行了批判。第一代法国调节学派代表人物博耶提出的“资本主义四类型说”、第二代代表人物阿玛布尔提出的“资本主义五类型说”，都指出资本主义的收敛方向不是唯一的。除此之外，法国调节学派还从以下三个方面对美国型资本主义收敛假说进行了批判：

第一，之所以说美国型资本主义最有效率，是因为在“一超多强”的发展格局下美国是最具竞争力的，但从制度诸形式、积累体制等方面来看，美国模式却不一定是最有效率的。博耶指出，德国的银行制度以稳定物价为目标，更具有被各国借鉴的意义；在企业组织形式方面，日本通过企业组织方式的创新能够更好地提高劳动积极性、促进社会生产力发展；法国的公共管理制度是最有效率的；北美各国的劳动力制度是最具柔软性的。因此，美国型资本主义并不是在各个方面都是最有效率的，各国应该有选择地学习他国的优秀制度组织形式，而不是对美国模式全盘吸收。

第二，法国调节学派指出人与人之间、人与社会主体之间、社会主体与社会主体之间是存在各种各样的冲突的，而制度是各种矛盾与冲突相互妥协的产物、各个主体之间相互博弈的结果，每个国家的实际情况各不相同，产生的矛盾与冲突也与美国不尽相同。因此，如果将美国型资本主义作为学习和模仿目标，直接移植美国制度，就会出现与本国现实相冲突的情况，美国制度也会在很大程度上与大多数民众的追求及利益相冲突、与本国的政治诉求相矛盾，反而不利于本国的发展，各国应该因地制宜地形成自己的调节模式与制度。

第三，由于制度与调节模式之间是相互补充的，即使是同样的制度，其作用于不同的调节模式时产生的效果也是不同的。在原有的制度与调节模式相互匹配的情况下，强行移植新的制度会和原有调节模式欠缺互补性，从而使得发展状况反而不如在旧的制度与调节模式下好，从而失去引进新制度的意义。因此，在引进新制度前应该充分考虑本国发展情况，保持谨慎的态度。

总而言之，法国调节学派强调制度形成的独特性，当时的历史条件、政治意识以及社会矛盾决定了当时的社会制度，并且在博弈的过程中也会使得最终形成的制度与设计该制度的初衷不一定相同。每个国家的制度创新都与本国的实际情况、思想文化紧密相连，学习和模仿别国的制度会经历试错与调整期，当其与本国的旧制度以及现实情况相结合后，得到的制度可能也会和当初学习的目的不一致了。因此，并不是所有的别国的先进制度都是最好的，新古典经济学主张的“美国型收敛假说”不具有一般性与普遍性。

## 四、法国调节学派的借鉴意义

法国调节学派作为欧美马克思主义思想流派的组成部分，是马克思经济学伴随社会发展形成的阶段性产物，其学说的目的在于阐释与解答资本主义危机的根源以及资本主义国家走出危机的原因。自产生以来，法国调节学派的思想被广泛运用于对亚洲金融危机、发展中国家经济转型、区域经济一体化发展等问题的研究之中。法国调节学派在继承马克思经济学核心理论内核的基础上，从马克思理论中高度抽象与概括的概念中分离出一些中间概念，来解释各经济主体间互相作用与经济运行规律。同大多数经济学派一样，法国调节学派坚持理性“经济人”的假设，但并不只将研究重点放在社会主体的有限理性与完全理性上，而是认为社会主体间存在着各样的竞争与冲突，通过构建制度可以对微观主体间的冲突起到良好的调节作用。调节学派通过寻找历史与理论、社会结构、制度和经济规律性之间的某种更广泛的相互作用，试图恢复和发展马克思主义经济学对资本积累规律的分析和认识。法国调节学派从金融稳定性层面、制度层面以及政府与市场关系层面阐述了经济发展的规律，对于我国在中国特色社会主义新时代建设社会主义、推动经济高质量发展、构建具有中国特色的当代马克思主义政治经济学具有显著的借鉴意义。由此，本节将从理论与实践两个层面分析法国调节学派思想对于我国经济发展的借鉴意义。

### （一）理论层面——为发展中国特色社会主义政治经济学提供理论参考

法国调节学派理论指出，马克思主义政治经济学并非一个封闭的理论体系，而是随着社会进步与发展，不断创新、不断完善、不断迸发活力的理论体系，这与我国不断进行中国特色社会主义政治经济学理论创新具有一致之处。习近平总书记指出，应立足于我国国情与实践发展，揭示新观点、新规律，提炼总结我国经济发展实践的规律性成果，不断开拓当代中国马克思主义政治经济学新境界。因此，对法国调节学派相关理论进行思考与分析，吸收其中有利于中国特色社会主义经济实践的相关理论，可以不断丰富和发展中国特色社会主义政治经济学。由此，本节将从丰富与发展马克思主义政治经济学、推动科学社会主义原则的丰富与具体化、增强“中国故事”与“中国理论”的国际影响力三个层面，阐述法国调节学派思想对于发展中国特色社会主义政治经济学的理论参考意义。

（1）在借鉴法国调节学派相关理论的基础上丰富与发展马克思主义政治经济学。法国调节学派的思想以马克思主义政治经济学框架为核心，通过研究资本主义社会经济发展中出现的新思想与新变化，对学派的基础观点进行了阐析。而马克思主义政治经济学所具有的广大视野与严密逻辑也决定着马克思主义政治经济学不仅深刻解释了资本主义经济运动规律，并且随着时代的发展，对人类社会经济发展一般规律的揭示也具有普遍意义。进入中国特色社会主义经济发展新时期，中国特色社会主义政治经济学从研究立场、基本原则与方法路径等不同方面，反映了马克思主义政治经济学的逻辑。当前，我国一些前沿性的理论成果蕴含着对马克思主义政治经济学的创新，如中国特色社会主义市场经济理论、经济全球化条件下对外经济贸易格局理论、社会主义所有制与收入分配制度效率优势理论等。尽管这些理论的出现源于中国特色社会主义新实践，但不可否认的是，这些理论在法国调节学派思想的基础上丰富了马克思主义政治经济学，在借鉴法国调节学派思想的前提下进行了理论的创新。

（2）在借鉴法国调节学派理论的基础上对科学社会主义原则进行了丰

富与具体化。科学社会主义由马克思与恩格斯在领导国际共产主义运动中所创立，其通过运用唯物史观，深入剖析了资本主义生产关系的规律，论证了最终实现共产主义的必然性。而法国调节学派在对传统古典经济学自由放任思想批判的基础上，以马克思主义政治经济学为核心思想内核，同样论证了科学社会主义的理论与原则。而在中国特色社会主义建设新时期，中国特色社会主义政治经济学作为当代社会主义中最具有创新性与实践性的理论性成果，在马克思政治经济学与法国调节学派思想的基础上反映了科学社会主义原则。在经济体制层面，其认为应充分发挥市场对经济的调节作用，在增强经济活力与创造力的同时发挥政府的宏观调控职能，加强市场监管，促进共同富裕；在分配制度层面，其认为应充分调动各个经济主体的积极性，在坚持按劳分配为主体的基础上，鼓励各种生产要素参与分配，实现资源的合理配置。可以说，法国调节学派在中国特色社会主义政治经济学形成与发展的过程中起到了承上启下的作用，有利于中国特色社会主义政治经济学对科学社会主义原则的补充与发展。

（3）在借鉴法国调节学派理论的基础上讲述中国故事，发展中国理论。法国调节学派摒弃了新古典学派传统自由放任的思想，将马克思主义政治经济学、制度经济学等思想纳入自身理论体系当中，形成富有创新性的理论体系。而我国在社会主义发展过程中，需要对不同思想进行吸纳借鉴，在找出适合我国经济发展的思想后，将其与马克思主义政治经济学、我国当代发展实践相结合，构建具有中国特色的马克思主义政治经济学理论与话语体系。习近平总书记在对我国现实国情进行准确把握的基础上，提出了新发展理念与推动形成以国内大循环为主体、国内国际双循环相互促进的新发展格局，这一方面表明我国在经济发展过程中不断进行理论创新，具有高度的理论活力；另一方面，也表明我国不断为世界提供经济发展的中国模式与中国经验，为其他发展中国家进行经济建设提供了思路。通过不断克服教条主义，根据时代变化关注中国经济发展现状，加强对中国经验与中国经济发展模式的探究，提炼发展出具有中国特色、体现时代特点的当代马克思主义政治经济学理论，增强了当代中国政治经济学在世界上的话语权。

### （二）实践层面——为推动中国经济高质量发展提供借鉴

习近平总书记在党的十九大报告中指出："我国经济已由高速增长阶段转向高质量发展阶段"，这意味着我国经济逐步进入以发展质量为本的新阶段，推动经济的高质量发展已成为当今乃至未来中国经济发展的主题。进入中国特色社会主义建设新时代，数量型的经济增长模式已经不适合当今中国经济发展的需要，对经济高质量发展的需求越来越迫切，探索经济高质量发展路径、促进中国经济沿高质量发展轨道前进，是适应中国社会主要矛盾变化的基本要求，也是推进建设社会主义现代化国家的重要路径，对于国家复兴与民族富强具有重要意义。法国调节学派对新古典主义所提出的自由放任思想的批判，以及对资本主义多样性、金融多样性以及制度调节经济与社会的相关思考，对于当今我国积极推动经济结构转型升级、实现经济高质量发展都具有重要的借鉴意义。因此，本部分主要从我国制度创新、正确处理政府与市场之间关系、推动金融稳定与安全三个层面，阐述法国调节学派思想对于推动我国经济高质量发展过程中的实践借鉴意义。

（1）法国调节学派思想对于我国推进制度创新、实现制度自信的借鉴意义。法国调节学派强调制度的重要性，认为制度是解决各个社会主体之间冲突最好的工具，良好的制度在形成后与国家意识形态、政治媒介等互相发挥作用，可以起到共同调节社会冲突的作用。习近平总书记指出："中国特色社会主义制度是当代中国发展进步的根本制度保障，是有着鲜明的中国特色、明显的制度优势与强大自我完善能力的先进制度"①，法国调节学派所提出的建立良好的制度、发挥制度的调节作用，对于我国不断完善中国特色社会主义经济制度具有一定的借鉴意义。当前我国经济已进入"新常态"的发展阶段，须贯彻落实"四个全面"的战略布局，将经济发展的着力点转移到对质量与效益的提升上来：一方面，制定合理完备的

① 习近平．习近平谈治国理政：第二卷[M]．北京：外文出版社，2017：36.

市场秩序与规则，构建适合中国特色社会主义市场发展的制度环境，调动劳动、资本、技术等生产要素参与生产的积极性与创造性；另一方面，在坚持社会主义基础分配方式的同时，以人为本，推动建设发展成果由人民共享的分配制度，着力推动共同富裕。将良好的制度创新、生产力进步与经济高质量发展相结合，有利于形成制度创新与经济发展的良性循环，不断彰显中国特色社会主义制度的自信与优越性。

（2）法国调节学派思想对于我国建设“有为政府 + 有效市场”的借鉴作用。法国调节学派指出，政府通过稳定物价、推动就业、保障民生等手段，在对经济的调控与干预过程中保持自律，在尊重市场规律、充分发挥市场对资源配置调节作用的前提下对经济运行进行调控。如若一味地强调经济自由放任发展，可能会导致道德风险与逆向选择，造成信息不对称、市场自身调节失灵的现象。因此，法国调节学派强调政府对经济的调节作用，认为有为政府在高度自律的前提下可以显著推动经济发展，这就为我国在中国特色社会主义建设新时期正确处理政府与市场之间的关系、建设“有为政府”与“有效市场”提供了借鉴。一方面，中国特色社会主义市场经济体制相较于欧美国家市场体制的优势在于全国“一盘棋”的执行能力。中央政府从宏观上对国家经济形势进行把控，总结社会主义经济建设的经验与不足，从前瞻性与长远性角度对国家经济发展进行考虑，而地方政府则在中央政府政策指引下，根据自身发展现状、资源禀赋等因地制宜地制定经济发展策略，寻找适合当地经济发展的路径。这样的经济调节机制，既做到了在宏观上把握经济发展脉络，又可以充分调动地方经济发展的积极性，为地方市场解绑，激发市场活力并形成具有地区特色的经济发展模式。充分发挥中央与地方政府的积极性，可为我国经济体制改革、推动区域协调发展、城乡一体化建设、公平与效率平衡等提供经济基础。另一方面，我国在坚持公有制为主体、多种所有制经济共同发展的基本经济制度的基础上，坚定不移地推进“有效市场”建设。有效市场的建设，是市场对资源的决定性配置作用的体现。习近平总书记指出：“将市场机制能有效调节的经济活动交给市场，将政府不该管的事情交给市场，让市场在所有能发挥作用的领域充分发挥作用。”伴随我国新一轮科技革命步伐的加快，经济高质量发展已成为当今发展的必然趋势，在数字经济等领域更需要通过市场机制来推动经济增长。

（3）法国调节学派思想为稳定国家金融安全、建设合理的金融体制提供了积极借鉴。法国调节学派认为金融主导型积累体制的失败并非源于技术或国际政治的冲击，而是由金融市场缺乏监管造成的。法国调节学派重视金融对经济发展的促进作用，金融安全高效运行、建立合理的金融监管体制机制有利于我国经济又好又快发展。当今随着数字经济的快速发展，金融科技、普惠金融等新的金融形态随之出现，建立完善的金融体系、推进我国金融事业发展变得越来越重要。党的十九大报告中指出：“要深化金融体制改革，增强金融服务实体经济的能力，推动多层次资本市场健康发展。”当前，我国金融供求之间存在比较明显的不匹配问题，从区域层面看，金融资源更多地集中在城市和东部地区，而农村和中西部地区相对稀缺，金融需求满足程度较低；从企业类型看，尽管中小微企业创造了大量增加值和新增就业，但它们获得融资的难度较大；从不同产业看，现代服务业和新兴行业不像传统制造业一样拥有较多的“重资产”，大多难以满足获得融资的抵押条件，阻滞了其加快成长的步伐。由此可以看出，着力推动我国多层次资本市场健康发展，对于促进我国金融稳定、实现金融服务实体经济具有重要意义。

# 第三章　法国调节学派：介绍与最新发展

Florence Jany - Catrice　任保平　康　蓉*

## 一、一般介绍

### （一）远非和平的世界观

调节学派或调节理论（Réregulation Theory，RT）与世界主流的经济学思想流派相去甚远。主流新古典主义经济学现在已经遍及全球，它提供了一个以经济均衡为准则的世界的和平愿景。调节学派则与之相反，与大多数制度主义政治经济学学派一样，它强调积累的逻辑和基本社会关系，即结构性社会经济不平等。

调节理论诞生于20世纪70年代初，以米歇尔·阿格利埃塔的开创性成果《调节和资本危机》为标志。这部著作的起点是自20世纪60年代末以来，美国和法国观察到的一些统计规律被明显打破。阿格利埃塔的研究特别强调了一种更不稳定的增长趋势，失业率逐步上升，利润率下降。均衡状态的打破被视为20世纪70年代危机的根源。阿格利埃塔在1976—1980年成立了一个工作组，研究了美国、英国、法国和德国四个主要经济体的调节理论。这项研究旨在发现危机演化的新规律，特别是通货膨胀、失业和增长放缓，并找出各国之间的异同。

---

* Florence Jany - Catrice（弗洛朗丝·雅尼 - 卡特里斯），法国里尔大学经济学系教授，主要研究方向为政治经济学、统计学；任保平，南京大学数字经济与管理学院院长、教授、博士生导师，教育部“长江学者”特聘教授，主要研究方向为数字经济和高质量发展、发展的政治经济学；康蓉，西北大学经济管理学院副教授，主要研究方向为国际贸易、国际气候治理。

这组研究人员的主要贡献之一是在前期研究基础上增添了一个维度，即在货币维度上进行了深刻而有启发性的政治经济学的研究①。

与新古典主义经济学框架相反，对于制度经济学来说，货币不是中性的，而是积累逻辑的一个基本工具。当时，除了苏珊娜·德·布伦霍夫（Suzanne de Brunhoff）的著作以外，这一思想很少在马克思主义政治经济学观点中得以体现。增加货币维度是至关重要的。它反对研究“交换”或“市场”经济的特征，认为应该研究“生产的货币经济”特征，而且还要考虑到货币的不同职能：不仅是记账的工具（“计价值”），而且还是必要的交换手段，这也意味着资本主义包含必要的货币。货币也是一种可以累积的资产，因此可以从一个时期转移到另一个时期②。这一思想主要包含在奥尔良（Orléan）的思想中，即在资本主义中，货币是第一位的，并且先于市场。

法国调节学派的主要学术带头人大多来自理工大学工程学院、国家统计局，以及计划部门。另外，虽然有很多书提到了调节理论，但其中，2015 年出版的博耶的著作是一本重要的参考书。在这本书中，博耶不仅介绍了调节理论的开创性特点，还展示了随着时间的推移，这一宏观经济分析框架如何演变，以适应资本家面临的新问题，显示出其巨大的可塑性和启发力。

### （二）多重危机

经济危机可以用两种方式来分析：一种是偶然情境性的，另一种是结构性的。当危机被认为具有偶然性的时候，它就被视为系统内的暂时不平衡。由于外部冲击，如进口价格上涨、失业率上升、增长放缓或所有这些因素叠加，这类危机就有可能在一定时期内发生。“偶然情境性”意味着一旦问题得到解决，“自然”均衡状态就会恢复。而与这种自然状态相反

---

① AGLIETTA M. , ORLÉANA. La Monnaie entre violence et confiance[M]. Paris: Odile Jacob, 2002.

② BOYER R. “Comparative political economy in the light of régulation theory”, Ivano Cardinale and Roberto Scazzeri (eds. )[M]. London: The Palgrave Handbook of Political Economy, Palgrave, 2018.

的是，如果危机被认定为是“结构性”的，那么就意味着危机的主要原因必须从其自身的动态中寻找，也就是说，这些危机是资本主义制度自身的危机。因此，要从资本主义制度的建立、本质特质及其调节监管视角对其进行批判性研究。

随着2008年全球经济危机的爆发，这个问题再次出现。2008年的金融危机是伴随金融自由化出现的，但是之前经济学认为金融自由化将带来一个有效的金融制度。与这种乌托邦思想相反，出现的全球性和结构性危机表现为更加频繁的经济危机和金融泡沫①；随着收入和财富等经济不平等日益加剧，社会危机发生得更加频繁：当前的增长模式具有高度和长期的不可持续性②③；它会引发更频繁的生态危机；最近还出现了根本性含义危机：即“社会”或“真正的财富”的根本含义是什么?④

**（三）调节理论的根源**

许多经济学家一直在启发调节理论来解读结构性危机。

首先，调节理论来源于马克思的《资本论》。调节理论从一开始就坚持马克思《资本论》中的两大原理：（i）市场关系的支配，通过对先验而非商品的事物定价，扩展了“商品”的世界；（ii）社会生产关系的特点是“固有的阶级冲突”和资本与劳动之间的冲突⑤。

其次，凯恩斯也一直是调节理论的主要影响者：这位经济家是1928年大萧条的见证人。他对市场可以自发地确保充分就业的观点提出了批评。凯恩斯提出了预算政策和公共投资对克服结构性失业的重要性。

最后，从更加普遍意义上讲，调节理论可以被视为制度经济学长期历

---

① ORLÉAN A. De l'euphorie à la panique : penser la crise financière, Paris : éd. de la rue d'Ulm [M]. Collection du CEPREMAP, mai,2009.

② GADREY J. Adieu à la croissance, bien vivre dans un monde solidaire[M]. éditions Alternatives économiques & Les petits matins,2010.

③ SPASL C. New foundations for ecological economics[J]. Ecological Economics, n°77,2012:36 –47.

④ MÉDA D. Au – delà du PIB. Pour une autre mesure de la richesse[M]. Paris : Flammarion, coll. Champs Actuel,2008.

⑤ BOYER R. Capitalismes asiatiques, diversité et transformation, sous la dir de Boyer, Hiroyasu Vemura, Akinori Isoai, ed[J]. Presses universitaires de Rennes,2015a.

史传统的一个分支①。这一传统始于韦伯（M. Weber），但也包括康明斯（Commons）、凡勃伦（Veblen）等。对于制度主义者来说，经济秩序是建立在社会和政治制度之上，而不是自然或普遍规律之上的。在所谓的“旧制度主义”流派中，政治经济学家曾试图确定时间和空间维度上的规律，这是调节理论的思维程序。在制度主义理论中，经济学是动态的，不是静态的，也不是功能主义的。历史意义上的时间充满了不可逆性，这解释了“路径依赖”概念的大量应用。在制度主义框架中引入不可逆性是一种逆主流模式潮流，将历史重新引入的方式，而主流模式本身是忽略历史概念的②。这种“历史学方法论”可以在布拉德尔（Braudel）或波兰尼③的著作中找到，是与主流经济学和功能方法论的决裂。

**（四）主流经济理论的危机**

不同的危机越来越多地与主流经济理论的危机相伴而生。虽然这些理论并没有脱离危机世界，但可以说，它们并未完全地研究解释危机。为什么这样说呢？

这个结论有蛛丝马迹的证据，例如，主流经济学中从来没有关于“危机”的课程（在西方国家）：大多数经济学理论都是从系统在结构上处于均衡状态的假设开始的。如果经济学家选择了好的“参数”，均衡就会恢复，这些“良好的参数”就包括影响流动商品市场、服务市场、资本市场等的参数。事实上，大多数主流经济学理论主张自由贸易、自由市场、自由金融，并要求国家退出主要监管领域。

也许应该强调的是，对于不熟悉调节理论的读者来说，相对于主流经济学理论，制度政治经济学和调节理论都不是现成的理论。它们却只是研究的解释方法：从研究一个国家开始，调节理论得出了与“各种各样的资

① LABROUSSE A. “L' économie comme science sociale, l' institutionnalisme comme méthodologie pragmatique : développement, industries, savoirs, historicités ”, Habilitation à diriger des recherches [M]. Université de Picardie Jules Vernes, 2018.

② BOYER R, B. Chavance, O. Godard, Les figures de l'irréversibilité en économie[M]. Paris: Editions de l'Ecole des Hautes Études en Sciences Sociales, 1991.

③ POLANYI K. The Great Transformation, ed[M]. Farrar & Rinehart, 1944.

本主义模式”相关的一般趋势。例如，大多数西方国家不同程度地出现过所谓的“福特主义时期”，但并非所有国家都经历过。

在福特主义时期，这些国家经历了不同的增长和发展模式，如日本、德国和拉丁美洲国家就各有特色。Bernard Chavance[①] 的研究表明，东方国家也经历了一种特殊的调节模式，他称为“短缺调节”（penuric）。所有这些都解释了为什么调节理论一直在不断适应不同的地区和模式，并不断丰富。“研究经济动态和政治权力结构之间的联系”丰富了调节理论[②]。通过研究长期经济动态与思想制度、空间代表之间的联系，它得到了丰富。我们可以准确地指出：其思想体系建立在经济学家和各领域学者所坚持的原则基础上，而它们都植根于所属的社会[③]。经济学家们会传播一种与当时主流思想一致的观点。他们还会传播一些代表性的模式。这是在强烈的象征性权力背景下进行的，这就意味着，按照奥尔良的论点，各种角色在表达能力上是不平等的，而这会导致某一部分流派会“有资格获得合法话语的地位”。

### （五）本章的框架

本章的其余部分主要逻辑如下。在第二小节中，我们将梳理调节理论的原则，特别是按照政治经济学框架梳理其坚持的基本制度。第三小节描述亚洲各类资本主义形态，并指出对于包括中国在内的亚洲国家，调节理论必须将生态问题置于其研究和政策建议的核心。

## 二、调节理论的原则[④]

### （一）简介

调节理论的出发点是主流宏观经济学（主流经济学为任何宏观经济趋

① CHAVANCE B.（ed.）Régulation, cycles et crises dans les économies socialistes[J]. EHESS, 1987.

② BOYER R. “Comparative political economy in the light of régulation theory”, Ivano Cardinale and Roberto Scazzeri（eds.）[M]. The Palgrave Handbook of Political Economy, Palgrave, London, 2018.

③ FOURCADE M. Economists and Societies. Disciplines and Profession in the United States, Britain, & France, 1890s to 1990s[J]. Princeton: Princeton university Press, 2009.

④ 本节主要引自罗伯特·博耶的著作。

势确定微观经济基础）在解释大多数国家在过去30年所面临的危机，尤其是2007—2008年的经济和金融危机方面存在严重缺陷。主要观点是，主流经济学理论不可能分析结构失衡，其认定这些失衡是例外情况。

### （二）五种主要的制度形式

调节学派对资本主义的分析解释了资本积累规律的概念，从这个意义上它是对马克思经济学的延展。在这个政治经济学的分析框架中，商品生产只是资本循环的一个过渡阶段。这样，调节理论就严肃地考虑了历史所起的作用，表明历史既是调节理论的研究结果，也是调节理论的研究对象：调节理论关注资本主义最近的转型，并秉承“历史研究方法”。

调节理论在宏观层面上确定了解释资本主义演变过程的五大制度，即货币体制、竞争形式、劳资关系、国家经济关系、经济体的国际嵌入性。这些制度形式之间可能存在层级，也可能存在各种组合形态。

1. 货币体制

正如我们前面已经提到的，从制度主义的角度来看，就货币而言，政治经济学与主流经济学理论大相径庭。对于主流经济学理论来说，货币是中性的，经济理论中常见的主要神话是由一个没有货币的世界（罗宾逊岛）构成的，在这个世界上，交易都是用易货方式实现的。非常令人惊讶的是，将货币视为一个强大的、主要的制度而且是首要制度是罕见的。然而，对于制度主义者来说，货币是市场和资本主义的核心要素。正如奥尔良所言：“货币是一个完全的社会事实。”与物物交换相反，只有在货币体制合法性确立之后才能建立市场交易。显然，建立价格货币，有助于供需双方达成协议；确定价格的可能性也允许与供求的单一对应情况保持一定距离；它实现了供求关系的非人格化。在“现实”高度异质的情况下，货币也起到了可公度的作用。

由于货币与资本主义息息相关，货币制度是调节理论的基本制度之一。博耶对该制度的定义是“管理支付和信贷系统的一套规则”①。他解释说：“银行向企业和家庭提供信贷；这些资金导致交易，并逐步允许他们偿还贷款。均衡不是自发出现的，需要机制，如银行间再融资”②，或建立中央银行“最后贷款人”机制。

2. 竞争形式

市场不是经济体中唯一的交换方式，竞争也不应是市场参与者之间协调的唯一和最佳形式。承认交换形式和方式的多样性，使调节学派再次与主流经济学理论区别开来。主流理论确实将市场视为预先存在的供给和需求之间的即时对抗。供求双方就价格和数量达成一致。人们认为，个人在平等的基础上以竞争的方式进行交流。任何偏离价格和数量均衡状态都被视为偏离规范。制度主义经济学家和经济社会学家都坚持市场交易方式的多样性和市场的社会特征。

为了研究这种多样性，学者们强调了构建市场交易的具体社会条件。例如，社会学家罗南·勒维利③提出了市场嵌入的四种具体要素，表明了市场社会结构的重要性，这些要素包括正式的规则、社交网络、社会技术手段和公约。“正式规则”强调了一个事实，即市场不是自然的，它需要具体的制度，特别是确立财产权、交易权和自由经营权。它还需要规定合同和个人责任的司法文化。这就是为什么调节学派的经济学家们坚持认为国家不仅是市场的替代品，而且通过法律要素，同时也是市场存在和组织的条件。

“社交网络”强调了一个事实，即市场并不总是标准理论设计的个体结构。市场的供给和需求行为主体也会发展出经常性的关系，这种关系可以超越商品和服务的交换。社会学家马克·格拉诺维特④曾将这些关系归

① BOYER R. Capitalismes asiatiques, diversité et transformation, sous la dir de Boyer, Hiroyasu Vemura, Akinori Isoai, ed[J]. Presses universitaires de Rennes, 2015a.

② BOYER R. Economie politique des capitalismes[M]. Ed. La Découverte, coll. Grands Repères, 2015b.

③ LE VELLY R. Sociologie des marchés[M]. ed. La Découverte, coll. Repères, 2010.

④ GRANOVETTER M. The Strength of Weak Ties[J]. The American Journal of Sociology, vol. 78, n°6, 1973.

类为“弱联系”或“强联系”，它会干预交易的发生。“社会技术手段”强调了这样一个事实，即市场充满了想要交换的参与者，但也充满了帮助市场出现或发展的社会技术手段：这些手段包括收支平衡表（有助于计量和交换的一般性测量标准）、商标、品牌、规范等。它们有时会降低交易所固有的不确定性，如文化可能有助于就质量达成协议。

调节的形式随着时间的推移而变化。在竞争模式中，始终存在一个价格结算过程，该过程对应于交易参与各方之间关系的配置。调节理论确定了三种竞争机制：一是19世纪西方国家经历的“竞争机制”。这种制度的特点是小规模生产和小规模贸易与交换。二是伴随资本日益集中出现的垄断体制（1960年及以后）。三是行政竞争制度，它出现在第二次世界大战后，当国家干预价格形成以平息高通胀动态时，名义工资随之增加①。

3. 劳资关系

调节理论还将劳资关系（wage－labor relation）与工资劳动力关系（wage labor nexus）区分开来。前者由博耶（2015）定义为描述各公司如何管理劳动组织、工作时间、职业发展以及社会保护、劳动法规和卫生保健等项目。而后者描述了所有相关的法律和制度规则，它们明确了工资劳动者和雇主的权利和义务，以及克服各方可能产生的冲突的方式。正是这些制度以及不同类别的参与主体之间的妥协，嵌入了工资关系。后者还会考虑社会层面所出现的制度化妥协的情况。这些妥协是“一种尝试性地和暂时性地缓和这些冲突的方法”②。

4. 国家经济关系

调节理论的一个主要观点是认为国家在规划资本主义发展方面的重要作用。这种干预是深层次的政治，例如，将物品转化为商品。博耶对国家经济关系的定义为：“它占据了一个特定的位置，因为它整合并确定了其

① BOYER R. Capitalismes asiatiques, diversité et transformation, sous la dir de Boyer, Hiroyasu Vemura, Akinori Isoai, ed[J]. Presses universitaires de Rennes,2015a.

② BOYER R. Capitalismes asiatiques, diversité et transformation, sous la dir de Boyer, Hiroyasu Vemura, Akinori Isoai, ed[J]. Presses universitaires de Rennes,2015a.

他制度形式中的等级制度，例如第二次世界大战后黄金时代的福特主义工资—劳动关系，随后是竞争制度，再后是金融制度。”①

5. 经济体的国际嵌入性

国家嵌入国际社会也是一种识别和捍卫“国家主权概念”② 以及国家融入双边或多边协议的方式。

根据时间和空间的不同，这五种制度形式可能有不同的内容。在资本主义发展的不同时期，会有一种制度形式占主导地位（调节学派坚持制度层级的思想），例如，1945—1970 年，工资—劳动关系决定了西方资本主义制度，而国际格局引领着未来资本主义发展③。这五种制度形式也促使调节理论更新了对资本主义的定义。博耶指出：“资本主义是一种法律制度、一种经济制度和一种社会形态，它在历史上展开，建立在市场竞争和劳资关系这两种基本的社会关系之上。”④ 值得注意的是，这一定义意味着有必要研究法律、社会学、经济学和历史学，因此，调节学派是一种要求很高的跨学科研究方法。

综上所述，主流经济学理论和调节学派之间存在着深刻的理论差异。调节学派包含制度政治经济学的特征，决定了这样一种观点，即制度形式存在多样性，并且在不同时期和地区形式各异（见表 3－1）。

**表 3－1　主流经济学理论和调节效应之间的主要差异**

| 一般均衡理论假设（TGE） | “制度形式”（中间概念）在监管理论中的作用 |
| --- | --- |
| 货币只是一种记账工具。拍卖商集中所有交易 | 需要制定货币创造和销毁规则：货币制度定义了市场的参与者，并允许交易的分散 |
| 所有代理商都认为价格已被接受 | 各种形式的竞争（不同于“纯”竞争） |

① BOYER R. Comparative political economy in the light of régulation theory, Ivano Cardinale and Roberto Scazzeri (eds. ) [M]. The Palgrave Handbook of Political Economy, Palgrave, London, 2018.

② BOYER R. Comparative political economy in the light of régulation theory, Ivano Cardinale and Roberto Scazzeri (eds. ) [M]. The Palgrave Handbook of Political Economy, Palgrave, London, 2018.

③ BOYER R. Comparative political economy in the light of régulation theory, Ivano Cardinale and Roberto Scazzeri (eds. ) [M]. The Palgrave Handbook of Political Economy, Palgrave, London, 2018.

④ BOYER R. Comparative political economy in the light of régulation theory, Ivano Cardinale and Roberto Scazzeri (eds. ) [M]. The Palgrave Handbook of Political Economy, Palgrave, London, 2018.

续表

| 一般均衡理论假设（TGE） | “制度形式”（中间概念）在监管理论中的作用 |
| --- | --- |
| 劳动力服务是在与良好市场相当的市场上进行交易的 | 劳动合同嵌入定义工资—劳动关系的机构网络中 |
| 没有国家 | 国家与经济之间关系的配置 |
| 没有民族国家 | 融入国际制度的方式 |

资料来源：Boyer，2015①.

## 三、重大新问题

调节学派长期以来一直聚焦于分析资本主义多样性的演变。这是本小节首先要呈现的内容。然后，我们会提出一些新问题，它们不仅丰富同时也对制度政治经济学提出了挑战。

### （一）资本主义

#### 1. 福特主义时代

福特主义时代的特点是大规模生产和消费同步，这与1929年大萧条后观察到的情况形成强烈反差。由于工资实现指数化而且通过实际工资大幅增长实现了从社会国家向劳动力的大规模转移，而且为劳动力提供大规模社会保障的国家社会保障体系的建成，才使大规模生产和消费实现了同步。当时的调整变量是汇率，通过国家货币贬值定期调整。

第二次世界大战后，固定汇率制度建立（源于1944年布雷顿森林体系），国际贸易和大规模公共资本流动得以实现②，它们帮助在国家层面形成了连贯的调节模式。正如博耶所说：“国内政治妥协的基础是建立了真正的工资—劳动关系，保证工薪阶层融入经济。因此，这种制度形式在很大程度上决定了寡头垄断的竞争类型，因为生产率工资指数化倾向于减少生产能力

① BOYER R. Capitalismes asiatiques, diversité et transformation, sous la dir de Boyer, Hiroyasu Vemura, Akinori Isoai, ed. Presses universitaires de Rennes. BOYER R. “Economie politique des capitalismes”, Ed. La Découverte, coll[M]. Grands Repères, 2015.

② BOYER R. Comparative political economy in the light of régulation theory, Ivano Cardinale and Roberto Scazzeri (eds.)[M]. The Palgrave Handbook of Political Economy, Palgrave, London, 2018.

和有效需求之间的不平衡。同样地，名义工资成为形成价格的变量。”①

所有这一切导致了制度形式之间出现前所未有的等级制度，其特征是工资—劳动关系与实际工资动态过程中占据主导地位。宏观经济模式反映了这一制度配置：由于决定生产性投资的加速机制，实际工资动态成为消费的一个基本决定性因素，从而成为生产的一个重要决定因素，因为利润分配在积累体制中总体上是稳定的。

2. 竞争主导的资本主义

博耶解释说，竞争主导的资本主义时期导致了 20 世纪 40—70 年代工人与雇主之间的妥协的崩溃告终。福特主义妥协的破裂主要是由于国际竞争的开放。尼克松决定结束对美元可兑换性的固定机制，它缓解了国际竞争，导致产生了一个新的“联盟”：不再像文献中经常描述的那样，是资本和劳动力之间的联盟，而是生产商和消费者之间的联盟，即“每天都有低价”的承诺。“虽悄无声息但非常稳定地，社会结构和经济专业化沿着一条新的分界线重新构建，形成这一国际化新阶段的赢家和输家”②。这一时期的特点是建立了旨在控制通货膨胀的制度，并减少了国家干预的范围。在西方国家，竞争主导的资本主义从 70 年代末持续到 90 年代末。

3. 金融主导的资本主义

福特主义时期的特点是高通胀。金融资本主义时期可以被分析为福特主义时期的完全逆转，当时工薪阶层受到保护，免受短期风险影响，而这些风险由公司和股东承担。至少在 2020 年及之后的新冠疫情之前，通货膨胀得到控制，国家逐渐退出社会和经济事务，此时家庭逐渐需要获得自己的保护。因此，他们的个人储蓄（为他们家人的健康、教育、家庭的社会保护等提供资金）为大型养老金系统和更广泛的金融市场提供了资金。

在 2008 年金融危机爆发之前，由于货币思想和政策取得胜利，应对货

---

① BOYER R. Capitalismes asiatiques, diversité et transformation, sous la dir de Boyer, Hiroyasu Vemura, Akinori Isoai, ed. Presses universitaires de Rennes. Boyer R. Economie politique des capitalismes, Ed. La Découverte, coll[M]. Grands Repères, 2015.

② BOYER R. Comparative political economy in the light of régulation theory, Ivano Cardinale and Roberto Scazzeri (eds.)[M]. The Palgrave Handbook of Political Economy, Palgrave, London, 2018.

币和滞胀的政策增多，利率开始下调，从而“有利于大公司的股票市场估值”，并导致从互联网领域（2000 年）到次贷领域（2000 年中期）出现一系列投机泡沫。这一次西方资本主义的新联盟似乎将金融代理人和“租客”联系起来[①]。这种向养老金制度的转变“带来了大量的资本，它们寻求高回报，从而接受更高的风险，这在很大程度上被期权定价方法低估了”。随后，央行成为“与金融机构互动并左右其对未来的看法的关键机构”（博耶，2018）。另外，为确保金融市场上养老金计划的薪酬稳定，“员工的风险承担能力（包括工资灵活性、弹性工作时间、提高的工作强度、裁员、员工流动性）”大幅提高。

就西方国家而言，主要观点是这样。但同时也有一个基本一致的观点，而最近的研究也更加认同了这一观点，即世界上不同地区可能存在各种各样的资本主义。这就是我们在下面要分析的内容。

**（二）亚洲资本主义**

1. 日益全球化

这些研究中的大多数认同交流有动力朝着全球化的方向发展，更具体地说，是生产过程趋于碎片化。

自 20 世纪 70 年代末以来，由于运输成本的降低以及信息和通信网络的发展，国际贸易稳步增长。这导致了贸易全球化的趋势，并增加了交流的相互依存性。这种全球化产生了一系列改变，包括引发经济和社会倾销、增加生产性资产的流动（例如外国直接投资），以及对公共和私人投资的需求增加，以适应不断提高的制造能力。

但这种全球化趋势同时伴随着生产过程的分裂和价值链的地域性分割。我们可以说得更细致一点。国际贸易的性质也发生了变化：原材料和制成品要经过漫长的国际贸易流程，而这个过程的特点就是中间产品，“产品”在销售给最终消费者之前必须与其他产品相结合形成中间产品[②]：

---

① LEMOINE B. L’ordre de la dette[M]. Paris : ed. la Découverte,2016.

② DURAND C. Une introduction aux théories critiques de la mondialisation capitaliste[J]. Regards Croisés sur l’économie, 2017(2):106 – 116.

汽车、计算机、食品、软件等都是如此。参与一种最终产品的生产超过 10 个国家。这就是所谓的"全球价值链"生产过程的"碎片化"。这种分割导致价值的不平等国际分配，拥有获利能力强、占据产品"概念、流程整合和营销职能优势"的领袖企业会最终获益。

2. 资本主义多样性的新观点

曾经有一些学者含蓄地提到过资本主义形式的多样性[①][②]，他们在坚持路径依赖的同时认为可能的变化动态存在多样性。

在所有的国家，企业都可以被理解为必须与决定效率的一系列变量（例如劳资关系、培训和教育制度、公司治理、企业间关系和劳动管理制度）相妥协的行为主体。霍尔（P. Hall）和索斯基采（D. Soskice）确定了两种理想类型，这两种类型勾勒出了一个广泛的范围，所有当代资本主义都是沿着这一范围排列的。一方面，自由市场经济的特点是，经济行为主体之间是通过市场竞争和组织等级进行协调的；另一方面，协调市场经济的特点是，其动态发展趋势更多地依赖于契约关系和网络的互动。

基于"资本主义形式的多样性"和调节理论，博耶等学者提出了亚洲地区存在四种资本主义形式[③]。第一种是建立在国际关系中非常紧密的一体化基础上的城市资本主义（新加坡和中国香港）；第二种是半农业岛屿资本主义（印度尼西亚和菲律宾），其特点是发展不平等，在国际关系中的一体化程度不同；第三种是由创新资本主义领导的资本主义（日本、韩国、中国台湾），这是从福特主义危机中产生的一种资本主义形式；第四种是由国际贸易（马来西亚和泰国）或投资（中国）主导的更具异质性的工业资本主义形式。

3. 日益增多的亚洲研究

调节理论在 20 世纪 70 年代首次被阐述，当时主要以西方国家作为观

① HALL P. SOSKICE D. Varieties of Capitalism, The Institutional Foundations of Comparative Advantage[J]. Oxford University Press,2001.

② AMABLE B. The diversity of modern capitalism[J]. Oxford University press,2003.

③ BOYER R, UEMURA H and ISIGAI A. eds[J]. Diversity and Transformations of Asian Capitalisms, Routledge,2012.

察对象。随着经济的发展和分析空间的倍增，调节学派也在不断发展，特别是当时亚洲的研究。新的问题丰富了之前的调节理论框架。

最近，运用调节理论对亚洲资本主义进行的研究有了新的进展。因此，除了之前对亚洲开展的政治经济学分析之外，法国调节学派的期刊《调节评论》（*La Revue de La Régulation*）从2013年开始聚焦亚洲资本主义这一话题开展研究。2013年该期刊的主题为“亚洲政治经济学”。它特别强调国家在产权改革中的作用，同时也强调劳动法①的作用。在干预过程中，国家将劳动力作为一种商品组织起来，各国（例如老挝、柬埔寨、印度尼西亚）以不同的方式确定了劳动力价格。2017年出版的创新文集又补充了该特刊。在此期间，不同的研究学者也致力于将政治经济学作为一个总体框架描述亚洲资本主义的现状，② 这其中包括一些调节学派的经济学家和学者③④⑤⑥，他们都坚持亚洲资本主义具有不同特征⑦⑧⑨，例

---

① ALARY P, de la Faye E. “L' économie politique de l' Asie : état des lieux et perspectives de recherche pour l' Asie du Sud – Est. Introduction[M]. Revue de la Régulation, n°13, Spring 2013.

② ZHAO WEI. “What is capitalism with Chinese characteristics? Perspective on State, market and society”, International Conference : The Theory of Regulation in times of crisis[M]. Paris 9 – 12 June, 2015.

③ DURAND C. Une introduction aux théories critiques de la mondialisation capitaliste[J]. Regards Croisés sur l' économie, 2017(2):106 – 116.

④ BOYER R. Comparative political economy in the light of régulation theory, Ivano Cardinale and Roberto Scazzeri (eds.)[M]. The Palgrave Handbook of Political Economy, Palgrave, London,2018.

⑤ ALARY P, de la Faye E. L' économie politique de l' Asie : état des lieux et perspectives de recherche pour l' Asie du Sud – Est. Introduction[M]. Revue de la Régulation, n°13, Spring 2013.

⑥ BOYER R. Les théories économiques contemporaines à l' épreuve de la trajectoire chinoise. Introduction au dossier “Lectures institutionnalistes de la Chine[M]. Revue dela Régulation, n°21,2017.

⑦ RIBAULT T. “ Toyotisme et Daiéisme : deux pôles complémentaires du rapport salarial au Japon” [J]. Economies et Sociétés n°11/1/2000, Les Presses de l' ISMEA, Paris, 2000:71 – 100.

⑧ NISHI H. Structural Change and Transformation of Growth Regime in the Japanese Economy, International Conference : The Theory of Regulation in times of crisis[M]. Paris 9 – 12 June,2015.

⑨ MIYAMOTO M. Diversification of Japanese Firms : How Hybrid Organisations Evolved through Corporate Gouvernance Reform International Conference : The Theory of Regulation in times of crisis [M]. Paris 9 – 12 June,2015.

如，Lechevalier① 针对日本的研究；Yeo②、Zhao③、Lüthje④、Sehier⑤ 针对中国的研究。2017 年《调节评论》的导论文章题为“中国的轨迹：对当代经济理论的挑战”，这篇文章很有启发性，其中博耶坚持中国的特殊性。他特别强调了中国经济特征所包含的规模，以及国家和中国共产党对经济的领导，因此提出有必要将中国考虑为“介于资本主义经济和社会主义经济之间的性质”⑥。所有这些都使得简单套用调节理论变得非常复杂。所有学者都坚持中国制度形式的特殊性，特别是产权。他们还研究了中国经济中存在的各种矛盾，包括增长放缓和部门失衡等（尤其是在房地产领域）。

### （三）生态问题正在挑战调节理论

制度主义政治经济学和调节理论充分意识到有一些新问题非常重要。它们中的一些问题动摇了政治经济学和调节理论，就像它们动摇所有的理论框架一样。

首要的问题涉及金融主导型增长的发展，重要的学者和研究领域包括安德烈·奥尔良（André Orléan）、布鲁诺·泰雷特（Bruno Théret）（2016）、本杰明·莱蒙（Benjamin Lemoine）和布鲁诺·蒂内尔（BrunoTinel）对公共债务问题的贡献，多米尼克·普利翁（Dominique Plihon）和埃丝特·杰弗斯（Esther Jeffers）对金融主导型经济增长机制的新体制形

---

① LECHEVALIER S. La grande transformation du capitalisme japonais, ed[J]. Presses de Science Po,2011.

② YEO Y. Rethinking China's State Capitalism. Rents, Tiered Structure and Informal Market, International Conference : The Theory of Regulation in times of crisis[M]. Paris 9 – 12 June,2015.

③ ZHAO WEI What is capitalism with Chinese characteristics? Perspective on State, market and society, International Conference : The Theory of Regulation in times of crisis[M]. Paris 9 – 12 June,2015.

④ LÜTHJE B. Regims of Accumulation and modes of Regulation in China's Emergent Capitalism, International Conference : The Theory of Regulation in times of crisis[M]. Paris 9 – 12 June,2015.

⑤ SEHIER C. Le gouvernement chinois peut – il réorienter le régime d'accumulation ? Une analyse au prisme des transformations du rapport salarial[J]. Revue de la Régulation, n°21, 1<sup>er</sup> semestre,2017.

⑥ CHAVANCE B. Le capitalisme et le socialisme comme espèces systémiques : formation, co – évolution, transformation, Capitalisme et socialisme en perspective : évolution et transformation des systèmes économiques[M]. La Découverte,1999.

式的研究，以及劳伦特·科登尼尔（Laurent Cordonnier）和托马斯·达勒里（Thomas Dallery）的研究。

其次涉及服务业发展问题（Petit[①] 关于资本成本的研究；Akehurst，Gadrey[②] 关于服务业的研究）和数字经济主导的增长问题[③]的研究坚持认为这些新的生产配置方式动摇了调节理论。

更重要的是，越来越多的学者深入研究了转型问题，包括原先的东方国家向资本主义体制的转型（B. Chavance 是该领域的代表性学者），以及最近的生态问题和社会转型问题等。

所有资本主义国家的经济发展引发了许多外部性问题，特别是空气污染和水污染，也导致了气候变化和生物多样性枯竭。对这些重大问题的研究已经形成了更广泛的共识。然而，到目前为止，无论是在市场扩张的节奏上还是在生产过程的重组中，并未出现强有力的扭转趋势。

资本主义形式的未来转变迫切需要考虑这些与自然的特殊关系，因此改变基本制度的性质。越来越多的学者正在以整个制度主义政治经济学框架为视角开展深入研究。在这些研究人员中，我们可以引用 F - D. Vivien[④]、J - M Harribey[⑤]、M. Nieddu 和 F - D. Vivien[⑥]、Méda 和 Jany Catrice[⑦] 的研究成果。C. Gendron[⑧] 的研究工作发展了生态后福特主义的理

---

① PETIT P. The Political Economy of Services in Tertiary Economies, in: John R. Bryson & Peter W. Daniels (ed.), The Handbook of Service Industries[M]. Edward Elgar Publishing, 2007.

② AKEHURST G. GADREY J. The Economics of Services[J]. Psychology Press, 2007.

③ DURAND C. Technofédoalisme. Critique de l' économie numérique, ed[M]. La Découverte, coll "Zones", 2020.

④ VIVIEN F D. Le développement soutenable, ed[M]. La Découverte, coll "Repères", 2005.

⑤ HARRIBEY J - M. La richesse, la valeur et l'inestimable[M]. Paris, Les Liens qui Libèrent, 2013.

⑥ NIEDDU M, F - D. VIVIEN Le développement soutenable : nouvelles façons de produire versus nouvel art de vivre ? Une lecture des approches régulationnistes[M]. Forum de la Régulation 1 - 2 décembre 2009, Paris, 2009.

⑦ JANY - CATRICE F. MÉDA D. Faut - il attendre la croissance? [M]. Paris : La Documentation française, Doc en Poche, 2022.

⑧ GENDRON C. Théorie de la régulation, crise écologique et modernisation de l' économie [M]. Cahiers de recherche sociologique, n° 45, janvier, 2009.

念，它不涉及“与自然的制度化妥协”，而是“关于自然”的社会妥协。另一种妥协是重新思考生产系统对自然的利用及其与自然的互动的新视角。

在生态问题的挑战方面，中国的情况是增长机制矛盾的典范，一方面是持续增长，另一方面是巨大的生态外部性，无论是在空气质量、生物多样性丧失还是全球变暖的后果方面均有表现。博耶①指出中国有可能实现“绿色增长神话”更现实的目标，这必须综合考虑人类和自然的交互过程。人类和自然的互动过程在多大程度上能够帮助亚洲各国克服资本主义的矛盾，还有待观察。

## 四、结论

调节理论一直是并且仍然是启发性的，因为它具有极大的可塑性，可以为研究对象提供全面的分析。我们可以说，这一理论框架包含了普遍性空间和历史的问题，只要这一理论框架关注资本主义的形成，只要它接受理论和各种经验证据，那么它就可能被认为是研究空间和历史普遍性问题的理论框架。

在过去几年中，调节理论一直在服务业增长、金融增长以及生态问题的紧迫性领域得到了丰富。对于中国来说，生态问题是一个“核心问题”，在未来几年，它应该也有可能成为政治经济学流派研究的前沿。

---

① BOYER R. Les théories économiques contemporaines à l' épreuve de la trajectoire chinoise. Introduction au dossier Lectures institutionnalistes de la Chine[M]. Revue de la Régulation, n°21,2017.

# 第四章　法国调节学派的新进展

康　蓉　Pierre Alary　毛丹阳*

20 世纪 70 年代中期，法国经济学家米歇尔·阿格利埃塔（Michel Aglietta，1976）、罗伯特·博耶（Robert Boyer，1978），宏观经济模型 DECA 设计者伯纳德·比约多（Bernard Billaudot），STAR 模型设计者雅克·马齐尔（Jacques Mazier）等发现，自 1967 年起法国经济规律性地表现出了矛盾的情形：失业缓慢但稳定地上升、通货膨胀加速上涨、第一次石油危机后经济增速开始放缓；于是他们大力发展马克思主义经济学中最具解释力的观点，建立了研究当代资本主义转变的分析计划。他们借用著名认知论领域专家乔治·康吉扬（Georges Canguilhem）提出的“调节”概念，并赋予其新的含义，调节学派由此出现。

调节学派受到安东尼奥·葛兰西（Antonio Gramsci）霸权理论的影响，并接受了路易·阿尔都塞（Louis Althusser）等的结构主义以及年鉴学派（Annales School）的方法论、社会学和史学研究的线索，研究了对资本积累冲动加以政治和经济调节的问题；特别是对 19 世纪发展起来的资本主义历史及其形式的多样性、经济危机、意识形态和文化问题进行了聚焦研究。2008 年金融危机挑战了主流经济理论的价值，并引发了对马克思主义经济分析的惊人引用。货币经济容易发生危机，竞争与资本—劳动关系的

* 康蓉，西北大学经济管理学院副教授，主要研究方向为国际贸易、国际气候治理；Pierre Alary（皮埃尔·阿拉里），法国里尔大学经济学系教授，主要研究方向为应用经济学、经济学理论、调节学派；毛丹阳，金融学硕士，主要研究方向为金融市场和环境政治经济学。

相互作用引发了深度积累，过度积累危机加剧了资本主义生产方式的内在矛盾。这一前所未有的积累体制被调节学派命名为福特主义，而福特主义进入结构性危机，以金融主导的积累体制导致从一个投机繁荣演变到另一个，直到2008年美国金融崩溃。因此，通过调节学派运用马克思主义经济学的基本假设，可以比大多数替代理论更好地理解成熟经济体的生产率放缓和社会极化、资本主义和民主之间的紧张关系，新工业资本家和全球化的限制。调节学派已经在制度经济学及结构分析方法的主要创始假设下，成为特别关注经济和政治表达的政治经济学。

本章在梳理调节学派及其理论影响力的基础上，归纳总结一般被称为调节学派“三驾马车”的代表人物和被公认为该学派在英国与德国最重要代表人物的观点，以及他们近二十年的研究主题与进展；同时本章还聚焦调节学派的网络学术平台，通过分析部分代表人物的成果，展示调节学派在将基本理论框架应用到更广地理范围、更丰富研究主题方面的进展。

## 一、调节学派及其理论影响力

主流经济学理论（新古典主义经济学）并没有真正使我们理解资本主义模式的不一致性和危机的动态演变。然而，正是这两个问题引起了调节学派的兴趣。资本主义模式的多样性即为什么同样资本主义政治制度采取不同形式；危机的结果即为什么相同的原因不会产生相同的效果。要理解这些问题的根源，回溯它们的古典起源非常重要。古典经济学家们从劳动价值这一核心概念来解释社会变革和交换的发展。商品的价值取决于其生产所需的直接或间接“劳动”。劳动与商品结合在一起，定义了价值，并使其具有可比性。因此，一种商品的价值与另一种商品具有可比性，消费者和生产者可以判断是否值得放弃一种商品来获得另一种。一旦确定了商品的可公度性，消费者和生产者的偏好就可以表达了。在各自的兴趣指导下，他们各自专门从事生产和交换。他们以这种方式获得的供应水平高于在非专业系统中获得的供应水平。这种动力推动消费者和生产者走向更大的专业化，并通过商品的自由流通形成更深度的专业化。即使马克思的分析也基于劳动价值，但他对交换和社会分工的“自然性”提出了挑战。在他看来，它们是历史的产物，是基于资本和劳动力分配冲突的复杂社会动态发展的产物。马克思强调从历史角度理解社会动力。包括马克思在内的古典经济学理论将经济思想形式化，他们引发的讨论是当代经济学理论的起源。一些经济学家讨论工作的价值，并倾向于用边际价值这一主观概念来衡量。对于新古典主义经济学家来说，边际价值是比较商品的基础，允许消费者和生产者分别实现效用和利润的最大化。所有经济主体都寻求最大化，一股“原动力”驱动着它们，如果没有任何东西干扰这种自律机制的话，所有经济主体都会被市场联系起来。换言之，这种模式是由一种普遍性动力驱动的，如果这种力量和自我调节没有受到政治选择的阻碍，那么经济最优状态就达到了。有一些经济学家质疑占主导地位的古典经济学思维和新古典经济分析的目的论观点。凯恩斯（John Maynard Keynes）、康芒斯（John Rogers Commons）和波兰尼（Karl Polanyi）都驳斥了经济现象的普遍性。他们认为，经济现象是从既定的妥协状态出发，并取决于制度采取的形式。

为解释资本主义的多样性和危机的动态性，调节学派挑战了经济现象的普遍性，并从制度经济学的角度提出了自己的理论框架。一方面，它借鉴了马克思的分析。一个国家的经济状况是其历史的产物，每个国家都有自己的历史，因此它遵循自己的发展轨迹。调节社会妥协的理念也植根于马克思所描述的资本与劳动之间的冲突。经济主体的利益不同，一个国家的经济状况取决于权力关系，而社会妥协是从这种权力关系中产生的。另一方面，它也受到凯恩斯主义的启发。调节学派采用的宏观经济分析方法中，宏观主体之间流动的重要性与凯恩斯提出的方法相一致，某些制度的重要性也是如此。因此，调节学派是在马克思—凯恩斯主义的基础上，创建了一个经济分析框架。它确定了五个基本制度，并将制度互补性加以理论化。

## 二、调节学派代表人物近二十年来的研究

1976 年，米歇尔·阿格利埃塔出版《调节与资本主义危机》；1978

年，罗伯特·博耶出版《积累、通货膨胀与危机》；1979 年，阿兰·利比兹出版《危机与通货膨胀，原因何在》。这三本书被公认为调节学派的奠基之作。之后，调节学派的发展中出现两大潮流：一是罗伯特·博耶追求的更加制度化的方法；二是阿格利埃塔和阿兰·利比兹所追求的更受马克思主义理论重大影响的方法。调节学派的重要代表人物有包括英国的鲍勃·杰索普（Bob Jessop）和德国的约阿希姆·赫希（Joachim Hirsch）。这些调节学派的重要代表人物的研究方向和近期研究值得关注。

米歇尔·阿格利埃塔是法国经济学家，现任巴黎第十大学经济学教授，他是法国国际经济研究所（CEPII）的科学顾问。1998—2006 年，他担任埃科尔理工学院校友会经济学家分会成员。1997—2003 年，他是法国总理经济分析委员会的成员。他的专著《资本主义的调节理论：美国经验》① 奠定了调节学派的基础。2009 年、2010 年、2016 年和 2019 年，他先后出版《对面的世界》《美元的神话故事》《昨天、今天、明天》《欧洲改革：面向未来的政治指引》② 四部专著。在《欧洲改革：面向未来的政治指引》一书中，阿格利埃塔指出，自 2010 年以来，欧元区危机一直困扰着欧洲大陆，造成了政治分歧和长期的经济停滞。2017 年的周期性恢复并不值得自满，相反，它应该成为进行长期改革的推动力。那些没有投资能力的国家没有未来，那些以生产性投资为代价转变为金融霸权的国家没有创新的动力。欧洲必须通过恢复欧盟起源背后的共同体精神来应对 21 世纪的挑战。欧洲的改革表明，需要一个双重目标的长期远景，即以企业家精神和生态可持续发展双重目标重建社会契约。这一政治愿景将使会员国公民恢复属于更广泛社区的认知，必须在金融和财政层面加强欧洲机构，这意味着使欧元成为完全合法的货币。

---

① MICHEL AGLIETTA. A theory of capitalist regulation: the US experience (régulation et crises du capitalisme: l' expérience des Etats - Unis) [M]. Calmann - lévy, Paris, 1976.

② 四部专著书名分别为 *Le Monde en Face*; *The Fabulous Story of U. S. Dollar*; *Hier, Aujourd' hui, Demain*; *The Reform of Europe: A Political Guide to the Future*。

罗伯特·博耶是采用更加制度化的方法开展研究的调节学派代表人物，其主要研究领域是调节理论、资本转型分析、亚洲和拉丁美洲资本主义体制、欧洲和其他区域一体化、金融危机、经济理论史、创新和增长分析、制度和历史宏观经济学、劳动力市场和工资—劳动关系以及各种资本家和国际比较。他曾任法国经济研究和应用中心（CEPREMAP）经济学家、法国社会科学研究生院（EHESS）教授、法国国家科学研究中心（CNRS）高级研究员、法国财政部宏观经济研究员等。自2012年1月起他担任法国美洲研究所经济学家和研究员，自2016年1月起担任其科学委员会成员。在他的个人官网的研究领域标题栏中，有两个主题：一个是“时间在变，理论亦然”；另一个是“调节与危机：对变化的原因”①。他在这里总结了对调节学派的认识。他写道：“长期以来，经济规律如何以及为什么会发生变化？为什么在同一历史时期内，各国的宏观经济调整有所不同？通过对20世纪70年代以来制度变迁的分析和对美法资本主义变革的研究，被称为调节理论的研究分支形成了。它旨在了解资本主义的永久性变革及其危机。它不应与美国监管学派相混淆。从本质上讲，调节学派是涉及制度性和历史性的宏观经济学，分析工资劳动关系、创新体系、货币金融体系、融入世界经济和形成经济政策格局的原因，并不涉及思想和经济理论史。调节学派中这两种工具都是首选：长期历史研究和当代系统的国际比较。”最近，随着各种资本主义品牌的共同发展，微观经济学的制度基础和社会基础也得到了探索。近十年间，博耶仍然保持很高的研究成果产出。2015年，博耶出版了《资本主义的政治经济学：调节与危机理论》②。在这本书的中文版出版之际，博耶以“分析划时代的变化”为题撰写了前言。他指出：“21世纪20年代标志着进入一个新的、不确定的、充满危险的时代。中央银行能否成功地保持对金融体系稳定的信心？如何防

---

① 该网站地址为：robertboyer. org；两个主题分别为“Time change, theories too”和“Regulation and Crisis, analysis of change”。

② ROBERT BOYER. Économie politique des capitalismes: Théorie de la régulation et des crises [M]. La Découverte, 2015. 本书中文版由西北大学经济管理学院“111”引智基地项目引进翻译出版。

止剧烈的气候变化？对老龄化社会的社会保护需求有何回应？然而，大多数经济理论仅限于分析稳定的社会经济制度的均衡。当不确定性迫在眉睫时，这种方法不再具有相关性。依赖于制度环境的有限理性是唯一可用的工具；试错的过程会使轨迹失去平衡。本书提出了一种属于这一分析范畴的理论。40 多年来，一个由法国、欧洲、拉丁美洲和亚洲研究人员组成的团体已经开发出概念和方法来解释自二战后欧洲和美国快速而稳定的增长结束以来一直在进行的结构变化。”在新冠疫情肆虐全球的时候，博耶开始围绕疫情中的资本主义展开研究。2020 年 10 月，他出版《疫情流行的资本主义》一书，给出了对新冠疫情发展过程的理解，并分析了在相关领域可能产生的影响，包括国际关系的混乱、欧元区的解体、社会国家的不稳定以及民粹主义的兴起等。在这本著作中，博耶指出：“本书所面临的挑战是如何使一个被描述为史无前例的事件、比 1929 年更严重的危机、全球化的事件以及很多相关概念变得易懂。”他从什么是危机入手，对比了经济转型崩溃、1929—1933 年的大萧条和新冠疫情。他指出自己研究的目的是要采取果断的分析方法，解释自新冠疫情出现以来的各种进程，包括经济、金融、社会以及政治进程。贯穿这本著作的指导思想在于，摆脱新冠疫情的前提是通过精心设计的公共干预措施，阻止股市恐慌、油价崩盘、信贷停滞、消费减少、汇率波动、放弃预算的恶性循环。他相信不排除向建立在教育、培训、卫生和文化互补性基础上的新模式的重大转变，这将满足公民的团结需求和生态转型的要求。

阿兰·利比兹是法国工程师、经济学家和政治家，曾任欧洲议会议员、法国绿党成员。他曾在埃科尔理工学院和埃科尔国家学院学习，1972 年获得索邦大学硕士学位。他曾目睹法国北部矿工的困境，这促使他学习经济学，他曾在法国运输研究所和法国经济展望规划数学研究中心担任研究员。其在巴黎多所大学任教期间，尽管他对区域规划和经济感兴趣，但他更多地致力于社会和环境问题的分析，特别是，他为经济思想的调节学派以及环境理论和政策做出了贡献，其发表的《叛逆之子：调节学派》是调节学派的重要文献。1987 年，他接受采访期间在回答如何描述调节学派的基本思想时指出，调节学派更确切地说是一种方法，涉及积累和调节方面的发展模式。社会以及社会内部的经济活动是一个社会关系网络，交换本身是一种特殊的社会关系；这些社会关系中的每一种都是矛盾的，因此不容易理解；工资关系也是一种非常复杂的关系；危机是一种正常的、自然的状态。新冠疫情暴发之后，利比兹和许多经济学家一样，也针对新冠疫情在法国的流行进行了研究，他认为新冠病毒的流行为许多人提供了一个真正发现生态危机的机会，同时也反映出流行病的统计复杂性，以及正确理解这些复杂性的困难，并提出一些假设。2022 年，他出版著作《面对全方位生态紧急情况：绿色革命》①。他在书中指出，在 2021 年夏天的气候大灾难和新冠疫情的全球暴发之后，我们再也不能怀疑了：面对全球生态危机，我们已经转入非常紧急状态。持续的阻力不再是科学上的不确定性，而是政治上的僵局，因此，我们需要一场绿色革命！他分析了全球生态危机的两个关键点：能源风险和土地利用冲突；在法国发生的黄马甲运动所揭示的社会和民主危机叠加在这些危机之上。他指出绿色革命包括技术社会革命和政治革命，同时还需要保持和平、民主、团结和欢乐。

鲍勃·杰索普是英国兰开斯特大学社会学名誉教授，他最为人所知的身份是国家理论的领先权威和政治经济学调节学派的支持者。他在国家理论、政治经济学、调节学派方面有大量的学术成果。以调节学派为例，他早在 20 世纪 90 年代就发表过一系列重要论文②。进入 21 世纪，杰索普对调节学派及其他研究主题进行了不断深入研究③，并通过出版巨著《调节学派与资本主义危机》，使调节学派受到广泛关注。这是一本由法国巴黎调节学派、欧洲与美国关于调节概念的研究、福特主义和后福特主义的调节学派观点、国家研究、发展等 5 卷构成的丛书，全面概述了资本主义的

---

① ALAIN LIPIETZ. Face à la toute – urgence écologique : la révolution verte, les petits matins[M]. Paris, 2022.

② JESSOP B. Review essay: twenty years of the (parisian) regulation approach: the paradox of success and failure at home and abroad[J]. New political economy, 1997, 2 (3): 503 – 526.

③ JESSOP B. Revisiting the regulation approach: critical reflections on the contradictions, dilemmas, fixes and crisis dynamics of growth regimes[J]. Capital & class, 2013, 37 (1): 5 – 24.

调节方法及其危机趋势。这套丛书包括法国调节学派代表人物的重要理论著作以及其他调节学派学者的代表性著作和对这个学派的主要批评。涵盖主题包括对劳动过程、积累体制（特别是福特主义和后福特主义）的调节方法、社会调节的模式、国家干预的形式以及资本主义的危机趋势。这些论著涵盖了不同时期、不同国家、不同部门和不断变化的全球经济；既有前沿成果和理论创新，又探讨了调节学派与其他理论体系之间的联系，如制度主义、激进地理学、批评性话语分析等。这套丛书成为制度经济学、演化经济学以及所有与资本主义及其危机趋势有关的社会科学学科的重要参考书。2022 年，《批判现实主义学刊》刊登了一篇题为《战略关系方法、现实主义和国家：通过马克思和普兰扎斯从调节学派到新自由主义——对鲍勃·杰索普的采访》的访谈文章①，其中鲍勃·杰索普讨论了过去 50 年来自己研究方向的发展和许多主题。他解释了自己是如何对现实主义和马克思主义产生兴趣的；描述了对他极具影响力的国家理论的各种影响；等等。他指出在 20 世纪 90 年代发表的系列研究成果中，调节学派在构建霸权积累体制、调节模式和社会化模式方面缺乏正确的分析，反映出法国调节方法对葛兰西工作的参与程度很低。他对文化政治经济学的兴趣恰恰是建立在之前对调节学派的研究基础之上。

约阿希姆·赫希是德国法兰克福（歌德）大学政治学教授，主要研究绿色经济、后发展理论以及环境科学和政策。约阿希姆是调节学派在德国的代表人物。早在 1973 年，他就发表了《唯物主义国家理论的要素》。二十多年来，他的一些代表作反映了其应用调节学派方法的研究成果。例如，他出版了《唯物主义国家理论和调节理论的概念》②，书中指出，世界正在迅速变化。20 世纪 70 年代，世界资本主义陷入了一场尚未解决的周

---

① BOB JESSOP & JAMIE MORGAN. The strategic - relational approach, realism and the state: from regulation theory to neoliberalism via Marx and Poulantzas, an interview with Bob Jessop[J]. Journal of critical realism,2022,21(1):83 - 118. DOI: 10. 1080/14767430. 2021. 1995685.

② JOACHIM HIRSCH. The concept of materialist state theory and regulation theory[EB/OL]. 1st Edition. Routledge 2000: eBook ISBN 9780203470732.

期性危机。作为这场危机的一部分，苏联体系崩溃，美国的霸权地位受到日本或西欧等新竞争者的严重质疑。一些新兴工业化国家似乎正在接近第一世界国家，而其他国家，如拉丁美洲国家，则受到20世纪80年代债务危机及其后果的严重打击。部分前资本主义外围国家发现自己已经发生了与工业发展脱钩的情况。世界体系的重要区域受到边缘化和各种苦难的威胁。民族国家正在分裂和解体，导致越来越多的战争和内战。整个国家和地区都在与边缘化作斗争，并试图与资本主义核心地区建立新的依赖关系。这是爆发民族主义、种族主义和宗教激进主义的主要原因。2011年，他与约翰·卡宁库拉姆（John Kannankulam）合作发表《资本的空间：资本主义的政治形式和国家的国际化》。在文中他指出，在新自由主义全球化的过程中，进攻性资本变得更加国际化。这一发展再次使国家问题成为非常重要的主题。现有国家的多种状态应在多大程度上被视为历史的偶然，或者被视为资本主义生产方式的结构性组成部分？这个问题的一个重要方面是如何理解资本主义的“政治形式”与“制度”之间的关系。

## 三、调节学派的新进展

### （一）调节学派对重大问题的深入研究

调节学派属于非主流经济学理论，是制度经济学的一个流派。调节学派最重要的观点有：如果没有以下五大基本制度，就不可能建立资本主义政权，即竞争形式（集中度、价格形成、生产结构之间的竞争）、货币形式（货币、货币政策、经济融资等）、国家形式（经济干预的水平和性质）、工资关系的形式（工资和就业的决定因素、工作的组织方式等）和融入全球经济的形式（商业、金融和货币关系）。通过研究这些基本制度，调节学派理论已经成为特别关注经济和政治表达的政治经济学。

调节学派对制度的深入研究是其具有代表性的新进展。调节学派认为，一方面，制度将社会关系进行了编码处理，并将其作为没有同等权力、影响力的经济主体的行动指南。因此，经济主体之间允许存在社会妥协，这样就可以调节矛盾关系，限制冲突，确保社会主体的稳定。制度形式在一个经济体的运行中具有的权重并不完全相等。制度形式的等级既不是永久性的，也不是普遍性的；它反映了潜在的权力关系。例如，第二次世界大战后，美国经历了辉煌的30年：领取工薪的就业岗位增加，此类就业形式变得普遍，农村人口大量外流，农民逐渐消失；1973年第一次石油危机前，美国经济的年增长率高达4%；通货膨胀非常严重，通胀率通常在5%～10%波动，但是，就工资指数而言，相当一部分经济主体能够很好地应对通胀。在这辉煌的30年中，工资关系占据主导地位，而在20世纪80年代，融入世界经济体系和货币形式显得更加重要。另一方面，制度互补性是制度形式之间等级制度的直接结果。制度形式的层次和衔接解释了一国体制结构和经济状况的一致性水平。让制度保持协调一致是一项永久性的工作，无法被视为理所当然，并不断引发对社会妥协的质疑。在这种情况下，制度的稳态并不存在，制度不断发生变化。如果制度形式之间的兼容性受到破坏，演化可能会破坏制度结构的稳定并导致危机。制度一致性决定了资本主义模式的稳定性。

危机是调节学派的经典主题。与稳定性一样，危机也被纳入调节学派的分析。调节学派寻求稳定性和危机两者发生的条件。调节学派的独创性在于对危机的启发式分析，提出资本主义危机的类型学：在特定调节模式框架内的小规模危机往往会内生地消退，如果不对制度形式进行重大变革，就无法消除重大危机或结构性危机。在不考虑外部冲击的情况下，还可以按严重程度来细化分类，区分调节模式内的周期性危机、调节模式下的危机、积累体制下的危机、生产模式下的危机。调节学派从中观的角度解释了制度、增长模式和危机形式之间的复杂相互作用。经济发展塑造了制度，结构危机在减少先前失衡和应对这些失衡引起的社会和政治冲突的双重要求下，通常可以通过重组制度形式来克服。从宏观或中观历史的角度考虑的制度变革最终源于给定配置中的紧张局势，这种紧张是由经济危机局势和由此产生的冲突，或者集体行为者之间力量关系的逐步变化引起的。调节学派研究的基本问题是制度配置的“可行性”问题，可行性表示其战胜危机的相对能力，这强调了其极端的多样性。这种可行性不可避免地局限于一个历史时期，会受到结构性危机的影响。针对2007—2008年的金融危机，调节学派给出了独特的阐释，如阿格利埃塔出版了《摆脱危机之路》① 和《欧元区：分裂或走向联邦制》② 等代表性成果，这使调节学派再次受到关注。新冠疫情全球暴发后，调节学派更是产生了大量的研究成果，表明其对危机进行分析的理论敏感性。金融危机和新冠疫情的暴发与传播代表了性质截然不同的深刻危机，它们在很大程度上破坏了新自由主义政策的假设——金融监管针对危机的目标预防系统性存在风险；阻止危机蔓延的大规模干预通常是临时性的。新冠疫情叠加各类危机和气候变化发生的威胁，如何有效地应对？调节学派的结构分析、宏观定性方法有利于解释看似相互矛盾的各类信号，包括全球供应链的主要瓶颈、劳动者技能短缺、普遍增加的通胀压力等。

### （二）调节学派研究定位的变化

调节学派自20世纪70年代创建后，就没有停止过重新设计其概念、方法和扩大范围。进入21世纪以来，调节学派研究的定位发生了改变，开始参考各类制度主义流派，同时开始被国际社会所接纳。调节学派开启了对制度化和历史上宏观经济的研究，也产生了对金融主导积累体制是否可行的争论，如阿格利埃塔等出版《失控的金融资本主义》③，博耶等出版《全球化与调节》④，研究了国际化对不同资本主义形式产生的影响。调节学派还研究了经济政策的构成、制度改革是否取得成功等新问题，代表性成果包括克里斯蒂安·德特尔特雷（Christian de Tertre）等出版的《新兴

---

① MICHEL AGLIETTA，LA CRISE. Les voies de sortie[M]. Michalon, 2010, ISBN：978 - 2 - 84186 - 532 - 1.

② MICHEL AGLIETTA，ZONE EURO. Éclatement ou fédération [M]. Michalon Editeur, 2012, ASIN：B08BT44L4V.

③ MICHEL AGLIETTA. Antoine roberioux, les derives du capitalisme financier[M]. Albin Michel, 2014, ISBN - 13 ：978 - 2226246325.

④ ROBERT BOYER. Pierre - francois souiry, mondialisation et régulations, europe et japon face ὰ la singularité américaine[M]. La Découverte, 2001, ISBN 9782707135421.

调节的行业与地域》① 《剑桥经济学报：对经济政策的贡献》② 《调节学派年鉴第七期》，以及“制度与变化”的主题系列论文。

研究资本主义多样化是调节学派的特色。马克思、凡勃伦等经济学家和德国历史学派都曾经研究过资本主义的各种国家形式，第二次世界大战后，西欧和美国的经济转型丰富了这一领域的成果。近20年来，法国调节学派的研究者根据比较分析的目标，提出了多种多样的历史或现代模型，对这一主题进行了丰富的研究。布鲁诺·阿玛布尔在《现代资本主义的多样性》③ 一书中强调，制度的互补性和层级性解释了资本主义模式的多样性。互补性是指一种制度在一个领域中存在或采用的特定形式加强了另一种制度在另一个领域中的存在、功能或效力。然而，这种互补性可能具有偶然性和相对暂时性。层级性是指一种或多种制度在给定的历史配置中扮演特定角色。在制度互补性和层级性的基础上，阿玛布尔区分了当代资本主义的五种类型：基于市场的资本主义、社会民主资本主义、亚洲资本主义、欧洲大陆资本主义和地中海资本主义。每种类型都包含几个国家示例。这些研究表明，尽管很多资本主义国家都具有共同的基础，但就像19世纪一样，各国所走的道路是不同的。它们并未向单一的资本主义模式靠拢；相反，每个国家或国家集团遵循了各自独特的发展路径。而研究资本主义多样化是进入21世纪以来调节学派的突出特色。例如，博耶等发表了《亚洲资本主义的多样性与转变》④ 和《危机中的日本资本主义》⑤；塞巴斯蒂安·莱切瓦利尔（Sébastien Lechevalier）出版了《日本资本主义的重

① CHRISTIAN DE TERTRE. Catherine laurent, secteurs et territoires dans les régulations émergentes [M]. L'Harmattan, 2008, ISBN: 9782296055421

② Cambridge Journal of Economics: Contribution to political economy [EB/OL]. https://cpes.org.uk/journals/contributions - to - political - economy/.

③ BRUNO AMABLE. The Diversity of modern capitalism[M]. Oxford university press, 2003, ISBN: 9780199261147.

④ ROBERT BOYER. Hiroyasu uemura, akinori isokai, diversity and transformation of asian capitalisms[M]. London: routledge, 2012.

⑤ ROBERT BOYER. Toshio yamada. japanese capitalism in crisis: a regulationist interpretation [M]. London: Routledge, Asia - Pacific development journal, 2000, Vol. 8, No. 1, June 2001.

大转变》[1]；斯特凡诺·帕洛姆巴里尼（Stefano Palombarini）发表了《意大利社会妥协的中断》[2]；朱利安·维奎尔（Julien Vercueil）出版了《俄罗斯政治经济学（1918—2018）》[3]；皮埃尔·阿拉利（Pierre Alary）等出版了《亚洲资本主义与中国力量——国家发展路径的多样性与重组》[4]。《调节期刊》第 11 期的主题为“拉丁美洲的资本主义：从经济学到政治学”。调节学派的众多学者证明，资本主义形式的多样性可以用每个国家的制度结构来解释。没有既定的道路，即使制度结构不断重组，它也从每个国家的历史中继承下来，并指导着各国发展的轨迹。各国的制度还解释了为什么会出现不稳定时期以及如何克服这些不稳定时期。经济不稳定经常发生，各国政府会通过部署战略使经济走向稳定。另外，具体战略和措施的效果因国家而异，其结果并不单单取决于战略和措施本身，而是取决于多种因素的组合。

调节学派的渊源来自马克思主义经济分析方法。马克思指出资本主义是不稳定的，因为它会导致资本的过度积累和阶级斗争。调节学派的经济学家们研究不同种类的资本主义制度，试图管理这些不稳定性的方式。他们研究那些与掩盖这些不稳定性的方式变化相关的治理形式。调节学派研究的新进展中包括对新治理的研究。总体来说，调节学派将新治理定义为从福特主义到后福特主义的更广泛的社会经济转变。福特主义指的是“集约积累”和“垄断管制”的结合——这一结合与亨利·福特在 20 世纪 20 年代开创的大规模生产有关。密集积累依赖于大规模生产的过程，如机械化、工作的集约化、任务的详细划分和半熟练劳动力的使用。垄断管制涉

---

① SÉBASTIEN LECHEVALIER. La grande transformation du capitalisme japonais (1980—2010) [M]. Presses de sciences Po. 2011, ISBN: 9782724612325.

② STEFANO PALOMBARINI. La Rupture du compromis social italien [Z]. CNRS, 2001, ISBN-13: 978-2271058119.

③ JULIEN VERCUEIL. Economie politique de la Russie (1918-2018) [M]. Paris: le seuil, collection Point économie, 2019.

④ PIERRE ALARY. ELSA Lafaye de michaux, capitalismes asiatiques et puissance Chinoise - Diversite et recomposition des trajectoires nationales [M]. Presses de Sciences Po, 2014, ISBN: 9782724616200.

及垄断定价、承认工会、将工资与生产率挂钩、政府中的社团主义倾向以及管理商品需求的货币政策。根据调节学派的主流观点，密集积累和垄断管制暂时创造了一个良性循环：大规模生产创造了规模经济，从而导致生产率提高；生产力的提高导致工资的增加，从而增加了消费需求；需求的增长意味着更大的利润，因为产能得到了充分利用；增加的利润被用于改进大规模生产技术，创造了进一步的规模经济，从而重新启动了整个循环。而调节学派将福特主义的终结归因于各种原因。由于福特主义的社会和技术限制，生产率收益下降。全球化使管理国家经济变得越来越困难。国家支出的增加导致通货膨胀和国家负担过重。资本家之间的竞争将消费规范从与大规模生产相关的标准化商品中转移出来。所有这些原因不仅导致了福特主义的终结，也导致了与其相关的官僚凯恩斯福利国家的终结。调节学派经济学家们通常将新的后福特时代与资本全球化、新自由主义政治、外包、公私合作和监管国家联系在一起。

2010 年后，调节学派的研究定位有了明显的聚焦点。第一，学者们从国际对比研究出发回归到发展理论研究，同时分析了欧元对调节模式多样性的影响，调动网络分析来研究这一时期创新的起源。他们也开始关注地缘政治，重拾对制度组成的研究兴趣，试图在研究中融入社会科学的研究方法。例如，沃尔夫冈·塞雷克（Wolfgang Sereeck）出版的《争取的时光——民主资本主义无限推迟的危机》① 就显示了调节学派的研究方法与经济社会学趋同。第二，以往调节学派很少研究的性别问题也开始成为研究主题，特别是调节学派关注性别如何成为工资关系的一个具体问题。《调节学派评论》（*Revue de la Réregulation*）曾出版过一期特刊②，专门探讨了这一主题（2019 年）。第三，调节学派聚焦解释资本主义经济的转型，其中，解释制度变迁是一个核心问题。是什么样的动力驱动着社会改变它

① WOLFGANG SEEECK. Zwischen globalismus und demokratie, suhrkamp Verlag [M]. Berlin, 2021, ISBN: 9783518429686.

② GERDER GAPÀ LA FRANÇAISE. recomposition ou dépassement? [J]. Dans revue francaise de science politique, 2013/2 (Vol. 63).

们的制度和这些制度之间的等级关系？近年来，环境问题越来越普遍，已经变成至关重要的一个问题，调节学派的各国学者已经开始从不同角度针对各国的环境问题展开研究。第四，制度动力所必需的代表性和信仰问题也很重要，正在成为调节学派的研究对象。这些问题曾经是一些经济学家和管理学家研究的主题，如韦伯、康芒斯等，但它们成为调节学派的研究对象还是近期的事情。无论社会模式如何，信仰在建立制度或实施制度的变革中起着核心作用。动态地看，社会是建立在一系列信仰的基础上的。信仰赋予了制度以意义，从而构建了经济领域。围绕是否有可能建立没有信仰的机构这一问题，调节学派认为区分抽象层次很重要，其采用先验的方法从六个维度来研究这一主题，其中包括信仰的概念、信仰的力量、信仰是否为绝对形成的、信仰是否存在概念上的模糊性、信仰与社会生活中的权威机制、信仰与权力机制之间的关系。

综上所述，调节学派在60多年的发展过程中，借鉴马克思主义经济学的资本概念，采用宏观经济分析工具，从长期历史视角对资本主义进行动态分析。调节学派不仅在研究的核心问题上不断深入，而且在地理范围和研究范畴方面都有了新的发展。

# 第五章 法国调节学派对当代资本主义的研究

马晓强 于浩阳*

20 世纪 70 年代初，影响全球的两起标志性事件交叠发生。维持长达 27 年的布雷顿森林体系因为美元危机而崩溃，进而导致了全球范围内的金融动荡。由 OPEC（石油输出国组织）所点燃的“石油危机”触发了世界范围内能源价格的上涨，使世界经济增长雪上加霜。在此大背景下，对新古典经济学的反思、对马克思主义经济的复兴就自然而然成为学术界的新趋势。在此期间，国外出现了许多被划分为新马克思主义经济学流派的研究团队和机构，其中最有影响力的当数法国调节学派（French Régulation School)。这一学派的代表人物主要有米歇尔·阿格利埃塔、罗伯特·博耶和阿兰·利比兹等。法国调节学派从创立之日起，就宣称他们是马克思主义经济学派，其宗旨和使命就是继承和发展马克思经济学，并且还公开声明要破除新古典经济学派理论，创立新的激进政治经济学理论。从学术承启定位来看，该学派以马克思经济学为学理基础，具有“与新古典经济学相对立，而与马克思政治经济学相通达”的基本特色。这些研究工作可以被认为是从马克思主义政治经济学的视角来研究当代资本主义所做出的重要贡献，其基本观点和实践主张在学术界与实践层面均形成了独特而鲜明的影响。

---

* 马晓强，教育部人文社会科学重点研究基地——西北大学中国西部经济发展研究院研究员，西北大学经济管理学院教授、博士生导师，主要研究方向为资源利用与制度创新；于浩阳，西北大学经济管理学院企业管理专业硕士研究生。

在我们看来，全球化遭遇新瓶颈，导致了新的不平衡，苏联解体后至今30余年世界经济整体增长很快，但是国家之间、国家内部利益格局出现不平衡。部分群体成为全球化的受益者，如美国华尔街、美国高科技领域、中国部分行业；但是同时也存在一些局部不平衡，如美国铁锈地带、传统能源行业、低端服务业，其收入水平持续无法提高，社会地位长期得不到提升，事实上导致诸多领域从业者生出种种不满和抱怨，客观上助长了各右翼势力快速成长甚至泛滥。与此同时，新一代互联网正处于将变未变时代。全球化深层逻辑已经悄然发生变化，包括中国在内的各个国家正处于权衡和选择的过程中。调节学派对当代资本主义的研究是其理论体系中最为重要的部分，拥有大量文献和成果。当然也有学派内的差异和不同。本文萃选了几个相对典型的问题，以之为主线，阐述法国调节学派的相关研究和学术观点，同时提出我们的认识。

## 一、关于资本主义自身特性的研究

对资本主义的研究向来是政治经济学的主轴问题和核心领域。一般意义上，对资本主义研究的内容通常包含多个层次，有制度根性特质，也有运行调节过程，更有各专项领域。可以说，几乎所有学派对资本主义都有自己的研究和认识。而法国调节学派作为西方马克思主义经济学较有特色的一个学派，其关于资本主义、关于当代资本主义有着明确和丰富的认识。

该学派名称之所以用“调节”一词，是指为了实现经济体系的再生产而对资本主义制度基础的不稳定性加以控制和管束。认为资本主义历史的发展可以分解为一系列积累体制，积累体制之间的变化决定了资本主义的发展进程。自1970年以来，调节学派的发展是为了反对“结构马克思主义”和新古典主义有关资本主义再生产的观点——资本主义可以不具人格地和不可改变地自动进行自我生产，这实质上是一种静态的解释。调节学派极富针对性地提出与之对立的“调节”概念，在法语中，“调节”（regulation）这一概念更接近于系统论的含义：系统的各个不同部分或过程在某种条件下交互调整从而产生某些有序的动态。正如杰索普（1994）所指出的，“调节”这一动态概念强调，在适应资本主义不稳定变化的客观需要的特定条件下，历史上因事而变的经济和非经济机制交互作用导致了经济行为者所采取的行动。相对稳定的资本主义的扩张是相当特定的制度实践的结果，但这些制度的共存与连贯性不能被视为理所当然，而“普遍”“大量”是偶然事件、有意识的社会行动以及在生产者背后起作用的经济趋势等因素多样化结合的结果。到20世纪80年代中期，调节学派的研究纲领最终形成，拓展了该学派最适合于探索资本主义演化的核心范畴。① 资本主义本身的发展是基于某些特定的制度安排或者规则设定，对于这些制度和规则，法国调节学派给予了更多关注，他们不仅强调了引致资本主义制度稳定扩张的重要性，而且还进一步阐明社会经济演化的不确定特性以及在宏观经济学的框架中解释资本积累的过程。这种积累过程是因包含制度变迁偶发事件，有意识、有目的的社会行动以及作用于生产主体的经济趋势、经济规律在内的多种因素复合作用而产生的。

在资本主义自身所具有的自我调节、自我更新、自我发展能力等特征这一问题上，调节学派学者们基本秉持了相同认识。但在资本主义制度的前途命运问题上，学派内学者们的看法却不尽相同，其中大部分学者仅仅只是更多地满足于在资本主义内部进行社会改良或者局部革新。只有法国经济学家保尔·波卡拉明确坚持社会主义必将取代资本主义的观点，他自称是鉴定调节学派内部的体制学派。波卡拉指出，马克思利润率下降趋势规律仍然有效，只是作用的条件和形式已今昔迥异。他进一步主张应该立足于马克思利润率下降趋势规律理论来建立资本主义危机的长周期理论。

可以说，调节学派发现和论证了资本主义的自我调节功能。阿格利埃塔认为，资本主义的调节理论事关制度诸多形式的形成、发展及其衰退的理论解释和与之相应的机制设计。这些社会关系最根本的是对立敌对暴力。在具体理论分析工具选择方面，学者们通常都非常重视运用马克思利

① 贾根良．法国调节学派制度与演化经济学概述[J]．经济学动态，2003(9)．

润率下降趋势规律，认为其是分析资本主义经济运行机制最重要的理论工具，但在具体应用层面上却又存分野。而且在保尔·波卡拉看来，调节学派内部的理论分歧是原则性的，故又进一步划分为三个子学派。在他看来，调节学派最初都是从资本的过剩积累和结构性贬值入手对资本主义危机加以分析。但是以米歇尔·阿格利埃塔为首的巴黎学派将马克思利润率下降趋势规律理论改造成“资本/产出”稳定关系理论、资本的内涵积累，甚至资本增长的理论。格勒诺布尔学派则仅仅把利润率当作一种传统的分析工具，并不强调资本和劳动、死劳动和活劳动之间的对抗，并将利润率下降趋势规律理论改造成人力资本的组织理论。我们认为，这些差异是上述学者遵循各自逻辑推演不同路径的结果，在很大程度上有各自的特色和相互之间的共生互补性。

## 二、关于资本主义多样性的研究

长期以来对资本主义的研究是从整体意义上将其作为一种重要社会制度或者生产方式来予以解构，而法国调节学派则对资本主义区域甚至国别、时间序列视角的差异多元、变化革新倾注了更多注意力。譬如，“空间多样性”强调各个国家和地区在制度形式、人口统计特征、禀赋持有等诸多方面存在差异，每个国家和地区都有其独特的经济结构，并表现出水平分化和多样性的特征。20 世纪 90 年代伴随东欧剧变和苏联解体，美国的霸权地位“一超独大”。新古典经济学据此不仅提出了所谓的“华盛顿共识”，且宣称“世界正在向美国型资本主义转变”。21 世纪初，法国调节学派提出“资本主义多样性”（Varieties of Capitalism，VOC）理论，被学界视为对其方法论的进一步阐释和运用。法国调节学派第二代学者阿玛布尔所提出的“资本主义五类型说”通常在理论界被当作“资本主义多样性”理论中最具代表性的学说。

首先，阿玛布尔认为，比较研究资本主义制度决不能仅仅囿于对宏观经济指标的比较，还应该对一组制度进行比较。他提出的“创新和生产的社会体系”（social systems of innovation and production）就是一个例证。而且，阿玛布尔还通过实证分析结果表明，相对于“市场主导型资本主义”，其他类型的资本主义同样具有效率性和比较优势，也因此彻底否定了世界向美国型资本主义转变的必要性，从而进一步推演出资本主义在过去、现在和将来都只能保持多样性进化的结论。①

在资本主义多样性研究文献中，霍尔和索斯凯斯的资本主义多样性方法占据支配地位。他们的主要研究目标是力图证明自由资本主义既不是唯一的，也不是最有效率的结构。霍尔和索斯凯斯的出发点是从关系视角考察微观企业，具体选择了五个重要领域，分别为劳资关系、职业培训和教育、公司治理、企业间关系和企业与它们自己的雇员之间的关系，以及上述领域中所面对的协调问题。霍尔和索斯凯斯接着对比考察了自由市场经济和协调市场经济这两种不同生产体制的差异：自由市场经济是以市场机制为基础实施协调，这种体制偏好对可转换资产的投资。自由市场经济以短期融资、去管制化的劳动市场、对通识教育的强调和强的产品市场竞争作为其典型特征；协调市场经济主要通过非市场手段（也称策略协调）实现协调，该体制更偏重于对专有资产的投资。协调市场经济是以长期融资、合作性的劳资关系、高水平的职业培训、弱的产品市场竞争，和通过或多或少支持建立共同的产业标准的正式的专业协会进行的强有力的信息交流为突出特征的。②

伴随时间推移与体制演化，人们发现资本主义不但在不同的国家，而且在个体国家内部都采取了不同的形式。近年来，资本主义多样性被比较政治经济学中一种特定方法的支持者成功地推广开来。这种方法的首倡者是索斯凯斯，具体是在霍尔和索斯凯斯的著作《资本主义的多样性：比较优势的制度基础》（2001）中得到了最为透彻和最清晰的阐释。由霍尔和索斯凯斯明确地加以阐述的资本主义多样性框架，成为研究政治经济学的重要文献。

① 杨虎涛．马克思经济学对法国调节学派的影响[J]．马克思主义研究，2009(9).
② 张旭．调节学派的比较资本主义研究及其启示[J]．山东社会科学，2016(2)：40－47.

调节学派运用的调节模式的范畴几乎覆盖了经济运行的全面维度和所有层面。但是在调节内容方面，调节学派分国家与市场、政府与企业、雇主与雇员关系调节、国际经济关系调节四大基本维度，进行若干具体内容的调节。

## 三、法国调节学派对资本主义危机的研究

对资本主义危机的研究包括对危机本身的界定、危机特性、成因剖析、危机效应以及应对。经济危机之于资本主义，就如硬币的正反面一样如影随形。尽管各个经济学说体系通常也都对经济危机多有关注，但是对于危机的形成和应对，不同学派却有不同看法和不同解构。法国调节学派以自有的“发展模式”为基本工具，对 2008 年次贷危机进行新视角剖析，他们认为，是显著有别于“福特主义发展模式”的“金融主导型发展模式”导致了此次国际金融危机的发生。之所以会产生福特主义发展模式，是由于工会组织化、国家干预加强化、国际货币体系稳定化三大支柱。而金融主导型调节模式则是立足于新的技术和制度背景的，在法国调节学派看来，“大危机”更多意味着旧有发展模式行将终结和新的发展模式即将萌芽和勃兴，这在很大程度上也是一种演化经济学思想范式。阿格利埃塔把“福特主义”之后的美国发展模式换称为“股东价值主导型发展模式”,① 博耶冠之以“金融主导型发展模式”,② 利比兹将其称为“自由主义生产发展模式”（ liberal – productivist model of development）。③ 在我们看来，这大概是各取其重、各谓其好。

调节学派运用积累体制这一核心范畴来阐释资本主义的发展，在调节学派看来，积累体制内部如果是以特有的制度体系协调有序地运转，那么

---

① M. AGLIETTA. New trends in corporate governance: the prominent role of the long run investor [J]. Ct;hpetition & change,2008,12(2):203 – 222.

② R. BUYER. Is a finance – led growth regime a viable alternative to fordism? a preliminary analysis [J]. Economy and society,2000,29(1):111 – 145.

③ A. LIPIETZ. Fears and hopes: the crisis of the liberal – productivist model and Its green alternative [J]. Capital and class,2013,37(1):138.

这种资本主义扩大再生产就得以维系，该体制就实现存续和渐进发展。而如果由某些特定力量打破积累体制运行要素之间的协调或均衡，这种资本积累就无法持续，这种状况就出现危机。因此，不难发现，法国调节学派对于危机的成因是基于其一贯的研究范式和包括积累体制、调节模式在内的特定范畴来进行解析和阐释。

在政策调节层面，博耶认为，首先应该对作为新自由主义和金融自由化排头兵的世界银行和国际货币基金组织等机构进行改革；其次，加强以G20峰会为代表的国际性合作，须对其决策程序达成一致的规则。① 这些主张在今天看来依然有其重要意义，甚至具有迫切性，尤其是面对新的地缘政治形势和世界经济版图新的演化格局，优化国际经济的调节方式迫在眉睫。

和新古典经济学派完全相信市场的全能性不同，法国调节学派重视对经济体系的调节。新古典经济学把危机简单归因到石油价格上涨、工会力量失控等因素造成的偶然现象上，借此反对政府的进一步介入，原因是这会加深危机的蔓延。法国调节学派则旗帜鲜明地主张实施调节，并且调节的重心在下沉，调节的切入点更为中观、更为明确，调节的目标更为清晰，从而在事实上产生了更为确定和直接的效果。比如调节学派主张政府对金融创新的规制，力图避免金融业再度失控和新自由主义死灰复燃。其所提出的具体调节措施包含：对商业银行、投资银行和保险公司进行综合性监督；提高金融衍生产品的风险透明度；禁止拥有充分信息的当事人向不具有充分信息的当事人销售具有风险转嫁性质的金融产品；制订金融产品销售许可制度；强化政府和国民之间的信息沟通；等等。② 这些政策主张无疑是根植于该学派调节中间层的基本逻辑和一贯主张，从而在客观上发挥了立竿见影的效果。

---

① R. BUYER. The future of economic growth: as new becomes old[M]. Cheltenham: edward ela - gar publishing limited, 2004:137 - 144.

② M. AGLIETTA AND S. RIGOT. Hedge funds: iafin du iaissez - faire[J]. Revue economique, 2009,60(3):693 - 702.

由于危机呈现出较为明显的周期性，对周期性的认识和应对对于经济系统运行向来都有其不可低估的重要意义。调节学派向来注重从经济史的维度解构现实问题，对这次危机的考量亦不例外。他们都认为有必要将这次危机放在 1929 年危机之后的制度和政治社会转型的历史中进行思考，并把 1929 年危机阐释为由生产率逐渐提高所预示的前景与竞争性的工资关系之间长期存在冲突的结果。

关于经济危机，调节学派和其他经济学流派一样有其较为系统的解说。调节学派既不认同新古典经济学所认为的是外来冲击造成危机的肤浅解释，也不接受马克思资本主义必然灭亡的坚定论断，而是认为存在定义各种不同层次危机的余地。博耶把危机分为以下 5 类（1990）：

**（一）“外部”扰动造成的危机**

调节学派将危机定义为：在某一特殊时期，某一既定实体的持续再生产受阻，造成这种阻碍的成因可能是多种多样的，譬如可能是自然或天气灾害等相关的影响造成的，抑或是外部事件包括战争等触发经济系统崩盘造成的。这种危机的鲜明差异往往在于它既不是缘于调节模式的运行故障，也非内在的积累体制衰竭所致。但是现存调节类型却又决定着经济活动收缩以及价格和收入动态应对危机的这类“外部”诱因时所采取的方式。这种具体类型危机，是从其成因视角来刻画的资本主义危机外延。

**（二）周期性危机**

危机是与那种扩张消失时的压力和非均衡不断积聚起来的阶段相对应的。它是在现存经济机制和社会模式下，也就是在一个既定国家某特定阶段的主导调节模式中发生的。因此，这也就表明有利于和不利于积累阶段的不断重现正是主导制度形式作用的直接后果，而周期性危机往往只能部分且缓慢地影响主导制度形式。比如说，周期性危机可能会引致金融集聚和加速发展，却无法颠覆主导的竞争形式。同理，此危机也可能在不影响工资关系主导形式的情况下恢复“劳动纪律”及必要的收入分配。

马克思第一个发现资本主义经济周期的这种特有现象并作了理论化阐释，随后也不断有学者提出各种各样的经济周期理论。归结起来，经济危机的起源可能主要包含以下因素：需求不足、部门或行业扭曲、越来越有利于工人的收入分配导致的利润率下降，或者金融不稳定性及信用扩张的限制等。尽管研究模型由于各自所强调重点的不同而各有差异，但它们都形成了一个从繁荣到危机，接着从停滞到重新增长的自动转换。当过多的生产能力通过某些生产商停止相关生产、新生产者的进入、利润率波动和投资变化而变得与现有的产业规模以及行业间的互补性相适应时，经济体便会从停滞走向新一轮的增长繁荣。正是生产力的不断提高以及工人自身压力不仅会使得利润率回升，而且还有利于新积累及对未来形成向好预期。产业资本和金融资本收益稳定性的重新确立以及通过货币限制效应致使金融健康的重新恢复为新一轮的投资扩张在客观上奠定了新的基础。

恰如研究所表明的那样，周期性危机的深度和形式依然取决于主导调节类型之特征。第二次世界大战后，在主要西方国家的垄断调节体系中，萧条被轻微的衰退所取代。学者们最终提出如下问题：由于经济预测的准确性、反周期政策的灵验性以及经济理论的精确性，经济周期是否过时？过往经历表明这样的观点是不对的。即便由于石油价格上涨造成的影响由于石油价格下跌而削弱，且美国经济在国际贸易的带动下于 1982 年年底开始重新焕发活力之后，到 20 世纪 80 年代中期，也很少有国家能恢复到其在 20 世纪 60 年代的增长率。这难道不恰恰表明既有调节体系日渐动荡了吗？对此问题的一个确定解答，将让我们定义与第二种类型危机截然不同的结构性危机。这些范畴指代任何经济和社会动态与驱动它们的发展模式发生矛盾的时期，换言之，也就是长期再生产体系矛盾特点变得明显的时期。

19 世纪末的长期萧条及 1929 年的大萧条均已充分表明，重大危机最终必然影响调节模式以及积累体制。但从理论研究视角看，界定和区分两种重大类型的结构性危机依然很关键。这里的界区标准就是能否彻底阐明到底是调节体系使积累体制变得不稳定，还是积累体制损害了调节模式，以说明主和从、主动和被动的关系位次。

应该说，调节学派对资本主义危机的研究有其鲜明特色，那就是运用调节学派的核心范畴，从中间层次调节的视角来较为系统地解析危机，具有较强的建设性和有效性。

**（三）调节体系的危机**

通常积累体制至少在建立伊始是可行和有效的，但与主导调节模式相联系的机制往往被最终证明难以克服不利的短期趋势，于是这样的时期就被定义为调节体系的危机。这里需要具体区分会导致这类危机的以下三种特定情形：

①一种新的外部或内部扰动无法被置于调节体系的控制之下，因为渐进式构建而成调节体系的稳定性是基于对旧有类型问题的回应。此类型危机在很大程度上是与外部扰动造成的危机的内涵互补的。其突出特征主要在于扰动与当前经济结构的非兼容性，次要在于外部冲击的强度。②社会政治斗争对现有制度的妥协造成威胁，或者个体战略组合破坏了整体调节模式的构成要件，从而造成社会结构与扩大再生产经济体系之间的非兼容。这类危机折射出政治与经济变化速度之间的反差。③已构建调节体系的逻辑发展导致增长源枯竭并滋生长期危机。于是，萧条更多则是源于调解体系的全面成熟而非不充分。因此，从某种意义而言，既往成功导致了当前危机的兴起或爆发，以至于决定了其精确形式。尽管偶然和不可预期事件确实在调解体系危机中起着明显的作用，但我们也不能因此就将其简单地归因于某次单纯的“巨大波动”。因此，厘清和区分引起危机的因素和传播危机的因素就变得极为关键。当局部非均衡逐渐聚集且不再能被现行社会经济程序予以有效处理时，调节体系的危机便已显现。

**（四）发展模式的危机**

这是与调节体系危机不同的一种更深层次的危机形式，它是由达到塑造积累体制的最本质制度形式的极限以及这些制度形式之间矛盾的产生来定义的，是居于根性和决定性层次的危机。在此期间，最本质的经济模式出了故障，由此决定了生产组织、资本增殖过程、价值分配等都必然存在着相应的困扰和问题。

从性质和后果的维度看，发展模式危机往往要比调节体系危机更严重，因为发展模式已远非一个调节机制暂时的、局部非均衡的问题，而是经济再生产动态过程阻滞的系统性问题。然而，现实困难却在于构成积累体制基础的制度形式也恰恰就包含于调节模式之中，故而在事实上要明确地区分这两种类型的危机就变得异常困难。在某些情况下，调节模式危机是以对调节体系某个方面的偶发简单失调表现出来的。只有危机加深且持续时间较长才使得发展模式危机假设更为可信。博耶用三大标准来定义该危机：

①先前模式的连续性不能确保利润率，从而一种新内生积累会自动重新确立。基于该事实，短期经济模式与以前增长时期的模式迥异，从而与尤格拉周期（a Juglar Wave）相结合的一个下降的康德拉耶夫周期（Kondratiev Wave）假设初具雏形。②更为基本地，积累动态削弱并毁灭了支持增长的社会形式。由此，面临淘汰旧的生产方法、相应产品需求的枯竭，以及对替代形式及新产品、新技术和新厂址的寻找。导致在这里，技术创新与制度变化关系之间的破裂。③基于此，严格意义的经济或技术决定主义不再盛行。由于过去的妥协以及行为规则不再能够确保体系要素的经济和社会连贯性，各种斗争便围绕着实施不同的“游戏规则”而展开。

不仅如此，就像有多种类型的积累体制一样，发展模式的危机也呈现出各式各样的具体形式。它时而表现为体制性阻滞，这是由于外延型积累体制下工人退出速度明显快于其进入速度所致，恰好是1848年危机发生时的情形；它时而还表现为内涵型体制过渡时的累积性瓦解，这是由经济体中第Ⅰ部类自动积累固有的限制以及第Ⅱ部类需求增长的障碍所致，1929年大萧条就是典型例证。正是由于这一点，基于大规模消费的内涵型积累体制遭遇到种种矛盾就在情理之中了。这些矛盾具体主要包括因为日趋强化的福特主义所导致的利润率的不利变化和有关收入分配的斗争等。

以上四种不同层次的危机外延形式在较大程度上刻画了资本主义社会关系中客观存在的弹性。它有改变其确定形式的能力，因此这种生产模式至今仍能克服一系列重大危机及特殊事件，比如两次世界大战所造成的影响。但能否因此就推演出资本主义会永存的论断呢？由于缺乏坚实理论基础对这一论断的支持，博耶定义了第五种危机。

### （五）主导生产模式的终极危机

这里的“终极危机”意味着特定社会关系集合的崩溃瓦解。也就是说，一旦特定的经济结构达到一种制度形式层面的极限，并对既有社会关系集合的最基本层面提出挑战甚至意欲废除之时，该危机便发生了。可见，这类危机在内涵上极其类似于经典马克思主义政治经济学中“有机危机”的范畴。所不同的是，增加了某些限定和特定要求，以避免学者们把每一次危机，甚至是最简单的短期危机都划定为资本主义生产方式的终极危机。

基于文献梳理视角，似乎极易识别这第五个层面上的危机。但在前瞻性的研究中，这个问题往往变得异常复杂。譬如，如何判定制度形式的当前限制是否形成对生产模式机制不可逆转的抑制呢？如若终极危机真的发生了，仅对资本主义矛盾性质作抽象的证明是远远不够的，还要描述阐明这些矛盾不可能通过更改现存制度形式或出现新制度形式而予以克服的具体机制，甚至是暂时的克服都不可能。

对于如何摆脱经济危机的问题，调节学派向来都有其清晰的对策主张。归结起来可简要概括为：侧重于恰当调节方式的运用，强调构建合宜的积累体制。从理论逻辑上看，这种主张和调节学派一贯的理论观点主要体现了其所认为的资本主义所经历的外延型积累体制和内涵型积累体制。[①]走出危机的基本方法就是调节和协同不同的积累体制及其相应的调节方式，把握积累体制的属性与特质，从而以此为依据寻求适合它的调节方式。法国调节学派又进一步把内涵型积累体制细分为缺少大规模消费的内涵型积累体制和包括大规模消费的内涵型积累体制或福特积累体制。20 世纪初恰恰是因为缺少大规模消费的内涵型积累体制，缺少与其相适应的“竞争性调节”的调节方式，激烈的相互竞争导致了失业和工伤等问题，

① 这里的积累体制通常是指支出中的消费—投资比例和收入中的工资—利润比例。调节学派用这两个比例来解释和指导资本主义经济的基本运行。

同时还导致了工人工资增长放缓以及社会需求不足。在此情形下，“竞争性调节”一方面阻碍了积累体制本身优势的发挥，另一方面又促进了资本过度积累—贬值的过程，二者交互导致了经济危机，这是调节学派理论所推导出的20世纪30年代经济大萧条爆发的原因。正是出于走出经济危机需要，才提出了创新调节方式以适应积累体制的迫切要求。两次世界大战期间和二战以后，主要资本主义国家的积累体制开始向福特积累体制转变，这种以专业分工、大规模生产和大规模消费为特征的积累体制需要与之相适应的调节方式。于是，以通过谈判来提高工人工资，凯恩斯国家干预，国家提供的包括失业保险、退休保障等社会福利为主的新的调节方式——“垄断性调节”得以建立。①阿格利埃塔主张重组从事证券化的机构，对其信贷运作实施标准化要求，重新明确交易规则，明晰和强化投资者所承担的组织者责任，使银行对股东投资进行政治强化，并从社会保障的角度出发，看到这种矛盾最终导致信贷的放纵式增长；阿格利埃塔看到在该矛盾引发的激烈的分配斗争的影响下，货币调节、企业管理的形式都发生了深刻变化，由此产生金融自由化，并波及家庭投资方式；利比兹特别强调在全球范围内考察生产力持续增长和劳动者工资停滞不前带来的消费模式的转变。②

## 四、调节学派对社会阶层的研究

社会阶层方面的研究可以视为调节学派对当代资本主义研究的又一重要领域，尤其是近些年的成果更具代表性，其突出特征就是对社会阶层研究的切入视角独特新颖。从这个意义上来说，调节学派的研究具有开拓性。“社会阶级”的概念仍以马克思主义的定义为准③。调节学派主要关注了金融化对社会阶层的影响，即通过传递社会阶级概念来揭示当代信贷的

① 许修超．经济危机的出路:完善社会保障——基于调节学派经济理论[J]．西部金融,2010(6).

② 赵超．法国调节学派论全球金融危机[J]．国外理论动态,2011(11).

③ SAVAGE M. Social class in the 21st century[M]. Penguin UK, 2015.

渗透和金融业的新变革，从而直面社会阶级概念的不同含义①。无论是应用于公司治理的方法、适应当代财政和金融变化的策略，还是欧洲和拉丁美洲工人阶级对商业和银行信贷的依赖，金融化从内部影响着社会，从而改变了社会关系以及个人对自己的社会地位的看法，调节着社会关系的运行。

Benjamin Lemoine 认为金融化、划分工资、普遍化债务和制造所有权改变了社会群体、冲突形式和政治身份之间的关系②。研究金融化可以理解阶级之间不断变化的界限，相反，阶级分析揭示了金融化过程中的作用机制。通过金融实现“民主化”或“贫困化”的二元问题可能本身就是悖论，原因有二：首先，金融通过变得更加民主而拉大贫富差距，因为受益者和受害者在社会规模上朝着相反的方向发展；其次，金融引入了历史周期，导致社会阶层在一段时间内发现自己“高估”或“被高估”，然后最终被贬值并产生新的社会对抗形式。

在中观层面，金融机构的股东与高管之间也存在明显的社会阶层流动③。围绕收购、公司所有权与经营权、委托代理问题产生了一系列关于企业控制的矛盾。“经济控制”是指一种拥有资本的权力，赋予其参与董事会战略决策过程的权力。“政治控制”是指一种基于“战略行动领域”内关系控制的权力④。经济控制向政治控制转化的过程中，更容易产生权力参与者的零和博弈。股东往往通过间接管理与管理人员招募，实现对企业的控制。间接管理是指一种破坏领导者主权但不依赖于公司殖民化的控制方式。管理人员招募是指一个人从高级管理人员的角色转变为资本主义企业家的过程。在这两种方式组合下，管理人员群体中不断涌现出合作伙

---

① BOYER R. Is a finance - led growth regime a viable alternative to fordism? A preliminary analysis [J]. Economy and society, 2000, 29(1): 111 - 145.

② LEMOINE B, RAVELLI Q. Financiarisation et classes sociales: introduction au dossier. Financialization and Social Class: An Introduction to this Issue[J]. Revue de la régulation. Capitalisme, institutions, pouvoirs, 2017 (22).

③ FOUREAULT F. Enrôler les dirigeants pour contrôler l'entreprise: Le répertoire d'action des fonds d'investissement[J]. Revue de la régulation. Capitalisme, institutions, pouvoirs, 2017 (22).

④ FLIGSTEIN N, MCADAM D. A theory of fields[J]. Oxford University Press, 2012.

伴与股东，成为实际控制者，同时实现了阶级身份的转换①。

在微观层面，信用贷款这一体面生活的必需品②，对后工业工人阶级社会流动性产生了巨大的影响，低收入家庭对信贷的频繁和广泛使用引发了一种关于社会流动性——以多维方式构建的社会等级中地位的变化③。零售和服务业工人阶级，即销售人员、文员、收银员和运输工人，通常每周有超长的工作时间、最低工资和较少的自主权，反复使用信贷使他们经常处于“债务灾难”的边缘，这被视为他们债务生涯的一部分。信贷扩张在阶层流动方面发挥着重要作用，因为家庭将信贷与其社会愿望结合起来以在经济约束中找到道德理由。高等教育系统被宣传为促进个人社会流动的工具，而大学学位被描述为一项长期回报的投资。然而，智利的高等教育系统对就业和人才市场的影响有着显著差异。智利的教育体系是“有意识地由社会阶层构成”。“良好的信用”变成了“坏账”④。当他们承担巨额债务而接受的高等教育无法提供预期的回报时，家庭的社会流动性期望就不能得到满足。

## 五、调节学派对新冠疫情的研究

调节学派对资本主义发展的最新动态给予了较多关注，一个重要体现就是对新冠疫情的经济效应的关注。在宣布发现新型冠状病毒后，世界陷入了前所未有的困境。疫情造成的影响和对它的集体反应（人口流动受阻、货物流动以及更广泛的经济和社会活动大幅减少）已经产生了结构性影响⑤。具体来讲，全球疫情迫使世界上每个国家都在病毒传播遏制、公

---

① HARVEY D. A brief history of neoliberalism[M]. Oxford university press, USA, 2007.

② MARAMBIO - TAPIA A. Narratives of social mobility in the post - industrial working class and the use of credit in Chilean households[J]. Revue de la régulation. Capitalisme, institutions, pouvoirs, 2017 (22).

③ BOTTERO W. Who do you think they were? How family historians make sense of social position and inequality in the past[J]. The British journal of sociology, 2012, 63(1): 54 - 74.

④ PÉREZ - ROA L. El peso real de la deuda de estudios: La problemática de los jóvenes deudores del sistema de financiamiento universitario de la CORFO pregrado en Santiago de Chile[J]. Education Policy Analysis Archives/Archivos Analíticos de Políticas Educativas, 2014, 22: 1 - 43.

⑤ GUTTMANN R. Virus economics: an American tragedy[J]. Revue de la régulation. Capitalisme, institutions, pouvoirs, 2021 (29).

共卫生能力、宏观经济稳定措施以及经济低迷状况下的企业生存中采取一系列复杂的平衡措施。无论各国在这些前所未有的疫情条件下表现如何，它们都面临“大萧条”[①]。危机当下，调节学派不仅重新审视后凯恩斯主义等理论教条，更关注了新冠疫情对劳资关系、债务、积累体制的影响效应。

**（一）关于后凯恩斯主义与新自由主义的争论**

这些危机交织在一起，要求政府调整宏观经济政策的指导思想及实施方式[②]。在欧元区，首选的宏观经济调控工具是货币政策，因为需要首先确保价格稳定。这是当今宏观经济学中主流经济学学派（货币主义、新古典学派、新凯恩斯主义）影响的结果。这些学派的共同点在于，与凯恩斯主义的观点相反，它们最小化了财政政策的潜在有效性。

由于供需冲击是前所未有的，这就需要施行为短期活动提供必要的预算支持、发展长期公共投资、减少工作时间等措施以应对[③]。这要求我们认识到经济是由需求驱动的，并充分恢复财政政策的作用，无论是在短期层面还是在结构层面。正如后凯恩斯主义理论所暗示的那样，财政政策应该成为宏观经济政策的首选方案[④]，货币政策必须支持财政政策，同时减少社会的工作时间。这种宏观经济政策的重组对于限制新冠疫情危机的负面经济后果、实现充分就业、引发生态转型和提高经济面对全球冲击的韧性是必要的[⑤]。为实现以上四个目标，学者们也展开了广泛的研究。Sébastien Charles 强调了后凯恩斯主义理论对于恢复预算政策作为经济政策

① LEE D. The Recessionals: why coronavirus is another cruel setback for millennials[J]. The Financial Times. Retrieved, 2020.

② GUTTMANN R. Eco – Capitalism: Carbon Money, Climate Finance, and Sustainable Development[M]. Springer, 2018.

③ PULLINGER M. Working time reduction policy in a sustainable economy: Criteria and options for its design[J]. Ecological Economics, 2014, 103: 11 – 19.

④ GUTTMANN R. Finance – led capitalism: shadow banking, re – regulation, and the future of global markets[M]. New York: Palgrave Macmillan, 2016.

⑤ MORVANT – ROUX S, SERVET J M, TIRAN A. “Quoiqu’il en coûte?”. Un monde hyperfinanciarisé peut – il sortir du Grand Confinement sans retourner à un à – venir néolibéral? [J]. Revue de la régulation. Capitalisme, institutions, pouvoirs, 2021 (29).

关键工具的必要性①。Mikael Byrialsen 也认为危机的非常规性支持了针对供应的后凯恩斯主义政策的观点。为支持其论点，他们建立了一个后凯恩斯主义的存量流动一致（SFC）模型，来分析现行宏观经济政策的影响②。Rudy Bouguelli 则分析了美联储在 2020 年春季应对新冠疫情危机第一阶段采取的措施。尽管美联储最初几周在稳定货币市场方面的积极行动可能被视为成功，但该行动仍然是管理经济活动中相对生硬的工具③。

### （二）疫情助推劳资关系矛盾加剧

疫情引起的不平等以非常强大的方式贯穿了种族和几代人④。基层工人群体中包括了大量少数族裔和新移民，他们由于工作环境暴露在病毒中，最终感染新冠病毒的发生率远高于人口平均水平。与此同时，受封锁造成的失业和就业不足影响最大的是年轻人，这为加剧代际冲突奠定了基础。

Louis – Alexandre Erb 和 François Reynaud 使用调查数据研究了第一次封控对法国劳资关系的影响⑤。事实证明，疫情加剧了分工、产业部门、从属关系、性别和社会阶层方面的不平等。Adeline Alonso Ugaglia 聚焦法国食品供应链，研究了为应对封控以何种方式进行替代品生产。但结果表明，它们的持续经营较少依赖于市场需求，而是依赖于供应条件和一系列

---

① CHARLES S, DALLERY T, MARIE J. Covid – 19 et imbrication des crises: réhabiliter le keynésianisme pour refonder la politique macroéconomique[J]. Revue de la régulation. Capitalisme, institutions, pouvoirs, 2021 (29).

② BYRIALSEN M R, OLESEN F, MADSEN M O. The macroeconomic effects of covid – 19: the imperative need for a Keynesian solution[J]. Revue de la régulation. Capitalisme, institutions, pouvoirs, 2021(29).

③ BOUGUELLI R. La politique monétaire de la Fed face à la crise de la covid – 19: entre continuité et rupture[J]. Revue de la régulation. Capitalisme, institutions, pouvoirs, 2021 (29).

④ NASSIF – PIRES L, de Lima Xavier L, Masterson T, et al. Pandemic of inequality[R]. Levy Economics Institute, 2020.

⑤ ERB L A, REYNAUD F P. Les conséquences de la crise sanitaire sur les relations de travail. L'instauration du premier confinement a – t – il bouleversé le rapport salarial en France? [J]. Revue de la régulation. Capitalisme, institutions, pouvoirs, 2021 (29).

制度因素[①]。供应条件以及制度因素对制造业的影响加剧了劳资关系的紧张局势。

### （三）疫情导致债务问题严峻

全球各地的债务水平都在爆炸式上升，无论是企业还是政府。尽管利率历史上处于非常低的水平，但与收入相比，私营部门的偿债利息将成比例地增长，而收入可能会在很长一段时间内保持在疫情大流行前水平以下。因此，可能会出现贷款违约高峰，从而恶化银行的经营状况，进而可能波及全球银行系统。

疫情对于大多数人来说是一种生存威胁，需要大量的即时援助，促使政府以一次性直接支付、工资补贴或失业救济金的形式进行补助。所有政府都面临帮助关键行业弥补损失的压力。即使有这样的援助，疫情对经济的冲击也不可忽略，以至于威胁到支出减少带来的负面乘数效应，进一步造成收入损失，进而刺激更多的支出削减。这种连锁反应的危险在于它会引发所谓的“债务通缩”螺旋，包括强制出售资产、大量现金囤积、信贷冻结、债务违约和价格下跌[②]。这种情况需要通过额外的政府支出（如提升公共卫生能力）来抵消，以弥补私营部门支出的减少。同样重要的是，中央银行需要针对债务通缩螺旋的金融困境进行动态干预。除了将短期利率锁定在极低的水平外，各国央行还通过大量购买政府债券将长期利率也维持在非常低的水平。美联储决定将其资产负债表增加一倍以上，同时不断增加融资工具种类（也更容易出现风险），这对于防止经济陷入债务通缩螺旋至关重要。具体而言，它们启动了公司债券和商业票据等大规模购买计划以支持金融市场，也扩大了直接货币融资的范围，除了购买新发行的政府证券或允许为政府账户透支便利，它们设立了可供非银行金融机构

---

① FISHER I. The debt – deflation theory of great depressions[J]. Econometrica: Journal of the Econometric Society, 1933: 337 – 357.

② OCAMPO J A. Financing and debt management for emerging market economies[J]. Brookings Institution future development blog,2020,5(26).

甚至非金融公司利用的贷款便利①。

新冠疫情还对备受依赖的国际债务制度产生了影响。虽然世界上 77 个最贫穷国家的双边债务暂停一年成为 G20、世界银行和国际货币基金组织会议的头条新闻，但对于该倡议仍存在争议。这从实践层面印证了调节学派所关注问题的重要性，甚至迫切性。

**（四）疫情引发的积累体制危机**

危机瓦解了现行的积累制度，因此被定性为积累制度的危机，1997—1999 年的亚洲金融危机和 1991—2001 年的日本就是典型的例子。调节理论强调危机在资本主义演化动态中的重要性。因此对不同类型的危机进行了分类。除了外因引发的干扰（如自然灾害、战争）和内生的周期性危机（即正常的商业周期波动、地方性生产过剩）之外，调节学派学者还指出了不同程度的结构性危机②。

作为马克思经济学派的重要分支，用特定理论工具和范式从特定视角分析问题是其一贯的学术风格。调节学派针对本次疫情，使用调节理论的分析概念和方法论工具，特别是关于资本主义的多样性和结构性危机的性质得出的结论是，疫情已经引起了积累制度的危机，这可能会影响可持续发展的目标③。支持这种论点的一个原因是新冠病毒对社会深远的影响，美国社会繁荣的性质和政策模式是金融主导资本主义的核心，现在已成废墟。另一个原因是涉及全球范围的经济周期，长波的下行阶段始于系统性金融危机，然后在十年后导致另一场结构性危机。需要认识到，第二次危机通常会改变积累机制，从而引发新的长波。我们认为，调节学派的这些研究非常有价值，也有很强的领先性和启发性。

---

① GUTTMANN R. The heterodox notion of structural crisis[J]. Review of Keynesian Economics, 2015, 3(2): 194-212.

② AGLIETTA M. Shareholder value and corporate governance: some tricky questions[J]. Economy and society, 2000, 29(1): 146-159.

③ MANDEL E. Long waves of capitalist development: A Marxist interpretation[M]. Verso, 1995.

如 Ernest Mandel（1980）提出的马克思主义对长波的分析[1]。这种方法侧重于资本主义制度利润率下降的长期趋势，最终导致一场严重的危机。约瑟夫·熊彼特（1942）的创造性破坏概念中关于技术驱动的解释是，创新集群和技术变革创造了新的增长产业，推动了长期繁荣，但随着时间的推移，扩张引擎会逐渐耗尽。

积累体制危机意味着当前积累制度的一个或多个制度支柱不再发挥其稳定功能。如果我们将资本主义长波动态的这些不同维度整合到一个综合分析框架中，这就是法国调节理论的创始人米歇尔·阿格利埃塔[2]或罗伯特·博耶[3]的开创性工作。这种跨学科的方法使资本主义在连续积累制度方面的演变碎片化，每一种制度在事实上往往都有自己独特的调节模式，需要结合其特定的雇佣劳动关系、竞争形式、国家干预的方式、货币和信贷的管理，指导资本主义在特定历史时期通过其各自的长波进行调节。

## 六、调节学派对资本主义研究的新贡献

法国调节学派对当代资本主义的研究，整体来看，在研究视角和理论内容上都非常有特色，也取得了重要成果，对于理解当代资本主义具有建设意义，尤其从中观层面进行调节和治理尚有巨大的政策空间。不足之处在于内部分化明显，研究内容散乱，影响有限。部分研究结果与政策实践的衔接也有较大距离，如外延型积累体制和内涵型积累体制之间调节方式的衔接匹配问题就是典型例子。因此，整个学派层面上的根性问题就是对中间层次的界定和把握，尤其是在进行与其他诸如积累体制、调节模式等核心范畴相结合情形下的理论研究和政策设计时，这种弊端就更为明显。

当然对调节学派的批评也不少，比如认为其对积累体制成因的分析更

---

① KONDRATIEFF N D. The long waves in economic life[J]. Review: Fernand Braudel Center, 1979: 519-562.

② AGLIETTA M. A theory of capitalist regulation: The US experience[M]. Verso, 2000.

③ BOYER R. The regulation school: a critical introduction[J]. Columbia University Press, 1990.

多偏向于内在，对当代资本负责性认识程度不够。调节学派的学者立足于资本主义体制运行实践场景来反观其研究对象，本身具有无法突破的自我局限，而其对新古典学派的批判也是基于其所秉持的基本学术立场，在诸多中观尤其是微观层面上，其实具有很强的趋同性。

法国调节学派的理论逻辑推演的范畴体系建立在对马克思原初概念之细分的基础上。在法国调节学派看来，马克思在《资本论》中分析资本主义生产方式运动规律所使用的概念高度抽象，马克思生前未能完成他设计的“从抽象上升到具体”的庞大写作计划。法国调节学派进而认为，要研究当代资本主义制度的复杂结构和具体运行机制，就需要从马克思高度抽象的概念中衍生出若干中间层次的范畴术语，从而使其研究视角更为明晰和确定。例如，从生产方式中拆解积累体制、调节模式、发展模式等概念，从绝对剩余价值中析出外延型积累体制的概念，从相对剩余价值中拆解出内涵型积累体制的概念，从而将马克思经济理论转化为更具体、更外显、更能针对特定时期特定资本主义形式的解析。这一系列概念的析出表明，法国调节学派的基本理论是遵循马克思关于资本主义生产方式再生产理论这一红线的。正如博耶所言，“调节理论研究的首要特征是对马克思主义分析方法和主题确切无疑的忠诚……有必要重申马克思的理论遗产仍然是当今社会科学研究的卓有成效的理论出发点。它在解读社会过程时，强调把社会关系作为理论出发点，仍然是在方法论上抗衡个体主义的有效路径之一”。不管其在具体问题研究上的“正”与“偏”，但至少可以肯定的是，作为重要代表人物博耶能够明确承认和坚守这一点，至少表明调节学派主要代表人在理论认同和价值持守方面是马克思主义经济学。

调节学派对当代资本主义的研究乃至其整个学派发展呈现出以下四大较为显著的特点：①研究资本主义时，调节学派所关注的对象起初是法国和美国，研究法国是因为学者们几乎都生活和工作在法国；研究美国，是因为在一定意义上二战后美国代表了资本主义世界的先进和成功典型，之后进一步扩展到拉美国家，如阿根廷，再后来就是俄罗斯和东欧国家。因此，调节学派研究资本主义问题的视野是逐步拓宽的。从简单的、增量的向新的研究领域的经验扩展，包括从宏观扩展到中观和微观，从国家扩展到地区，最具代表性的是博耶的理论研究。②概念的进一步深化，比如对结构形式和经济调节模式复杂关系的探讨（Bob Jessop）。③其具有相对一贯的理论逻辑和价值立场。调节理论随后的发展得到了广泛的传播和扩散，并经历了重要的理论转变，这种转变被杰索普归纳为三个方面。④放弃原有的理论命题、概念和观点，并重新定义，特别表现在为回应主流理论的批评而试图建立一个坚固的微观基础方面，在这样做的同时，部分放弃了调节理论原有的一些激进的假定。

当代资本主义新动向中的调节学派。进入 21 世纪，随着新兴国家的蓬勃发展，逆全球化苗头日益清晰，尤其是 2016 年美国总统特朗普上台后，引发了一系列退群和冲突，如 2022 年爆发的俄乌冲突，这些都为当代资本主义的新演化添注了动力。按照以往法国调节学派的一贯观点，调节学派解释当代资本主义整体上依然坚持其基本学术立场，运用其学术工具，提出了具有鲜明特色的理论阐释和政策主张。法国调节学派同其他西方经济学流派一样，在同和异共存与交互中不断成长，学派内部具有较为鲜明的多元性特点，学派内部既有共识，使用共同的理论分析工具，也有不同的理论观点、关注焦点和研究方法。①

① 吕守军．抓住中间层次剖析当代资本主义[J]．中国社会科学，2015(6).

# 第六章　法国调节学派与凯恩斯主义学派的理论比较

郭　晗　杜泽昊*

## 一、引言

凯恩斯主义兴起于20世纪30年代，时值西方资本主义世界的“大萧条”时期，以马歇尔为代表的新古典经济学对当时的世界经济衰退与危机缺乏足够的解释力，此时凯恩斯的著作《就业、利息与货币通论》横空出世，它宣告了凯恩斯主义的到来并一跃成为主流经济学。之后，随着第二次世界大战的结束，西方各主要资本主义国家迎来了一段快速发展的“辉煌时期”，但仅仅20多年后，20世纪60年代末期，这一短暂的辉煌再次迎来终结：一系列经济问题如劳动生产率增长减慢、通货膨胀恶化、失业率持续上升等持续涌现，而20世纪70年代初期的石油危机更是直接宣告了资本主义新一轮危机的到来。这种经济增长减缓、通货膨胀严重的阶段被称为“滞胀”阶段，人们试图从凯恩斯主义中寻找其成因与有效对策，但无论是凯恩斯主义还是新古典经济学都无法对这种现象做出令人信服的解释。凯恩斯主义这堵“高墙”的轰然倒塌，标志着西方经济理论出现了“第二次危机”，经济学家们开始探寻新的理论，经济学界进入了百家争鸣的新时代，众多新兴的经济学流派开始走上历史舞台。

一方面，凯恩斯主义的失灵使得部分经济学家开始对资本主义制度进

* 郭晗，西北大学经济管理学院教授、博士生导师，主要研究方向为数字经济与宏观经济；杜泽昊，西北大学经济管理学院理论经济学硕士研究生，主要研究方向为数字经济。

行反思，试图从资本主义发展的内在必然性解释“滞胀”等经济危机问题，马克思主义因而进入了复兴期。一些经济学家聚集在马克思主义的旗帜下，以马克思主义经济学为根基开创了新的经济学派，其中的代表性学派有法国学者米歇尔·阿格利埃塔、阿兰·利比兹、罗伯特·博耶等建立的以调节概念为分析工具的经济学流派，人们称之为调节学派。调节学派根源于马克思经济学，同时也受到凯恩斯主义经济理论的启发和影响，试图通过发展马克思的制度理论，将制度与凯恩斯的宏观经济学结合起来，开创将历史与制度相结合的经济理论。①

另一方面，很多经济学家虽然认识到了凯恩斯理论的局限性，并对资本主义制度进行了反思，但或者基于政治因素，或者基于其自身的阶级所属，这些学者都没有触及资本主义经济的社会、政治环境，没有从资本主义生产方式内在的矛盾运动中探究经济危机的原因，而是选择停留在资本主义经济内部运行机制的圈子中研究经济问题，在原有的凯恩斯理论上进行拓展补充，使之与已经发展变化了的资本主义现实相适应。② 这些凯恩斯理论的追随者分为两大支派：一派力图把凯恩斯的宏观经济理论同新古典经济学微观经济理论综合起来，形成了以美国经济学家萨缪尔森、托宾、索洛、希克斯等为代表的“新古典综合学派”，在凯恩斯主义之后接过主流经济学的大旗，并于20世纪80年代衍生出了以曼昆和斯蒂格利茨为代表的新凯恩斯经济学派，也被称为“后凯恩斯主流经济学派”；另一派则大力反对凯恩斯主义经济理论与新古典经济理论的融合，在继承凯恩斯思想遗产的同时，选择与马克思主义经济学、演化经济学等学派相互借鉴融合，形成如今普遍意义上的“后凯恩斯主义”，并通过“两个剑桥之争”逐渐划清了与新古典主义理论的界限，成为西方世界最重要的非正统经济学流派之一。因其主要阵地为英国的剑桥大学，也被称作“新剑桥学派”，主要代表人物有英国经济学家琼·罗宾逊、卡尔多、斯拉法、帕西

① 胡海峰．对法国调节学派及其理论的分析[J]．教学与研究，2005(3)：79－84.

② 陈叶盛．调节学派理论研究[M]．北京：中国人民大学出版社，2012：8，15，20－25，32.

内蒂等。

中国经济学发展到今天，亟待符合中国现实经济社会环境的经济学理论基础，而要构建中国特色发展经济学，首先就要在比较分析的基础上广泛借鉴既往的经济思想成果。一方面，从理论地位来看，凯恩斯主义与新古典综合派先后执掌西方主流经济学之大旗，后凯恩斯主义是西方最重要的非主流经济学派之一，调节学派的调节分析方法亦在世界范围内产生了广泛影响；另一方面，从经济学流派发展的角度来看，调节学派是基于马克思主义，部分结合了凯恩斯经济理论的开创性的学派，凯恩斯主义又与马克思主义理论有着密不可分的关系：中国学者樊弘在对比马克思主义与凯恩斯理论时便指出，“凯恩斯实际上是以另一套术语表达了马克思业已表述的观点”；① 后凯恩斯主义虽师承凯恩斯主义，却也深受马克思经济理论的影响。上述学派虽理论根基不同，但其相互学习、共同发展的过程对于发展中国特色经济理论具有重要的借鉴意义。

综上，对调节学派与凯恩斯主义经济理论的历史发展与经济理论进行全面比较，有利于我们充分吸收西方政治经济学的研究成果，对现代中国市场经济进行更准确的分析，并在此基础上构建有中国特色的经济学理论体系。

## 二、调节学派与凯恩斯主义的历史及发展

20 世纪 60 年代末期，由于无法对经济中的“滞胀”问题提出合理的成因解释与政策指导，凯恩斯主义作为主流经济学的大一统时代走向终结，西方经济学进入“第二次危机”，经济学家们纷纷开始探索新的理论，经济学迎来了百家争鸣的新时代。值此历史契机，许多经济学家将目光投向对凯恩斯主义的改良和对马克思主义的发扬上：首先，凯恩斯主义虽然被证明了存在局限性，但是其基本研究框架并未动摇，许多理论仍有发展与诠释的空间，其思想遗产仍对经济学产生着广泛的影响；同时，凯恩斯主义的失灵使得经济学家开始对资本主义进行反思，作为着重研究资本主

① 孟捷．经济学革命的领航者——《后凯恩斯主义经济学：新基础》译者前言[J]．政治经济学报，2021(2)：215－222.

义社会生产关系，并从制度和历史的角度出发阐明资本主义生产一般规律的理论，马克思主义也随之进入复兴期。这两种思想的碰撞对后世学派产生了深远影响。

20世纪70年代末，法国青年马克思主义经济学者米歇尔·阿格利埃塔出版著作《调节与资本主义危机》，标志着调节学派的诞生。调节学派虽根植于马克思主义，但同时也受到凯恩斯主义的启发和影响。该学派的学者并未全盘接受马克思的理论和观点，而是将凯恩斯主义中的资本主义发展以及政府干预等思想纳入研究之中，并试图在发展马克思制度理论的同时，将制度因素与凯恩斯的宏观经济学结合起来，开创了将历史与制度相结合的经济理论。①

调节学派开创了以调节概念为核心的分析工具，并通过这种调节方法对第二次世界大战后美欧资本主义社会的主要发展形态——从福特主义向后福特主义的转变进行了独特的分析，这也是该学派最重要的理论成果之一。② 这种调节方法对社会科学的其他领域也产生了重大影响，被广泛运用到对转型经济、发展中经济、经济全球化以及区域经济一体化等问题的研究之中。调节学派的研究对象也逐渐从美国、法国、日本等发达资本主义国家扩展到第三世界国家，不仅从调节方法的视角对各国的经济发展进行研究并取得了丰厚的成果，也推动了调节学派的国际化，在这些国家播种下了调节理论的种子。

需要注意的是，调节理论本质上并非一个已经确立的、单一的理论体系，而更像是一个持续的研究项目。调节学派发展到后期，其主要代表人物虽然在方法论和分析框架上基本一致，但是其具体观点和研究内容等方面却不尽相同。英国马克思主义学者鲍勃·杰索普便基于各方研究对象、场所的差异，将调节学派细分为七个学派，分别为：格勒诺布尔学派、巴黎学派、国家垄断资本主义学派（以上三个学派即法国调节学派内部的主

---

① 贾根良．法国调节学派制度与演化经济学概述[J]．经济学动态，2003(9)：56－59.

② 李其庆．法国调节学派评析[J]．经济社会体制比较，2004(2)：123－134.

要派别）、阿姆斯特丹学派、西德调节主义学派、北欧学派以及北美学派；[①] 至20世纪80年代，日本马克思主义市民社会派也演变为日本调节学派。可以看出，调节学派已经成为一个具有国际影响力的经济学流派。

21世纪初期，调节学派完成了第一代与第二代的新老交替，第二代调节学派的代表人物有阿玛布尔、罗尔敦、帕劳姆巴利尼等学者，他们批判地吸收了比较制度分析学派等流派的概念和理论，对第一代学者的理论进行了修正和完善，提出了“资本主义多样性”理论、“制度形成”理论等，形成了调节学派第二代理论体系。[②]

与调节学派相比，凯恩斯主义是一个相对庞杂的体系（见图6－1）。自1936年《通论》出版、凯恩斯主义诞生以来，其发展历史可以大致分为三个阶段：20世纪30年代至60年代是凯恩斯主义的黄金时期，以有效需求理论以及国家干预理论为主要理论，成为当时经济学的执牛耳者；20世纪60年代后，“滞胀”问题爆发，无法提出有效建议的凯恩斯主义遭到抨击，其追随者们开始依据现实对凯恩斯主义进行改良，力图使其与已经变化了的资本主义事实相适应，根据思想倾向的不同，这些学者们逐渐分为两派：一派是以萨缪尔森为代表的美国凯恩斯主义，又称新古典综合派或者后凯恩斯主流经济学；另一派是以琼·罗宾逊为代表的英国凯恩斯主义，又称新剑桥学派，也是普遍意义上的后凯恩斯主义；到了20世纪80年代，曼昆与斯蒂格利茨等学者将原凯恩斯主义所忽视的厂商利润最大化和家庭效用最大化假设引入研究范畴，建立了具有微观经济基础的新凯恩斯主义经济学。上述凯恩斯主义的继承者中，又以新古典综合派和后凯恩斯主义影响力最大，传播最广。

1955年，萨缪尔森在《经济学》一书中最先提出了“新古典综合”这一说法，指出过去的凯恩斯经济学过于注重短期分析，研究目的局限于对非自愿失业原因的寻找，是一种“萧条经济学”，无法适用于经济充分

---

① 陈叶盛. 调节学派理论研究[M]. 北京:中国人民大学出版社,2012:8,15,20－25,32.

② 吕守军. 抓住中间层次剖析当代资本主义——法国调节学派理论体系的演进[J]. 中国社会科学,2015(6):62－77.

就业以后的状况，并非真正的“通用理论”；要使得凯恩斯理论成为具有一般性的理论，应当将马歇尔的新古典经济学与其进行综合，以马歇尔的理论补全凯恩斯理论在充分就业情形下的不足，形成一种从微观到宏观的完整经济学理论体系。通过这种综合产生的学派，便是新古典综合派，也称后凯恩斯主流经济学。①

新古典综合派的“综合”事实上包含着两层意义：一是理论上的综合，即微观经济学与宏观经济学的综合；二是政策主张的综合，即政府干预与市场调节机制的综合。其核心思想是：采用凯恩斯主义的宏观经济政策来调节市场经济活动，使得现代社会经济能够避免过度繁荣或萧条的损害，趋于稳定增长，并实现充分就业。在这种经济环境下，新古典经济学的主要理论将再度适用。因此，新古典综合学派主张，政府干预的主要目的在于斟酌使用宏观经济政策，引导经济接近或达到充分就业，之后便将重心转移至市场机制，让这只“看不见的手”引导资源有效配置，让企业和个人的理性最大化行为充分获得张扬。这种综合不仅同时承认了新古典经济理论和凯恩斯经济理论的合理性，给予两派学者相互妥协的空间，还将政府的管控和市场的自由视为经济不同发展时期的抓手，使得资本主义政府可以合理地对市场进行干预。通过这种综合，新古典综合派同时在学术和政治的双重层面上取得了成功。

后凯恩斯主义肇始于20世纪50年代中期，当时卡尔多与罗宾逊提出了一种收入分配理论以代替基于边际生产力的新古典理论，在之后很长一段时间里，基于有效需求的收入分配理论都被视作后凯恩斯主义经济学最重要的学术贡献。② 但当时这一理论只是作为凯恩斯理论体系内部的一种学说，并未形成独立的经济学理论体系或流派。

20世纪60年代，以萨缪尔森为代表的经济学家将凯恩斯宏观经济学与新古典理论微观经济学相结合，开创了“新古典综合派”，这一“综合”

---

① 方福前. 当代西方经济学主要流派(第2版)[M]. 北京:中国人民大学出版社,2014:48-49.

② 孟捷. 经济学革命的领航者——《后凯恩斯主义经济学:新基础》译者前言[J]. 政治经济学报,2021(2):215-222.

却遭到了以罗宾逊为首的一些经济学家的强烈抨击。他们提出，凯恩斯革命的实质在于以历史观代替均衡观，承认未来的不确定性，否认严格的理性行为；虽然出于种种考虑，凯恩斯仍将正统理论视为特例情况，而将自己的理论看作一般理论（即通论），但凯恩斯主义实际上仍是一种非均衡理论；而新古典综合派所谓的融合却反过来将凯恩斯的理论视为特例，将新古典理论视为一般理论，这是对凯恩斯主义的错误解读，是为资本主义服务而“庸俗化了的凯恩斯理论”。基于以上原因，以剑桥大学为主要阵地的罗宾逊夫人等经济学家和以麻省理工学院为主要阵地的萨缪尔森等经济学家展开了激烈的辩论，史称“两个剑桥之争”。此后，后凯恩斯主义作为独立学派的自我意识开始觉醒，坚持自己才是凯恩斯主义的正统继承人，并与马克思主义经济学、演化经济学等相互借鉴，逐渐发展成为西方世界最重要的非正统经济学流派之一。

后凯恩斯主义经济学的发展与马克思主义经济学有着密不可分的联系，后凯恩斯主义者中，大多数学者都对马克思的经济学说有过系统而深入的研究：早在凯恩斯的《通论》出版以前，后凯恩斯主义经济学日后的代表人物之一卡莱茨基已经从马克思的理论出发，得到与凯恩斯的有效需求理论相类似的分析框架；之后在 1972 年，罗宾逊也在文章中总结道，“凯恩斯革命承认，资本主义经济中的物价水平是由货币工资率支配的，但是货币工资率的决定是无法脱离劳动市场的力量对比，即阶级斗争的影响的，这一论点对正统经济学均衡学说的打击甚至超过了由变化不定的预期所支配的有效需求概念”。[①]

应当注意的是，即便后凯恩斯主义对马克思的一些观点持赞成态度，但其终究是凯恩斯主义的继承者，在大多数理论与观点上仍与马克思主义保持着明显的区别。基于时代、阶级等因素的差异，后凯恩斯主义者的目标并非消灭资本主义，而是“驯服”它，并承认资本主义具有重要的动态

---

① 孟捷．经济学革命的领航者——《后凯恩斯主义经济学：新基础》译者前言[J]．政治经济学报，2021(2)：215－222.

性质。从这一角度看，后凯恩斯主义经济学有着明显的改良主义性质，根本上是符合国家垄断资本主义利益的；其实质仍是服从中小资本的利益，以中产阶级的立场发展凯恩斯主义的一种理论。

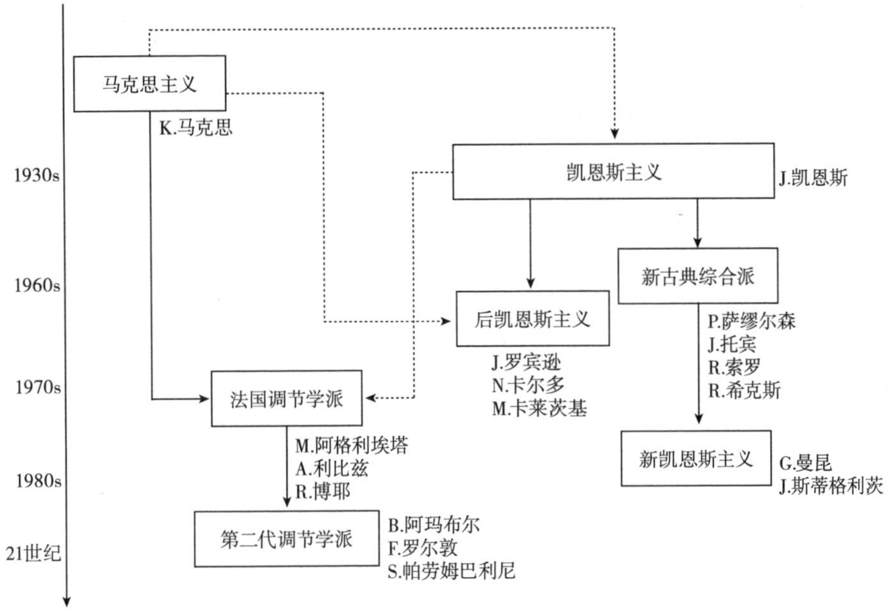


**图 6－1　调节学派与凯恩斯主义学派的发展**

## 三、调节学派与凯恩斯主义的理论比较分析

随着时代的发展，各经济学派逐步走向相互借鉴、共同发展的共存阶段，调节学派和凯恩斯主义亦是如此：调节学派的产生深深受到了凯恩斯主义的影响，凯恩斯主义的发展与变革也无法忽视调节学派等马克思理论追随者的声音。本节将对两者的主要理论及观点进行比较分析。

### （一）理论体系层面：理论逻辑与分析框架的比较

调节学派重视历史和制度因素在经济发展中所起的作用，它认为现有的经济理论都存在着自身的缺陷：新古典经济学以经济行为的不变性为前提，提供的是一种非历史的经济规律；马克思的政治经济学虽引入了历史性，但是其中的概念却过于抽象，无法应用于具体范围的研究；凯恩斯理论着重于短期的经济政策和管理，且对象多为开放程度较低的经济。①

针对上述不足，调节学派从马克思理论出发，认为可以从抽象概念中分离出若干中间概念和模式，以解释经济行为者在相互作用时表现出来的规则性，最后再与观察到的事实进行比较。由此，调节学派提出在宏观层面与微观层面之间，还存在着一个“中观层面”，并引申出了五个基本概念，将其作为调节理论的基石：生产方式、制度形式、调节方式、积累体制以及危机理论。②

在调节理论看来，对于一个经济体，生产方式是使其得以正常运行的底部逻辑，制度形式是生产方式的规范化，调节方式是物质条件以及生产关系顺利再生产的保障，积累体制则是该经济系统的整体外在表现，经济危机则是积累体制内部变量不均衡的结果。调节理论将调节方式置于研究重点，认为一个稳定运行的经济体中必然存在与其积累体制相适应的调节方式，当新积累体制的出现被过时的调节方式所阻碍或者积累体制的潜力已经在当下的调节方式内被耗尽时，经济波动便产生了。③

凯恩斯主义以有效需求理论和国家干预理论为主要内容。有效需求理论是凯恩斯主义的逻辑起点，凯恩斯指出社会的总就业量取决于社会总需求量，失业的根本原因在于社会的有效需求不足。有效需求主要分为消费需求和投资需求，受三个因素影响：消费倾向（边际消费倾向递减）、对资本未来收益的预期（资本边际效率递减）以及流动偏好。随着国民收入的增加，由于边际消费倾向递减，居民收入和消费之间的差距扩大，导致储蓄过度增加，消费需求趋于不足。为维持经济稳定，需要有投资增加以弥补差距、抵消储蓄。但在资本边际效率递减以及流动偏好的影响下，企业家对投资持谨慎态度，储蓄无法全部转化为投资，导致投资需求不足。消费需求和投资需求的双重不足，使得就业量在未达到充分就业之前就停止增加甚至趋于下降，因而形成大量失业。基于有效需求不足理论，凯恩

① 胡海峰．对法国调节学派及其理论的分析[J]．教学与研究，2005(3)：79－84.

② 陈叶盛．调节学派理论研究[M]．北京：中国人民大学出版社，2012：8，15，20－25，32.

③ 李其庆．法国调节学派评析[J]．经济社会体制比较，2004(2)：123－134.

斯提出了国家干预理论，认为经济体系的自发运行通常由于有效需求不足而处于小于充分就业的均衡，为提高有效需求、实现充分就业，应当加强国家对经济的干预，实行增加公共支出、降低利率、刺激投资和消费的政策。

新古典综合派将凯恩斯的宏观经济学与马歇尔的微观经济学进行综合，形成了一种从微观到宏观的完整经济学理论体系，主要由现代收入决定理论、经济增长理论以及经济周期理论构成。现代收入决定理论是新古典综合派理论的核心，新古典综合派将凯恩斯的宏观收入决定理论同新古典经济学的微观均衡价格理论进行综合，形成了以有效需求理论为基础，以消费和投资对社会总产量、总就业量的水平及波动的影响为研究对象的收入决定理论；同时，新古典综合派结合了凯恩斯的收入支出理论与新古典经济学的微观经济分析，指出经济增长是解决资本主义经济问题的关键；新古典综合派还提出了以乘数—加速数理论为主要内容的经济周期理论以解释经济波动的周期性，指出资本主义经济中消费与投资是互相影响的，这造成经济的周期性扩张和紧缩，最终引起经济波动。

后凯恩斯主义同时受到凯恩斯主义和马克思主义的影响，在继承凯恩斯宏观经济学基本理论的同时也吸收了马克思的阶级关系分析方法，并强调收入分配在经济增长中的作用。不同于凯恩斯对消费需求和投资需求来源的分析，后凯恩斯主义认为，有效需求由消费需求和投资需求组成，消费需求的主要来源是以工资为收入来源的工人阶级，投资需求的主要来源是以利润为收入来源的资产阶级，如此收入分配的变化便可以体现在有效需求结构的变化之上，并改变未来的产出水平和经济增长率。同时，后凯恩斯主义也继承了凯恩斯关于不确定性的论断，认为由不确定性与预期相结合而产生的“动物精神”即为经济增长的最终决定因素。在资本主义经济的增长过程中，有效需求不足是常态，充分就业的经济增长状态则很难遇到，因此资本主义经济即使在长期也在非平衡状态运行。①

---

① 王琨，闫伟．马克思主义与后凯恩斯主义经济增长理论比较研究——从经济增长基本方程说起[J]．经济理论与经济管理，2018(8)：51－61.

### （二）经济运行层面：对经济危机认识的比较

西方经济学迄今经历过两次理论危机，这两次理论危机都直接与现实中的资本主义经济危机相挂钩。但是颠覆同时也意味着新生，第一次的“大萧条”直接催生了凯恩斯主义，而第二次的“滞胀”则带来了经济学百花齐放的新时代。因此，对经济危机形成原因的解释与解决方法的探讨，一直是各经济学流派绕不开的主题。

调节学派并不认同新古典综合派的外来冲击造成危机的肤浅解释，也不接受马克思关于资本主义必然灭亡的论断。他们认为经济危机虽然是资本主义发展的副产品，但并非任何危机都会倾覆资本主义，存在定义各种不同层次危机的余地。[①] 调节理论将经济危机分为五类，从轻到重依次为：“外部”扰动造成的危机、周期性危机、调节体系的危机、发展模式的危机、主导生产模式的终极危机。大多数调节学派学者认为，除了“主导生产模式的终极危机”，其他危机是可以通过政府调控等手段应对的，甚至有些危机本身就是一个稳定发展模式中的必要组成部分，过去几百年来，经济危机从未触动资本主义生产的根基，资本主义仍存在很大的上升空间，因此讨论资本主义经济危机与今日资本主义的活力与发展并不矛盾。[②]

调节学派认为危机的出现表明调节方式不能再满足积累体制的需要，这可能有两种情况：一是新积累体制的出现被过时的调节方式所阻碍；二是积累体制的潜力已经在当下的调节方式内被耗尽。因此要克服经济危机就要建立一种新的积累体制和与之相适应的调节方式。[③] 例如，在调节学派看来，“滞胀”危机的实质其实是福特主义积累体制的危机：随着福特主义的生产组织能力达到极限，社会的生产增长开始停滞，资本增殖日益困难且利润下降，导致在阶级妥协条件下形成的社会再分配格局和政治调节模式也难以为继，最终福特主义积累体制在当时的调节方式内的发展潜力被耗尽，引起了经济危机；直到新的积累体制——金融资产积累体制的

---

① 陈叶盛，胡若南．法国调节学派的危机理论[J]．经济经纬，2008(2)：9－11.

② 陈叶盛．调节学派理论研究[M]．北京：中国人民大学出版社，2012：8，15，20－25，32.

③ 李其庆．法国调节学派评析[J]．经济社会体制比较，2004(2)：123－134.

形成，资本生产率再度提高，积累体制内部各要素恢复均衡，经济才再度恢复平稳。

后凯恩斯学派更加注重阶级关系与经济危机的联系，不同于凯恩斯主义侧重于从经济行为主体心理角度对经济危机的成因进行分析，认为经济危机并非资本主义的必然产物，其成因在于由边际消费倾向递减、资本边际效率递减和流动偏好所导致的有效需求不足的结论。后凯恩斯学派不仅认识到阶级对立问题对经济发展的影响，提出不同群体的行为惯例是有差异的，应以阶级分析法取代个人分析方法，还吸收了马克思的阶级划分法，通过经济增长模型揭示了工资率与经济增长率的反向关系，认为是资本主义本身存在的分配不均机制导致了经济危机的发生。[①] 要克服经济危机，应该平衡两个阶级间的收入分配，缓和社会阶级对立问题，以保证经济的平稳发展。

**（三）干预机制层面：对政府与市场关系的认识比较**

在凯恩斯主义之前，新古典经济学认为自由的市场下，追求自身利益最大化的经济主体将推动整个经济体自动达到均衡状态，政府的干预不仅无效，也是不必要的。之后，凯恩斯以“大萧条”时的现实情况为依据，结合有效需求理论，指出供给不能自动创造需求，经济自发运行时有效需求不足是常态，无法达到充分就业的均衡。因此，应该以政府干预代替自由市场，人为地推动经济走向均衡。随着凯恩斯主义以政府干预论取代了新古典经济学的自由放任论，此后的经济学派多受到此思想的影响。

调节学派、新古典综合派以及后凯恩斯主义均继承了凯恩斯政府干预的思想，但是又以各自的理论对此进行了发展。

调节学派同时继承了马克思和凯恩斯的政府干预市场的思想，不同于马克思“资本主义阶段即使政府干预也无法挽救资本主义危机”的观点，调节学派相信资本主义仍具有旺盛的生命力，政府干预可以有效推动经济的稳定增长，得出了更偏向于凯恩斯主义的结果；但调节学派也并未完全

---

① 李杭灵．后凯恩斯主义经济危机理论及启示[D]．昆明：云南财经大学，2018.

复刻凯恩斯的国家干预理论，它只是将国家调节作为调节理论中的五种制度形式（货币体制、工资—劳动关系、竞争形式、国际体制、国家）之一，相信国家干预并非应对经济危机的唯一手段。①

新古典综合派在继承凯恩斯理论的同时，综合了马歇尔的新古典经济学，同时承认国家干预与自由市场经济的合理性。新古典综合派主张，有效需求不足是经济自发运行时的常态，需要政府“相机抉择”斟酌使用宏观经济政策，对资本主义经济活动进行调节，以刺激总需求的增加，从而避免经济萧条并使经济接近或恢复充分就业均衡的状态，引导经济接近或达到充分就业；达到这一状态后，新古典经济学便重新进入了适用区间，并可以将这种充分就业的状态维持下去；② 对经济的干预也应当由政府的政策调控转向市场的自由放任，让“看不见的手”更多地发挥资源配置的作用。

后凯恩斯主义也承认国家干预政策的合理性与必要性，它的独特之处在于直接将国家干预与阶级问题相联系：虽然国家干预的最终目的还是经济的稳定与持续发展，但是其直接目的却变成了解决两个阶级之间的收入分配问题。后凯恩斯主义因此主张以国家政策推行收入的均等化，并限制垄断利润的过分增长，以平衡不同阶级间的收入分配，保证资本主义经济的平稳增长。

**（四）经济学方法论层面：对历史、制度与经济关系认识的比较**

从经济学方法论层面而言，是否将制度和历史的因素纳入对经济问题的讨论，也是调节学派和凯恩斯主义的一大区别。

总体来看，凯恩斯虽然提出人的行为并非一般性，而是受到社会规范与行为习惯的约束影响，但是却没有进一步展开以整个历史的视角进行分析，并且凯恩斯主义主要是在资本主义制度内进行短期分析，③ 因此凯恩

① 陈叶盛．调节学派理论研究［M］．北京：中国人民大学出版社，2012：8，15，20－25，32.

② 方福前．当代西方经济学主要流派（第2版）［M］．北京：中国人民大学出版社，2014：48－49.

③ 孟捷．经济学革命的领航者——《后凯恩斯主义经济学：新基础》译者前言［J］．政治经济学报，2021（2）：215－222.

斯主义并不涉及历史与制度因素；新古典综合派与新凯恩斯主义同样坚信资本主义制度的合理性，坚持在资本主义制度的范围内进行经济研究，其理论更是朝着微观层面不断深入，试图以微观模型拟合宏观现实，为理论夯实微观基础，同样没有将制度和历史的因素纳入探讨之中。

调节学派继承了马克思的唯物史观，认为适用于任何时间和地点的理论是不存在的，因此其理论致力于将经济的历史特点和经济理论相结合，以发展一种可以对资本主义多样化经济形态的演化进行解释的理论框架；① 后凯恩斯主义也认为制度因素在宏观层面会影响企业家的预期，在微观层面则会影响企业的定价，从而对经济的发展产生间接影响，其赞成将制度因素加入经济分析。② 调节学派与后凯恩斯主义吸收了马克思主义、新制度学派等诸多学派的经济思想，不仅从制度和历史因素出发解释经济现象，还在理论中对资本主义的过往以及未来发展进行了探讨，因而其理论也多呈现出宏大叙事的特征。

**（五）意识形态层面：对资本主义发展认识的比较**

现代社会，随着国家力量的不断壮大，经济学作为一种社会科学越来越脱离不开意识形态的影响，这种影响有时甚至可以左右一个学派的学术观点。在这一点上，调节学派和凯恩斯主义表现出了高度的一致性——均偏向于资本主义意识形态。

调节学派在坚持和继承马克思经济学的同时，放弃了以《帝国主义论》为代表的马克思主义经济学——在调节学派看来，马克思主义经济学虽然充分说明了资本主义内部存在的矛盾，但是却忽视了资本主义社会仍能在一定时间内发展的事实。因此，虽然调节学派继承了马克思的剩余价值理论、阶级理论以及阶级分析的方法等，但是其理论的实质是从“资本主义虽然存在着矛盾，但是为什么还能在一定时期内稳定增长”这个问题出发，试图说明“资本主义的矛盾是如何产生的，这个矛盾又是如何被消

① 胡海峰．对法国调节学派及其理论的分析[J]．教学与研究，2005(3)：79－84.

② 王琨，闫伟．马克思主义与后凯恩斯主义经济增长理论比较研究——从经济增长基本方程说起[J]．经济理论与经济管理，2018(8)：51－61.

解并转化为经济增长的”，① 其结论又从侧面证明了资本主义存在及发展的合理性。这种偏资本主义的意识形态也成为调节学派与其他马克思主义分支学派最大的区别之一。

凯恩斯主义和新古典综合派自其诞生的那一天起，便与资本主义形影相随。凯恩斯主义和新古典综合派诞生的直接目的，分别是对表现为“大萧条”和“滞胀”的资本主义经济危机做出解释，并寻找合理的应对方法，以维护资本主义的正常运行和资本主义政府的统治。因此，即便凯恩斯在理论上否认严格理性行为的存在，认为大多数人的行为活动是在公认的惯例基础上进行的，传统的新古典经济学作为一种一般性理论无法适用于现实情况，但是为了维护资本主义制度的合理性，他还是与新古典理论在某种程度上达成妥协——凯恩斯承认新古典经济学在某些情况（即经济达到充分就业时）的合理性，将其视为特例；新古典综合派亦从这一点出发，对凯恩斯理论进行了发展，直接将凯恩斯理论与新古典经济学进行综合，这从表面上看是萨缪尔森等美国经济学家对凯恩斯理论不足之处的补全，是“早期经济学中的和现代的收入决定论中的有价值理论的综合”，但实际上这一方面是为了满足战后美国国家垄断资本主义发展的需要，另一方面是为了迎合各种资产阶级的庸俗理论，为垄断资本主义经济正名。同时，新古典综合派还提出，随着科学技术的进步，可以通过改变生产中劳动力和投资资本的比例来达到充分就业和稳定的经济增长，否认了资本主义基本矛盾的客观存在，从侧面证实了其资本主义工具的本质。

即使是被称为“凯恩斯左派”的后凯恩斯主义，其目的也只是在资本主义的内部进行改革，其根本目的还是维护资本主义制度的平稳运行。后凯恩斯主义虽然继承并坚持马克思关于阶级关系的分析方法，认为需求不足的主要原因不在于消费和投资的特点，而是由国民收入的分配不公平所引起。凯恩斯的总量分析如收入、消费、储蓄和投资等，都需要按两个阶

① 吕守军，严成男．法国调节学派的学派定位及其理论创新研究[J]．上海交通大学学报（哲学社会科学版），2013(3):33－40.

级模式，细分为资本家阶级和工人阶级的总量，但其理论具有明显的改良主义性质，实际上是服从中小资本的利益，按照中产阶级的立场来对凯恩斯主义进行重新解释，在根本上仍是符合国家垄断资本主义的利益的。

## 四、结论性评述

本章以调节学派和凯恩斯主义学派为研究对象，沿着梳理、归纳、对比的思路，围绕两者的历史发展与主要理论进行了概述。

首先，调节学派与凯恩斯主义学派在历史发展中并非独立存在，而是互相借鉴、相互学习。调节学派虽建立在马克思主义基础之上，却也受到了凯恩斯主义经济思想的影响；凯恩斯主义不仅自身与马克思主义理论有着密不可分的关系，其继承者如后凯恩斯主义也主动学习借鉴了马克思主义及其分支学派的理论。

其次，调节学派与凯恩斯主义学派在理论上虽各有特色，但在资本主义发展以及政策主张等方面却保持着相同观点。调节学派将制度和历史的因素引入经济分析，提出经济中存在着一个"中观层面"，开创了调节理论。凯恩斯主义的继承学派一方面以凯恩斯的有效需求理论作为基石，另一方面又对其进行了发展：新古典综合派将凯恩斯主义与新古典经济学进行综合，形成了宏观经济学与微观经济学相统一的经济理论体系；后凯恩斯主义博采众长，将马克思主义、新制度经济学等学派的观点融会贯通，形成了以阶级分析为特点的经济学理论体系；新凯恩斯主义则在新古典综合派的基础上向微观层面不断深入，弥补了凯恩斯主义薄弱的微观基础。同时几家学派又有共同点，坚信资本主义制度在未来很长一段时间内的优越性，主张政府干预经济可人为克服经济危机并保证经济的平稳运行。

最后，本章旨在从历史渊源和主要理论两方面对两大学派进行综合性的理论比较，对某些较为详细的经济理论与模型并未作更深入的探讨与比较。未来的相关研究可以从此方面入手，单独针对某一具体的经济理论进行进一步的讨论，在更深的层次上对调节学派和凯恩斯主义学派的理论学说差异进行对比研究。

# 第七章　法国调节学派的经济增长理论与高质量发展

吴振磊　张瀚禹*

经济周期是指经济运行中周期性出现的经济扩张与经济紧缩交替更迭、循环往复的一种现象。其是国民总产出、总收入和总就业的波动，也是国民收入或总体经济活动扩张与紧缩的交替或周期性波动变化。关于经济周期的理论则是处于一个不断深化的过程、不断对前人的理论进行批判继承的过程。

## 一、法国调节学派的经济周期理论

### （一）法国调节学派经济周期理论的产生背景

随着西方经济危机的不断加深，主流经济学都在试图解释为什么 19 世纪和两次世界大战期间的经济表现出周期性的经济危机，甚至出现 20 世纪 30 年代的大萧条。为什么从 20 世纪 70 年代开始发达国家经济出现了滞胀和结构性危机。然而解释却不尽如人意。一方面，凯恩斯经济学一直以 20 世纪 30 年代的大萧条时期为研究背景，其“有效需求不足论”因缺乏历史意义而无法解释 70 年代的“滞胀”问题。另一方面，新古典经济学派主张将危机产生的原因归结于市场的外部力量对市场均衡的扰乱，他们坚持认为市场是唯一的调节方式，因此反对政府干预市场。

---

* 吴振磊，西北大学副校长，教育部人文社会科学重点研究基地——西北大学中国西部经济发展研究院院长，教授、博士生导师，主要研究方向为发展经济学；张瀚禹，西北大学经济管理学院博士研究生，主要研究方向为发展经济学。

在上述背景下，以米歇尔·阿格利埃塔为代表的调节学派得以产生并逐步得到发展。该理论以马克思主义经济学为思想源泉，同时吸收了凯恩斯的经济思想。阿格利埃塔从“二战后资本主义为什么会出现黄金发展时期”以及“20 世纪 70 年代为什么会爆发经济危机”的问题意识出发，以雇佣劳动关系的历史变化为分析的基轴，通过对劳动过程、雇佣劳动阶级存在的条件、资本家之间的竞争关系、货币制度、信用制度等历史变化的考察，剖析出福特主义积累体制的形成、发展和衰退是资本主义在 20 世纪 50 年代进入黄金发展时期以及 20 世纪 70 年代爆发经济危机的重要原因。

**（二）经济周期理论**

经济周期就是资本主义经济出现危机的周期。调节学派认为，如果一个积累体制的内部各方面是相互协调的，那么，资本积累过程就会按该体制特有的规则性继续下去，资本主义的再生产也得以顺利进行。如果由于经济技术发展或调节方式的不适应或不完善等原因打破了积累体制内部各变量之间的均衡，资本积累就会遇到困难，经济发展过程中就会出现危机。

调节学派依照产生原因将危机分为五类：第一，外部扰动造成的危机。它是由自然灾害、国际上的重大政治经济事件等对发展模式产生干扰而爆发的危机。第二，周期性的经济危机。这种危机是由调节模式的内部调节导致的，反映了调节模式尚有内部调节的能力，是健全的。第三，调节模式的危机。它是由于新的积累体制出现后与旧的调节模式不相适应而导致的危机。第四，积累体制或发展模式的危机。在旧的积累体制下，生产率上升和经济复苏无望，引起制度诸形式内部结构的剧烈变化，最终引起调节模式的危机。第五，资本主义生产方式本身的危机。它意味着资本主义的灭亡。调节学派认为资本主义必然会有经济危机，周期性的危机才是资本主义生产方式的内在产物；调节模式危机和积累体制危机是经济周期性波动的核心；只有资本主义生产方式本身的危机才会触动资本主义生产的根基。

调节学派认为，积累体制和调节模式并不是一成不变的，若它们在变化之中相互匹配，就能够推动经济的持续发展，而不匹配则会产生经济不稳定性、危机或者衰退。这正是调节学派经济周期理论的核心。在积累体制方面，资本主义依次经历了“外延型积累体制”“没有大量消费的内涵型积累体制”“伴随大量消费的内涵型积累体制”即“福特主义型积累体制”（二战之后至20世纪90年代初期）以及“金融主导型积累体制”，现在正在向新的积累体制转换。在调节模式方面，资本主义依次经历了“市场竞争型调节模式”“市场垄断型调节模式”以及“股东主权型调节模式”的历史转换，而目前正在向新的调节模式转换。

其中，福特主义积累体制论是调节学派研究的核心。调节学派认为当前西方经济的危机是福特积累体制的危机。从20世纪70年代初开始的危机是这一积累体制发展的结果。福特主义体制的形成和发展与资本主义进入“黄金发展时期”（二战后的20～30年）之间存在内在联系。一方面，生产和分配的决定权分离促进了劳动生产率提升，进而为大量生产提供了可能性；雇佣关系的长期稳定使得工人实际工资增加进而形成了大量消费，从而在生产和需求方面形成了“生产率上升→实际工资增加→消费需求和投资扩大→生产扩大→雇佣扩大”的福特主义良性循环。生产率的高速增长以及大规模群众消费的出现共同促进了产出新增价值的实现。另一方面，工人阶级及其政府的地位逐渐提升，长期的斗争使得劳资关系缓和，资产阶级和工人阶级的关系也从20世纪初期激烈的对抗转变为既对抗又妥协的态势。另外，国家干预的强化以及国际货币制度的稳定，也是经济能够在这一时期稳定发展的关键。

但是，20世纪70年代中期之后，福特主义出现了结构性危机，积累体制的潜力已经在占主导地位的调节方式内被耗尽，从而导致资本主义国家陷入了“滞胀”局面。主要表现为：第一，劳动生产率增长的踌躇不前。经历了20世纪50—60年代经济技术的发展，想通过劳动过程的科学化来提高劳动生产率变得日益困难，西方各国的劳动生产率提高速度普遍放缓。第二，劳资关系的对立。由于劳资之间的寡头垄断局面，企业为了控制成本减少了长期雇佣者的数量，采用短期雇佣的形式并引进绩效工资制度，从而拉大了劳动者的收入差距，导致劳资对立，最终陷入“雇佣形式变化→消费者需求下降→企业投资减少→雇佣数量进一步下降→资本积累速度下降→经济萧条”的恶性循环之中。第三，消费模式的规律性丧失。失业率上升、工人实际工资下降、贫富差距扩大导致消费量下降，削弱了福特主义大量生产的存在基础。第四，物价的上涨。在50—60年代被大规模消费同时又能为企业带来较高水平利润的产品市场渐趋饱和，生产这些产品所使用的先进技术逐渐被普遍采用，导致企业的垄断利润渐渐消失。为保持高水平的利润率，生产者总是尽量提高价格，而对产品的垄断又使得这种意愿得以实现。第五，价格体系中信用的丧失。20世纪70年代中后期，石油价格上涨和国际货币制度的变化削弱了价格调节市场的能力，利息率上涨阻碍了生产性投资的扩大，进一步削弱了福特主义大量生产的基础。在上述五个方面的共同作用下，福特积累体制和劳资联合型调节模式的作用丧失殆尽，从而使资本主义陷入了长期萧条之中。

调节学派认为，克服经济危机需要建立一种新的积累体制及与其相适应的调节方式。福特积累体制论的崩溃使得资本主义经济进入萧条时期，而后金融主导型积累体制论的形成与发展，使得经济重新开始复苏和繁荣。20世纪90年代以后，“实现股东价值”成为企业经营的主要目标，导致美国的调节模式和积累体制发生了结构性转变。首先，企业对股东主权的重视、劳动者对分配支配权一定程度上的控制以及劳动者在工资和雇佣方面所受的限制，使得经营者和劳动者之间形成了“经营—金融”的妥协关系，这也正是“股东主权型调节模式”。其次，是积累体制的转变，股票和住宅等“资产价格”的上涨促进了消费扩大，形成了“资产价格上涨→劳动者金融收益增加→消费扩大→社会总需求增加→企业利润增加→投资扩大→经济预期增强→资产价格进一步上涨”的虚假良性循环，同时在投资方面也形成了“资产价格上涨→企业融资成本降低→投资扩大→资产价格进一步上涨”的虚假良性循环，进而导致经济在短时期内出现急速发展的假象。随后，金融主导型发展模式所具有的不稳定性、脆弱性和不可持续性导致了2008年国际金融危机的爆发。资产价格的迅速上涨使得企业为获取高额利润而减少了对实体产业的投资，导致金融业与实体经济相脱节，经济泡沫逐渐变大。证券和住宅等“资产价格”发生暴跌，引起了原本没有偿还能力却支撑资产价格不断上涨的“次贷危机”，进而引起“金融收益”的迅速下降和金融业的相继破产，使世界经济陷入低迷。正是在旧的积累体制与调节方式崩溃和新的积累体制与调节方式建立的交替过程中，经济从繁荣走向低迷，又从低迷走向繁荣，从而形成经济周期。

## 二、中国特色社会主义宏观调控

改革开放以来，中国经济不仅取得令全球瞩目的成绩，还实现了经济波动的平稳化，形成了西方发达资本主义国家孜孜以求而不可得的“高位—平稳”增长态势。其中，宏观经济政策是决定经济增长速度和经济波动幅度的重要因素。把握宏观调控的大逻辑，讲清中国特色宏观调控体系的演变脉络、运行机理和显著优势，并在此基础上积极推进我国宏观调控理论创新，不仅有助于我国理论界总结成功经验，也将对发展中国特色社会主义政治经济学起到有力的推动作用。

关于“宏观调控”这一提法，需要特别指出的是，其既不是西学东渐大潮中的舶来品，亦非中华传统思想体系中的经典概念，而是在我国改革开放时期产生的一个新术语。改革开放前后，随着宏观经济管理的重要性日渐凸显，我国对经济运行的直接控制仍然是政府经济管理活动的主要方式；其间，国民经济随市场取向改革的启动而开始活跃起来，但市场竞争也带来了投资和消费过度膨胀等经济过热的压力，简单沿用以往的以指令性计划为主要指标的办法难以有效熨平经济波动。1985 年 9 月通过的《中共中央关于制定国民经济和社会发展第七个五年计划的建议》指出，要努力提高“决策的科学水平和宏观控制调节能力”。“控制”与“调节”作为宏观经济管理的两大工具体系，并列出现在中央重要文件中，这标志着作为一种宏观经济管理新理念的“宏观调控”，实际上已经成为党治国理政的重要方式。1988 年的《政府工作报告》将理论界的探讨转化为党和政府的权威表述，正式采用“宏观调控”的新提法。此后，“宏观调控”成为决策者和学术界刻画中国政府宏观经济管理活动的特定术语。

党的十八大以来，中国经济发展进入新常态，其以经济增长速度明显放缓作为最显著的变化，并以深化经济体制改革作为引领新常态的根本路径，中国宏观调控也步入新阶段，新时代中国特色宏观调控体系建设取得若干新的突破。我国政府在新理念新思想新战略的指引下，紧紧围绕认识、适应、把握、引领经济发展新常态这个大局，以其为大逻辑，尊重经济规律，优化经济结构，转换增长动力，破除制约经济发展的体制性障碍，将科学的宏观调控作为发挥社会主义市场经济体制优势的内在要求，用全面深化改革的办法健全中国特色宏观调控体系。高质量发展作为新时代我国宏观调控的根本要求，需要我们在保持战略定力，追求速度略低、但质量与效益稳步提升的经济发展目标的基础上，充分运用发展规划、财政、货币等多种政策工具，不断推动宏观调控制度体系的创新与完善。新常态下，供给侧结构性因素导致的潜在产出下降是我国经济减速的主要原因；人民对美好生活的向往与目前我国社会生产力水平尚不能充分满足人民的需求是供需结构不匹配的问题。在新形势下，党中央强调“在适度扩大总需求的同时，着力加强供给侧结构性改革”，并提出一个新的宏观调控理念，即“区间调控”：设定一个区间范围，而非一个特定的数值作为宏观调控目标，只要宏观经济指标处于合理区间之内，政府就不再为速度而纠结，转而把主要精力放在深化供给侧结构性改革上，彰显出党和政府的战略定力。最后，新时代宏观调控要求以“要稳”与“有度”为施策原则，构建市场机制有效、微观主体有活力、宏观调控有度的经济体制。

2016 年 7 月 8 日，习近平总书记在主持召开经济形势专家座谈会时指出：“坚持和发展中国特色社会主义政治经济学，要以马克思主义政治经济学为指导，总结和提炼我国改革开放和社会主义现代化建设的伟大实践经验，同时借鉴西方经济学的有益成分。”因此，建立中国特色社会主义宏观调控体系，就要在总结中国发展经验的基础上博百家所长，广泛吸收借鉴包括法国调节学派在内的世界各大经济学派中的有益成分，推进中国特色社会主义宏观调控理论创新，为中国经济高质量发展提供政策意见。

## 三、法国调节学派的经济周期理论对于中国的借鉴意义

冷战结束之后，资本主义阵营和社会主义阵营发生了历史性的变化，赢得冷战的美国在20世纪90年代达到了经济实力的顶峰，美国政治学者弗朗西斯·福山提出的“历史终结论”引起巨大反响。“历史终结论”思想反映在经济学上就是新古典经济学派和新自由主义者们提出的“世界正在向美国型资本主义收敛”的假说。与该假说针锋相对的是法国调节学派提出的“多样性理论”，其在“时间的可变性和空间的多样性”的方法论基础上提出了“社会创新和生产体系”的概念，在此概念的基础上对各种类型模式的效率性进行比较，发现无论哪一种类型都具有自己独特的比较优势，从而否定了各国经济发展模式向单一国家收敛的假说。

从“空间的多样性”来看，改革开放以来，中国建立起了坚持公有制为主体、多种所有制经济共同发展，按劳分配为主体、多种分配方式并存的中国特色社会主义市场经济体制的基本经济制度。但是国内外同样存在很多声音，认为中国应该更进一步向美国等西方资本主义国家看齐，彻底对中国特色社会主义制度进行改革。党的十八大以来，中国特色社会主义建设进入新时代，开启了全面建设社会主义现代化国家、向第二个百年奋斗目标进军的新征程。以习近平同志为核心的党中央提出道路自信、理论自信、制度自信、文化自信，凸显了中国特色社会主义的文化根基、文化本质和文化理想，这标志着我们党对中国特色社会主义有了更加明确而开阔的文化建构。习近平总书记于2022年9月在《求是》杂志发表的文章《新发展阶段贯彻新发展理念必然要求构建新发展格局》中指出：“世界上既不存在定于一尊的现代化模式，也不存在放之四海而皆准的现代化标准。”邓小平同志同样说过：“我们搞的现代化，是中国式的现代化。我们建设的社会主义，是有中国特色的社会主义。”党的二十大报告更是将中国式现代化作为中国共产党的中心任务，以中国式现代化推进中华民族的伟大复兴，创造人类文明新形态。这与法国调节学派的“多样性理论”相契合，并且中国特色社会主义建设取得的成就也有力地回击了“收敛假说”。

从法国调节学派的视角来看，中国处于“有大量生产并伴随大量消费的内涵型积累体制”，技术进步带来的劳动生产率提升是积累的源泉，并且随着资本市场日渐完善、金融开放程度日益提升，中国也出现了金融主导型积累体制的特征。但与美国等西方资本主义国家不同的是，中国作为一个后发国家，通过吸引外资实现资本的最初积累，凭借人口红利的比较优势建立起了“两头在外”的生产模式，“大量消费”存在于国外市场，并在此基础上建立外向型的积累体制以及与之相适应的调节方式。

从“时间的可变性”来看，法国调节学派认为，随着社会经济的发展，积累体制和调节模式并不是一成不变的，当它们在变化中相互匹配，就能够推动经济的持续发展，当内外部经济环境发生变化时，可能会产生小危机，引起原有积累体制崩溃以及原有调节方式失效的情况，进而产生大的结构性危机。广义的调节方式就是指通过制度诸形式（劳动雇佣制度、福利制度、国家干预制度等）对经济基础与政治、法律等上层建筑进行的调整，狭义的调节方式则是指制度诸形式对积累体制的调整。因此，识别当前积累发生的变化，及时通过经济政策对调节方式进行调整，以新的调节方式熨平经济波动，减缓经济周期的影响，这一过程便是宏观调控的过程。这一观点符合马克思主义发展观，把握社会经济发展的阶段性特征正是中国共产党人从运用马克思主义解决中国实际问题、建设中国特色社会主义的实践中总结和认识到的重要经验。

习近平总书记在 2021 年 1 月省部级主要领导干部学习贯彻党的十九届五中全会精神专题研讨班开班式上的重要讲话中明确指出：“党的十九届五中全会提出，全面建成小康社会、实现第一个百年奋斗目标之后，我们要乘势而上开启全面建设社会主义现代化国家新征程、向第二个百年奋斗目标进军，这标志着我国进入了一个新发展阶段。”当前世界正处于百年未有之大变局，相对于既往发展阶段相对平稳的国际环境，当前世界形势动荡复杂，加之疫情的交织影响，国际上的不稳定性不确定性明显增加。随着我国产业结构的不断升级，我国同发达国家产业的竞争领域越来越多，国内外发展环境都发生了很大变化，进入新发展阶段之后需要建立起与当前发展阶段相适应、相匹配的发展模式。法国调节学派的经济周期理论虽然研究针对的是西方资本主义国家在经济发展过程中存在的问题，但其中的部分观点对于构建中国特色社会主义宏观调控体系具有借鉴意义。

**（一）外部扰动危机与中国宏观调控**

第一类型危机即外部扰动危机，主要是指自然灾害或重大政治事件对经济运行的影响，新古典主义经济学等西方经济学流派所描述的经济危机便是此种危机。此种危机虽是法国调节学派所定义的小危机，但是小危机的积累也会持续引起制度形式的逐渐变化，进而造成结构性危机，因此在宏观调控的过程中也要重视对此类危机的调控。近年来，最大的外部扰动莫过于新冠疫情对全球经济的影响。联合国报告指出，新冠疫情在 2021 年造成全球 8.8 亿人陷入极端贫困。新冠疫情对需求侧和供给侧同时产生了重大影响，并且疫情发展存在很大的不确定性，新冠疫情可能对社会经济结构产生深远影响，进而小危机转变为大的结构性危机。因此，在保证人民生命安全的前提下，尽量减少新冠疫情对经济社会运行的影响，是今后中国特色社会主义宏观调控的重点工作。

国际发展环境的变化也是对中国经济运行的外部扰动之一。随着西方资本主义发展逐渐遇到困境，国际上贸易保护主义势力抬头，反映在国际政治上即民粹化和逆全球化，多个西方国家政治人物以攻击中国作为捞取政治资本的手段，煽动民众抵制“中国制造”，瓦解大量消费的基础。随着中国产业的发展，人口红利逐渐消失，产业上与西方发达国家的重合越来越多，竞争也越来越激烈，过去外向型的积累体制逐渐与当前发展阶段不相适应，因此需要建立新的积累体制和调节方式。党的二十大报告指出，要坚持以推动高质量发展为主题，把实施扩大内需战略同深化供给侧结构性改革有机结合起来，增强国内大循环内生动力和可靠性。构建以国内大循环为主体、国内国际双循环相互促进的新发展格局，便是新积累体制的重要组成部分。因此，构建“双循环”新发展格局、扩大国内消费需求，也是中国特色社会主义宏观调控的重要工作之一。

### （二）福特主义危机与中国宏观调控

福特主义危机是法国调节学派描述的一种典型的结构性危机。中国的积累体制虽与福特主义积累体制不同，但仍有相似之处，研究福特主义危机的产生原因及其表现，对于中国特色社会主义宏观调控同样具有政策价值。

20世纪70年代中期之后，西方资本主义国家陷入长期的萧条之中，经济停滞和通货膨胀使得西方经济学家束手无策。很多学者认为其原因在于“石油危机”的爆发，但阿格利埃塔指出，“石油危机”虽然对资本主义经济造成了打击，但是80年代石油价格下降之后很多国家的生产率并没有提升，失业率依然居高不下。因此，长期萧条的根本原因不在于“石油危机”，而在于福特主义的结构性危机①，其具体表现在以下几个方面。

第一，泰勒主义效率性的丧失。泰勒主义的劳动细分化原理使得生产率在迅速提升的同时也带来了劳动者参与劳动热情的下降，而泰勒主义在激发劳动者热情与劳动意识方面束手无策。企业为维持生产率加大了对机器设备的投资，以提升机器设备对劳动的替代率，进一步导致失业增加、劳动者收入下降，瓦解了福特主义大量消费的基础。

第二，分配公平的丧失。在分配领域，西方资本主义国家指望通过将经济“蛋糕”越做越大来永久地解决劳动与资本之间的矛盾。战后的长期经济繁荣确实营造出了经济“蛋糕”将会越来越大的氛围。西方资本主义国家左翼政府推动的福利社会政策，缓解了劳动者与资本家之间的矛盾。但西方福利社会只是在一定程度上解决了产品分配问题，广大工人阶级未得到生产工具分配、不占有生产资料的事实没有发生改变，社会成员在各类生产之间的分配以及广大工人阶级在生产关系中的地位也未发生改变。资本的集中导致了社会阶层的进一步分化以及社会阶级的固化。企业减少了长期雇佣者的数量，采取派遣制和其他短期雇佣形式，引进根据劳动者

① M AGLIETTA. Régulation et crises du capitalisme：l'expérience des États - Unis[M]. FeniXX, 1982.

个人能力决定其工资数量的绩效工资制，从而拉大了劳动者的收入差距，导致了劳资对立和消费者需求下降，从而使生产率进一步下降。

第三，价格体系中信用的丧失。利息率的上涨导致资本“脱实向虚”，阻碍了生产性投资的扩大。生产率上升乏力同样导致资金进入金融市场空转，激发了金融风险投资行为，削弱了福特主义大量生产的基础。

当前中国正处于发展阶段的转变时期，新旧动能转换带来了产业发展的结构性转变。从福特主义结构性危机中不难发现一些中国当前经济问题的影子：企业为维持生产率严格约束劳动者行为，常年的“内卷”引发劳动者厌恶情绪，年轻劳动者的劳动热情下降。因此，在中国也出现了泰勒主义效率性丧失的征兆；旧产业的投资回报率提升困难，新产业投资风险巨大，房地产市场畸形发展阻碍生产性投资扩大。与西方资本主义国家不同，中国可以发挥社会主义的制度优势应对泰勒主义效率性丧失问题。习近平总书记在 2021 年 8 月主持召开中央财经委员会第十次会议时强调：“共同富裕是全体人民的富裕，是人民群众物质生活和精神生活都富裕，不是少数人的富裕，也不是整齐划一的平均主义。”要通过共同富裕之路从根本上解决微观分配中的对立问题，通过实现人民群众精神富裕以提升劳动者的劳动热情，引导年轻人拒绝“躺平”。因此，扎实推动共同富裕也是中国特色社会主义宏观调控的一部分。针对价格体系中信用丧失的问题，应当发挥社会主义的优越性和中国特色社会主义宏观调控的主动性，发挥国有金融资本的引领作用，引导资金流向新产业，建立新的调节方式鼓励资本脱虚向实，通过“集中力量办大事”的方式尽快实现质量变革、效率变革、动力变革。

### （三）金融主导型积累体制的崩溃与中国宏观调控

在福特主义之后，西方资本主义国家的金融市场日益繁荣，企业治理结构发生变化，实现股东价值成为企业经营的主要目标。美国在制度诸形式、积累体制和发展模式上发生了结构性转变，建立了金融主导型积累体制，而在法国调节学派看来，金融主导型积累体制具有不稳定性，2008 年爆发的次贷危机便是金融主导型积累体制崩溃的表现。金融主导型积累体制崩溃的主要原因，是劳动者过度消费导致债务增加，在促进股票和住宅价格上涨的同时也导致经济泡沫的形成，由于工资停滞和雇佣不稳定，资产价格一旦下降必然会引起次贷危机。资产价格持续上涨也导致金融业与实体经济相脱节，经济泡沫越吹越大。

当前中国虽然金融市场相对较为稳定，但房地产市场畸形发展带来了房产价格上涨和居民负债率持续上升。中国目前也出现了金融主导型积累体制的一些迹象，这便需要宏观调控及时干预，防止金融业与实体经济相脱节，引导金融业脱虚向实，服务实体经济发展。

**（四）法国调节学派对新发展模式的探索与中国宏观调控**

在金融主导型积累体制崩溃之后，博耶认为，现代资本主义经历了“物对物的生产”和“货币对货币的生产”两个大的经济周期之后，下一步将向“人对人的生产”转变①。人类的无形资产成为生产率提高的源泉，形成人类主导型积累体制。与人有关的教育、培训、健康、文化等行业发展都对人类主导型积累体制和社会需求起到调节作用，成为新的调节方式的主要内容。

法国调节学派提出的“人类主导型积累体制”与以人民为中心的发展思想不谋而合。这一发展思想要求中国特色社会主义宏观调控同样必须坚持以人民为中心，所有的调控政策都必须坚持以人为本的基本原则，坚持以满足人民群众对美好生活的向往作为宏观调控的政策目标，将维护人民群众的根本利益作为宏观调控的出发点与落脚点。

① BOYER ROBERT. Théorie de la régulation: bilan des années quatre - vingt - dix, perspective actuelles[M]. Projet d' qrticle pour political economic quarterly, 2005.

# 第八章　法国调节学派的经济发展思想

钞小静*

二战以后西方资本主义国家迎来了发展的“黄金三十年”，但却在20世纪70年代陷入“滞胀”。对于这一经济现象，当时的主流经济学并没有形成很好的解释，而法国的一些马克思青年学者以“调节方法”为分析工具研究了资本主义积累体制发展的历史与危机，法国调节学派由此创立。在此基础上，法国调节学派考察了生产率、利润和实际工资水平在“正反馈效应”下的协同增长模式，构建经济发展动力的理论研究框架，刻画了二战以后资本主义国家“黄金三十年”经济发展的运行逻辑，并且还对中国高速增长背后的非平衡积累体制形成其独特的解释。

党的十八大以来，我国经济从过去的高速增长阶段转向了高质量发展阶段。党的二十大报告指出，“高质量发展是全面建设社会主义现代化国家的首要任务”。“着力促进全体人民共同富裕”。新发展阶段，在高质量发展中扎实推进共同富裕，要以公平促发展，实现发展与公平的有机统一。已有研究表明，二战以后西方资本主义国家形成了“福特主义”的福利国家体制，迎来了发展的“黄金三十年”，属于走向富裕的后期加速阶段，这一阶段的发展模式被演化经济学称为“高质量活动”。法国调节学派对资本主义国家“高质量活动”的经济发展模式进行了充分讨论，这对于我国高质量发展的

* 钞小静，西北大学经济管理学院教授、博士生导师，主要研究方向为数字经济与经济高质量发展问题。

理论和实践都具有重要的借鉴价值。基于此，本章将系统梳理法国调节学派经济增长模型的基本框架与运行逻辑，总结其经济发展模式的主要思想及最新进展，并从“发展模式转变—积累体制重塑—调节模式调整”三个维度阐释法国调节学派经济发展思想对于我国实现高质量发展的启示。

## 一、法国调节学派经济增长理论的核心范畴

法国调节学派经济发展思想在直接继承马克思经济学核心概念和范畴的基础上，发明了一系列的中间概念，如发展模式、积累体制、调节模式，这些概念之间相互作用的机理，遵循了马克思关于生产力和生产关系以及社会再生产的论述。不同于新古典经济学理论仅存在微观和宏观两个层面，为了更好地理解资本主义国家的“高质量”经济活动，法国调节学派的理论结构存在一个连接两头的中观层面（制度形式）。法国调节学派认为，资本主义发展经历了不同的“积累体制”，每一种积累体制都有一种特定的“调节方式”，这种调节方式支配积累过程[①]。当积累体系、调节模式和制度形式相互补充，一度足以确保资本主义扩张的长波所需的条件时，由此所产生的复杂体常常被综合性地分析为发展模式。

积累体制也称为“增长体制”“增长模式”，指的是长期内不断再生产出来的“生产条件”（劳动生产率、机械化程度、不同产业部门的相对重要性）与社会利用产品的条件（家庭消费、投资、政府制度、外国贸易）之间的互补形态，维持第一部类（生产部门）和第二部类（消费部门）相互平衡的资本再生产模式。积累体制可以划分为外延型和内涵型两类。外延型积累体制是指资本积累主要依靠增加劳动时间和劳动力等生产要素投入的模式；内涵型积累体制是指资本积累主要依靠提高劳动生产率的模式。在资本主义发展历史上，外延式积累包括竞争调节中的外延式积累和不平等加剧下的外延式积累。内涵式积累体制被划分为两种：不包含大众消费的内涵式积累体制和包含大众消费的内涵式积累体制。

① 吕守军，抓住中国层次剖析当代资本主义——法国调节学派理论体系的演进[J]. 中国社会科学，2015(6)：62－77.

调节模式是一系列制度形式、规范的集合，代表了社会关系的主要形式，提供了社会关系再生产的机制，主要功能在于保护特定积累体制（见表8-1）内各种经济行为的兼容。“习俗”“制度”和“规则”组合而成的调节模式可有效解决或者缓和矛盾和对立，使社会达到短暂的稳定。例如，二战以后，经营者补偿了泰勒主义劳动方式带给劳动者的痛苦，把由生产率提高带来的收益部分地分配给劳动者，使劳动者实际工资得到提高，达到劳动妥协，产生了工会领导的集体交涉制度和契约工资制度。在这里，经过经营者和劳动者反复协商形成的集体交涉制度和契约工资制度就是“调节模式”。

在调节模式中，制度发挥着重要作用，尤其是劳资关系的制度模式，因此调节学派又提出“制度形式”的概念。为了说明一定历史时期经济再生产的规律性，调节学派提出五种制度形式：第一，货币制约的制度形式，某个国家一定时期内确定的交易主体基本社会关系的形式；第二，雇佣劳动关系的制度形式，规定劳动的使用和收入，影响着社会消费和再生产；第三，竞争的制度形式，关乎企业间、地区间和国家间是自由竞争还是垄断竞争；第四，国家制度形式，包括财政、金融和产业政策；第五，国家参与国际体系的制度形式。

发展模式是指积累模式和调节模式相互契合，并且能够维持相当一段时间的经济稳定增长，具体内容包括社会各阶层的动态变化、经济调节的性质、经济增长强度以及经济危机性质等内容。

**表8-1　积累体制一览①**

| 组成部分 | 体制类型 | | | |
|---|---|---|---|---|
| | 竞争调节中的外延式积累 | 不包含大众消费的内涵式积累 | 包含大众消费的内涵式积累 | 不平等加剧下的外延式积累 |
| 生产组织 | 大型手工工厂 | 泰勒式生产及装配线 | 调动规模收益 | 生产率增长殆尽和第三产业化 |
| 劳资关系 | 竞争性 | 竞争性但是劳方数量增长 | 生产率增长收益分配制度化 | 自由化、个体化以及集体形式的衰退 |

① ［法］罗伯特．博耶．资本主义政治经济学：调节与危机理论［M］．北京：中国经济出版社，2021：58.

续表

| 组成部分 | 体制类型 | | | |
|---|---|---|---|---|
| | 竞争调节中的外延式积累 | 不包含大众消费的内涵式积累 | 包含大众消费的内涵式积累 | 不平等加剧下的外延式积累 |
| 附加值分配 | 储备资金控制 | 根据利润分配收益 | 生产前确定分配 | 劳方份额减少后确定 |
| 社会需求构成 | 农民、资产阶级、公共支出 | 员工需求的占比增长 | 员工需求成为主要动力 | 根据收入分层，收入与个人能力挂钩 |

## 二、法国调节学派经济增长理论的模型框架

法国调节学派认为，资本主义的“高质量”经济活动实现不仅取决于技术进步的驱动资本积累，更加强调由劳资关系改善构成的调节模式对资本循环畅通、两大部门平衡发展的作用。因此，法国调节学派在构建经济增长模型时，反对主流经济增长理论中的技术推动经济发展的线性表达，研究一种特定的技术体系如何与资本积累体制相互融合①。法国调节学派将技术进步归因于创新、资本密度以及规模报酬，认为既定的技术系统与一整套制度形式相适应，强调需求对生产的作用，技术进步同时取决于分配关系，并使这一内生技术转变为增长体制的关键。归纳起来，法国调节学派增长模型存在三种核心机制。第一种机制与生产率增长有关，增长能够依托规模收益和学习效应使得生产率提高。第二种机制将工资构成和消费物价的演变和生产率提高紧密联系起来。因此，它也定义了生产率增长是如何分配工资和利润的。第三种机制描述了在给定收入分配的情况下，需求如何形成，假定员工的消费是企业投资决策的关键指标。需要注意的是，法国调节学派增长理论认为，将需求转化为生产，需要足够的生产能力，且认识到进口并不能满足大部分需求，潜在假设条件是经济体处于封闭经济。

法国调节学派的内生技术转变的宏观经济模型主要来自博耶的《技术

① 夏明．技术转变与资本积累体制——法国调节学派的经济增长理论述评[J]．国外社会科学,2006(4):44－50.

进步与经济增长》，基本模型由生产率方程、投资方程、消费方程、实际工资形成方程和核算恒等式构成。在法国调节学派经济增长模型框架下：技术转变同时受资本密度和递增规模报酬两方面的影响；投资的确定同时由凯恩斯意义上的需求和古典马克思意义上的利润率所决定；工资形成则考虑到市场机制的竞争决定，以及考虑到对生产率变动指数化的劳资协调。核心理念在于：生产力的发展取决于技术变革、资本形成强度以及可能存在的规模报酬递增。具体模型如下：

$$\dot{PR} = a + b.(I/Q) + d\dot{Q} \tag{8-1}$$

$PR$ 为生产率，$Q$ 为生产总量。生产率方程由三个部分组成：第一，按照熊彼特的分析，技术变革是外生动力，用常数项 $a$ 表示；第二，资本形成强度表示为投资量对技术改进的影响；第三，引入卡尔多分析，考虑产出增长对生产率的影响。

$$(I/Q) = f + v.\dot{C} \tag{8-2}$$

$I$ 为投资，$C$ 为消费。资本积累函数是消费增长速率的函数，在福特主义中，生产消费品的部门现代化是刺激资本品生产的主要动力，式（8－2）是生产性领域模型的关键。

$$\dot{C} = c(\dot{N}.SR) + g \tag{8-3}$$

$$\dot{SR} = k\dot{PR} + h \tag{8-4}$$

$N$ 为就业，$SR$ 为实际工资。$k$ 表示生产率增长分配系数。在消费方程的设定上考虑了工资和利润的不同边际消费倾向的差异。实际工资的变化受两种机制的影响：当生产率较高时，产生就业扩张效应，工资增长率也高；其次，劳资妥协所带来的工资收入者对生产率增长的分享，以生产率增长的分配系数 $k$ 表示。

$$\dot{Q} = \dot{D} = a.\dot{C} + (1 - a)\dot{I} \tag{8-5}$$

$D$ 为需求，可以得到 $a = \dot{C}/\dot{Q}$ 。式（8－5）假定需求的动力决定了生产的边界，因此将生产等同于消费，强调生产能力对需求变化的依赖，既是通过投资和加速机制实现，也是技术变化强度对需求压力产生的依赖性结果。

$$\dot{N} = Q - \dot{P}R \tag{8-6}$$

就业决定方程。假设就业不取决于资本/劳动的替代关系而是需求水平和生产率水平，将就业增长定义为生产和生产率之间的增长差距。

伯纳德·比约多特进一步将调节理论的增长模型简化为生产率机制（productivity regime）和需求机制（demand regime），这两种机制对宏观经济动态产生综合作用：一方面，生产率增长受到产出增长的规模报酬递增机制的影响（生产率机制），这一思想继承了卡尔多在20世纪50—60年代提出的相关理论观点。卡尔多强调需求对增长的制约，在承认内生技术转变和技术学习的重要作用的同时，强调用市场扩展来解释规模收益递增有效需求的增长促进了产品和过程创新并带来劳动生产率的提高；另一方面，需求变动取决于收入分配关系对生产率成果的分享（需求机制），对于福特制情形，工资形成分享了生产率成果——当投资函数是需求导向时，生产率增长则带来产出增长，这与古典理论的工资形成是竞争性的、投资函数利润导向的基本假设存在根本的不同。两个方程的系数关系最终将决定经济系统是收敛还是发散，以及是否趋于稳定。

上面的等式可以理解为一个双重过程，适用于福特主义积累增长理论。一方面，在了解需求增长速率的情况下，了解生产率的增长趋势如何。另一方面，了解改进生产率、收入分配以及这种分配对消费增长、投资增长和生产增长产生什么影响。事实上，福特式增长来源于一种类似于二冲程发动机的运作结构，首先是生产率带动经济增长，之后经济增长又激发生产率。但是这种运行存在不稳定性，需要一定的可行条件。一种可行的体制存在三重条件：就业的充分保障；短暂的外生干扰不会影响增长路径；利润不存在明显的逆向发展趋势。博耶又进一步构建了增长模型的约束条件：

$$C_1: \frac{C(1-B)+A(D-1)}{1-D.B} > 0 \tag{8-7}$$

就业增长条件。为增加就业，需求的自生成分相较于节省劳动力的技术进步趋势，必须要有更强的动力。

$$C_2:1-\frac{|1-ac-(1-a)v|}{ac(bv+d)}<k<1+\frac{|1-ac-(1-a)v|}{ac(bv+d)} \quad (8-8)$$

增长路径的稳定条件。为了短期内能够通过自动校正失衡过程来稳定经济增长路径，工资对生产率的指数化程度必须介于技术特征和需求组成的两个极限之间。

$$C_3:A+B.\left(\frac{C+D.A}{1-DB}\right)\geqslant\frac{h}{1-k} \quad (8-9)$$

确保利润不会出现下降趋势的条件。若使利润方面不出现不利的变化，使需求假设工资指数化程度低于另一个极限，具体取决于技术创新和需求。

基于以上约束条件，可以进一步推出经济增长不稳定的根源所在。首先，与特定积累模式有关的生产率增长可能被消耗殆尽，在其他条件不变的情况下，这可能将经济带入不稳定地带。其次，维持充分就业甚至过饱和就业，赋予员工更高的议价权利，他们会要求提高工资对生产力增长的指数化程度，一旦上限超过了 $C_2$ 条件定义的上限，生产体制的稳定性便无法得到保障。最后，如果没有根本的产品创新，消费型社会的成熟可能对就业产生不利影响，福特主义的成功导致就业转向包括教育、健康和娱乐等行业，但是福特制组织方式不适合这些领域，需要国家进行调控，那么经济运行就进入了不稳定地带，经济中可就业人口变化和就业积极性之间可能出现不匹配的问题。

## 三、法国调节学派经济增长理论的现实逻辑及最新进展

1950—1973 年是资本主义国家的“黄金时代”，是资本积累最为迅速的一个时期，由于其加强了国家对经济的宏观调控，建立了相对协调的劳资关系，实行福利制度，努力促进高水平的需求和就业，从而保持了经济和社会的相对稳定，资本积累因有利的投资环境和乐观的利润预期而达到前所未有的增长水平。

### （一）“高质量”经济活动的典型事实

麦迪森（2011）将资本主义发展历史分为五个不同的发展阶段，其

中“黄金时代”阶段是至今为止经济增长表现最好的时期，西欧国家人均 GDP 年均增长率达到 4.08%，平均失业水平维持在 3% 以下，通货膨胀水平维持在 5% 以内。值得注意的是，西欧国家人均工作时数从 1950 年的 904 小时，下降到 1973 年的 750 小时，但是每小时的 GDP 增长率却接近 5%。因此可以看出，伴随着社会保障体系的完善，“黄金时代”的工人权益得到保障，劳动时间下降，但是劳动生产率水平却不断提升（见表 8－2）。

与此同时，政府占总支出比重从 1950 年的 29.8% 上升到 1973 年的 42%，西欧国家围绕退休后的生活保障、医疗保险以及国家对失业、失能的社会救助，构建社会保障制度，欧洲大陆福利国家的建设同时受到社团主义和国家的影响，注重家庭保护，英美自由主义福利体制更多是市场因素占主要地位。以英国为例，在社会保障政策方面，英国政府于 1946 年相继颁布了《国民保险法》《国民医疗保健法》；在家庭救助政策方面，二战后相继颁布了《家庭救助法》、住房补助政策、家庭津贴政策等；在就业促进政策方面，相继颁布了《就业与培训法》（1948）、《工业培训法》（1964）以及《就业与训练法》（1973）。这一时期社会保障体系的建设存在一些普遍性因素：第一，市场经济的社会性含义——即由效率带来的增长应该由大众分享，将大众福利与市场竞争力有效结合起来，成为战后诸国的发展共识；第二，适应标准化、垂直一体化和规模化的“福特主义”生产模式；第三，稳定的人口结构和稳定的市场环境，使大众消费迎来全盛时期，标准化的基本物质品需求有待满足。

**表 8－2 “黄金时代”资本主义国家和地区经济运行数据①**

| | 人均 GDP | 工时 GDP | 失业水平 | CPI | 人均工作小时数 | |
|---|---|---|---|---|---|---|
| 国家和地区 | 1950—1973 年 | | | | 1950 年 | 1973 年 |
| 法国 | 4.1 | 5 | 2 | 5 | 905 | 728 |
| 德国 | 5 | 5.9 | 2.5 | 2.7 | 974 | 811 |

① ［英］安格斯·麦迪森．世界千年经济史［M］．伍晓鹰，等，译．北京：北京大学出版社，2003：113.

续表

| | 人均 GDP | 工时 GDP | 失业水平 | CPI | 人均工作小时数 | |
|---|---|---|---|---|---|---|
| 国家和地区 | 1950—1973 年 | | | | 1950 年 | 1973 年 |
| 英国 | 2.4 | 3.1 | 2.8 | 4.6 | 871 | 753 |
| 西欧 | 4.08 | 4.8 | 2.6 | 4.3 | 904 | 750 |
| 美国 | 2.5 | 2.8 | 4.6 | 2.7 | 756 | 704 |

注：这里的人均 GDP、工时 GDP 指代人均 GDP 增长率和每工时 GDP 增长率。

### （二）“福特主义”积累体制的运行逻辑

总结以上法国调节学派的增长理论模型框架，结合西方资本主义国家“黄金三十年”的发展实践，可以总结出法国调节学派增长的学理逻辑。法国调节学派突出强调了生产率、利润（资本积累）和实际工资水平三者在“正反馈效应”下的协同增长，即分工精细化、工资讨价还价以分享进步红利、资本积累与消费升级协同演化，主要运行过程是：首先，基于标准化和工业流水线的生产组织形式在规模经济基础上形成生产率增长；其次，劳方和资方通过集体谈判形成了与生产率增长相联系的工资制度，使得生产率增长同步带动工资增长，再进一步带动需求增长；最后，需求增长产生的“正反馈效应”带动产能利用率不断扩大基础上企业利润增长，在资本积累循环和良好市场预期基础上形成投资增长，从而带来规模经济基础上生产率的进一步增长。总体来看，资本主义发达国家在“黄金三十年”形成了“劳动率上升→工人实际工资增加→消费增长→投资扩大→经济增长→生产设备扩大→雇佣增加→劳动生产率上升”的良性循环（见图 8－1）。

相比于其他经济增长模型，实现法国调节学派增长模型中这一良性循环的“惊险的一跃”在于既合作又冲突的劳资关系、由分享机制确立的消费模式。福特主义劳动过程带来了生产率的高速增长，集体谈判促使资本家同意把因劳动生产率提高带来的一部分利润分配给工人，催生了群众的大规模消费，工人接受了枯燥的、高强度的泰勒主义生产方式，这有利于新增价值的实现。在经济社会一体化机制上，围绕物质资本积累和生活水平提高这两大目标，西方资本主义国家形成了“国家—市场（企业）—家庭”三方契约关系，企业对就业稳定和工资提高承诺，国家规范了公共服务，完善了社会保障体系，充实了社会权利，以此维持标准化的消费规模以便适应于大规模工业化。袁富华①（2020）认为，发达国家长期增长所蕴含的一个规律，是报酬递增机制的创造和再造，体现为技术创新及治理结构现代化的报酬递增机制，在经济因素与社会因素的相互作用中生成、演化，以此推动历史阶段的顺次递进，呈现出高质量发展的动态图景。高培勇等（2020）② 认为，高质量发展是一类与报酬递增相联系的总括性制度与机制，二战后发达国家强力推动的福利体制实践，从经济、社会和治理等三个层面构建高质量路径，并在制度互补性合力牵引下有序演化与升级。

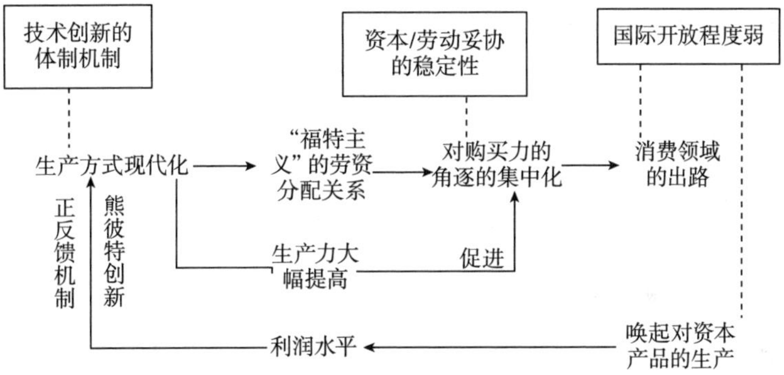


**图 8-1 福特式增长的良性循环③**

伴随着生产积累，福特主义积累体制作为进一步扩张的基础已经走到尽头，也就催生了 20 世纪 70 年代的西方资本主义国家的危机。危机表明，“调节模式不再能满足积累体制的需要”，这要么是因为“新体制的出现被过时的调节模式所阻碍”，要么是因为“积累体制的潜力已经在占主导地位的调节模式下被耗尽”。调节理论认为，单纯依靠一套适用于积累的制

① 袁富华. 经济社会一体化:多目标平衡与治理机制[J]. 中国特色社会主义研究,2020(1):38-45.

② 高培勇,袁富华,胡怀国,等. 高质量发展的动力. 机制与治理[J]. 经济研究,2020,55(4):4-19.

③ [法]罗伯特·博耶. 资本主义政治经济学:调节与危机理论[M]. 北京:中国经济出版社,2021.

度并不能解决经济危机。克服危机需要建立一种新的积累体制和与之相适应的调节方式，新的调节方式的建立在某种程度上是积累体制演化的结果。

### （三）最新进展：对新发展模式的探索

随着20世纪70年代发达资本主义国家遇到“滞胀”危机，“福特主义”积累模式瓦解，法国调节学派延续已有的分析框架对当代资本主义发展模式的新制度安排做出新的理论阐释，提出了社会创新体系（SSI）、国家社会保障体系、不平等体制和发展模式相关理论，认为当代资本主义发展的多样性特征体现在制度安排的复杂性上。

21世纪初，美国经历了“新经济”危机，博耶在对“新经济”兴衰情况进行系统的分析之后提出，现代资本主义下一步将向“人对人的生产”（人类主导型发展模式）转换。其主要有如下特征：第一，“人类”取代“物”和“货币”，以人力资本为主导的无形资产（经营能力、技术开发能力等）成为经济发展的原动力；第二，教育、培训、健康、医疗等行业对“人类主导型积累体制”的形成和发展，以及对社会需求都起到调节作用。这一生产模式与以往生产模式的最大不同就在于它不再把经济指标的增长当作经济发展的主要目的，更加强调人的生活质量的提高，把绿色发展放在更加重要的位置。技术革命推动了“以人为本”的生产模式，一方面，技术革新通过对劳动、原材料及能源的节约而达到提高劳动生产率及生产力整体水平的目的。它能够带来人们生活水平的提高，降低人们的工作时间，增加人们的休闲时间。另一方面，公共卫生及医疗方面的技术革新的作用。博耶认为，这一层面的技术革新能有效带来婴儿死亡率及成人死亡率的下降，并通过对身体及心理疾病的治疗而增强人们对生活的期望值。一旦人们的基本消费需求得到满足，那么不管是公共支出还是家庭消费的重点将转向能确保以人为本的生产模式得以代代相传的消费项目，因此政府的公共支出需要从传统的“福利”保障转向公共教育及公共卫生等领域。

## 四、法国调节学派对我国经济发展实践的研究

调节学派的主要代表学者先后对中国的发展道路做出了分析，博耶（2015）① 认为，中国经济的高速增长源于一种真正的混合经济形式，它能组织政治与经济、公众与私人、本地和全球的相互协同。博耶通过研究中国社会基础制度转变历史，揭示了一种新制度妥协，而这种妥协塑造了中国发展模式，形成中国经济增长“奇迹”，该模式也是不稳定和危机的来源。

### （一）法国调节学派对中国经济增长“奇迹”的解释

法国调节学派代表人物博耶认为，“中国体制”是城市分割形成的“半城市化”状态构成调节模式的“工资劳动关联”，为经济高速增长提供了源源不断的低工资劳动供给，从生产和消费两个层面塑造了“高投资—低消费”模式的“非平衡积累体制”。在生产方面，低工资提高了企业的利润空间，形成投资和生产扩张，助长了低端产业范式下的恶性竞争；在消费方面，低工资加重了劳动者的“相对贫困”，降低了国民收入中的工资份额，导致消费不足。供求不平衡导致中国“不对称地嵌入世界经济”，形成“永久性贸易过剩”，在良好的国际环境下，出口导向型模式可以带动经济快速扩张，但是会面临其他国家的“贸易保护主义抵制威胁”。博耶研究“中国体制”，引入了“多重地方法团主义”理论解释中国的高增长。认为税制改革为地方政府提供最大限度的权责，地方政府和企业家形成“合作”关系，一方为获取更高税收，另一方调动投资、生产和就业的活力，增强其在地方的竞争优势。基于“地方法团主义”的制度模式，博耶将中国经济的高速增长模式界定为竞争主导型发展模式。地方政府就自然资源进行长期竞争，目的是获取生产设备、获取产品市场，吸引外资扩大生产。外国跨国公司进入中国市场并寻求廉价劳动力的同时，也在技术转让方面做出让步。地方政府为吸引外资，纷纷提供优惠的政策以及公共基础设施。这种不平衡的增

---

① ROBERT BOYER. A world of contrasted but interdependent inequality regimes: China, United States and the European Union[J]. Review of political economy, 2015, 127(4): 481 – 517.

长模式得以维持，需要生产率的持续提升，而当时农村劳动力从低生产率的农业农村转向高生产率的工业城市为其提供了保障。

法国调节学派参照发达国家经济发展经验，对我国改革开放以来的经济增长进行比较分析，将我国改革开放以来的发展历程分为三个阶段，主要围绕我国市场化改革与劳动力市场变化两大问题展开探讨（见图 8－2）。在 1978 年改革初期，改革的主要目的是在微观经济层面创造自由度，发展生产以及克服安全和贫困问题。农村土地制度改革释放了大量剩余劳动力，其边际劳动生产率几乎为零，博耶认为，如果中国因为充足的劳动力供给而形成低劳动成本，并不一定会产生问题或不平衡性，而且这种比较优势可以使中国企业在劳动密集型产业中更具竞争力。1992 年以后，中国经济改革进入第二个阶段。博耶认为，在这一阶段中国是通过跨省市场统一和为企业提供各种所有制结构来加强市场经济制度，凭借分税制正确处理政府与企业的关系，可以将企业置于不分大小、不论行政级别、依法纳税、公平竞争的地位，这对于我国经济的市场化有着基础性作用。2001 年以后，中国加入世界贸易组织，这是中国走向开放市场经济的决定性举措，经济快速增长，外资企业大量涌入，私营企业规模扩大。制造业企业享有劳动力供给曲线中的无限弹性，因此工资并没有像生产率一样增长。但是上一阶段不完全的价格改革造成了有形资产成本过低的扭曲现象，法国调节学派认为，中国经济在这一阶段变得越来越资本密集，而不是劳动密集，粗放型的资本要素驱动增长模式降低了劳动力的议价能力和无形资本（人力、制度等）的重要性，工资跟不上劳动生产率的提高速度，劳动力市场出现扭曲，社会不平等加剧。2008 年金融危机以后，中国经济发展进入第三个阶段。随着改革开放的进一步深入，我国劳动力的规模大、价格低的特点吸引了大量外资企业进入中国市场，但是随着“刘易斯拐点”的到来，东部沿海出现“用工荒”的情况，劳动者收入也有所提升，但是劳动者的权益仍然难以受到有效保护。法国调节学派认为，2008 年以后中国经济到了改革的关键期，需要从过去的粗放型增长转向可持续发展，逐步过渡到更少依赖投资、更多依赖消费的增长模型，但是为防止可能存在的经济萧条，中国在国企和基础设施建设方面大规模使用投资杠杠以振兴经济，这加剧了积累体制的“结构性”失衡。

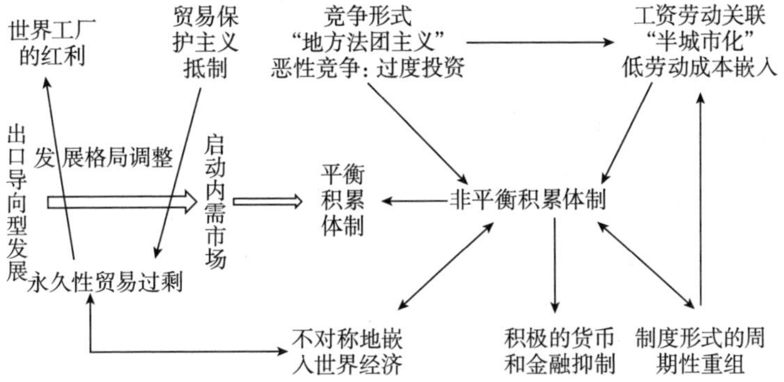


**图 8－2　中国“非平衡”积累体制及转型①**

### （二）法国调节学派对中国经济转型调整的分析

中国的发展模式结合了外延式积累和内涵式积累，但是也产生了产能过剩、低市场价格加成、企业竞争力弱等问题。博耶（2021）② 认为中国经济增长的成功并不能完全掩盖增长体制的不平衡性，存在多种形式的脆弱性，其中最令人担忧的在于持续的过度积累。由于竞争十分激烈，过度积累可能会导致产能过剩和企业产生不良贷款。如果能维持足够高的经济增长，周期内利润就可以弥补过去的损失，但是一旦经济增速放缓，产能过剩和金融风险问题便会显现。其次，户籍制度限制下城乡劳动者省份不平等也会对中国经济体制发展产生潜在威胁。我国农村劳动力从农村转向城市、从农业转向工业，但是并不能和城市劳动者人口在医疗、教育、住房等领域享有同等的社会权利。社会保障的缺失一方面压制了农民工群体的消费潜能，另一方面其在不稳定的“就业漂移”中形成人力资本耗散，不利于我国整体人力资本提升。

法国调节学派认为，中国需要由粗放型经济增长模式向集约型经济增

---

① 刘刚，张晓姗．中国高速增长的“半城市化”调节模式：布瓦耶和阿瑞吉的比较与补充［J］．中国人民大学学报，2017(1)．

② ［法］罗伯特·博耶．资本主义政治经济学：调节与危机理论［M］．北京：中国经济出版社，2021：243－247．

长模式转变，实现“可持续增长”，平衡劳资关系，保护生态环境，以更好地保障人民福利。法国调节学派认为，转变粗放型经济增长模式会使得有形资本的比例下降、无形资本的比例上升。因此，人力资本作为无形资本的重要组成部分，为了更好地发挥其在集约型经济增长模式中的作用，我国需要采取各种积极措施提升劳动力资源的配置效率，保护劳动者权益，平衡劳资关系，这主要从以下三个方面着手：首先，应当发掘现有劳动力市场的内部潜力，加强对质量劳动力的培养，提升劳动力的专业知识、专业技能、职业素质等；其次，服务业需要摆脱行政障碍，高端服务业（特别是生产性服务和社会服务）要能获得全要素生产率收益，吸纳高学历人才，提高人力资本在经济中的重要性，为中国即将到来的城市化和老龄化提供急需的支持，这是经济再平衡的关键；最后，建立具有中国特色的福利国家，博耶认为全国范围的福利保障对于中国转向消费主导型经济具有重要意义，中央政府应致力于建立基本的全国范围的福利和社会保障制度以弥补地方法团主义造成的影响。

## 五、法国调节学派经济增长理论对于我国高质量发展的启示

习近平总书记曾指出，“衡量发展质量和效益，就是投资有回报、产品有市场、企业有利润、员工有收入、政府有税收、环境有改善，这才是我们要的发展”。[①] 经济发展中劳动生产率提高、工人实际工资上升，从而使需求提升，利润以及积累率和投资上升三者之间协同增长，这种具有正反馈机制的经济活动被演化发展经济学称为“高质量活动”（high quality activity），与调节学派所讨论的“黄金三十年”时期的经济活动有着内在的一致性。法国调节学派有关二战以后资本主义国家“黄金三十年”发展模式的学理归纳和中国经济增长转型的观点与我国提出的高质量发展理论存在较多契合之处，对于我国高质量发展的实践有充分的借鉴意义。本章接下来立足于法国调节学派关于经济增长分析的基本框架，从“发展模式转

① 习近平．围绕贯彻党的十八届五中全会精神做好当前经济工作（2015 年 12 月 18 日）[M]//习近平关于社会主义经济建设论述摘编．北京：中央文献出版社，2017.

变—积累体制重塑—调节模式调整”三个维度，分析法国调节学派经济增长相关理论对于我国现阶段高质量发展的可借鉴之处。

**（一）发展模式转变：从“非平衡”转向“平衡”**

在法国调节学派关于经济增长的理论框架下，需要实现生产率进步、人民收入水平提高和企业利润率上升三者协同增长，才能实现“高质量”发展。法国调节学派在分析我国经济发展模式时指出，过去我国的高增长是立足于“半城市化”劳资关系和“地方法团主义”形成的非平衡增长模式，供需不匹配地嵌入世界经济市场，形成“永久性的贸易过剩”，一旦国外市场需求放缓，这种非平衡发展模式将面临危机。近年来国际形势的变化，尤其是新冠疫情的冲击，使我国外部市场陷入疲软，党的二十大报告指出，“加快构建以国内大循环为主体、国内国际双循环相互促进的新发展格局”。“增强国内大循环内生动力和可靠性，提升国际循环质量和水平”。旨在推动我国内外经济从单向依赖的“非平衡”发展转向相互促进的“平衡”式协调发展。具体而言：①牢牢把握扩大内需这个战略基点。坚定实施扩大内需战略，不断提升人民收入水平，完善分配制度，着力释放内需潜力；②坚持深化供给侧结构性改革这条主线，提升供给体系对国内需求的适配性，形成更高效率和更高质量的投入产出关系，实现经济在高水平上的动态平衡；③畅通国内大循环的堵点，打破过去“地方法团主义”产生的市场分割困境，形成国内统一大市场，促进要素资源自由流动，优化配置。

**（二）积累体制重塑：技术创新驱动与规模报酬机制建立**

在法国调节学派的增长模型中，福特主义资本循环开始于技术创新形成的生产率进步，强调创新体系和资本积累融合的关系，将技术进步归结为创新、资本密度以及规模报酬，调节学派增长理论模型框架中第一种机制与生产率增长有关，增长能够依托规模收益和学习效应使得生产率提高。现阶段，坚持创新在我国现代化建设全局中的核心地位，培育和发展新质生产力的核心动能。要使大范围的生产率、利润和积累协同增长，就需要形成大范围的动力部门、支柱部门和引致部门之间的产业需求。一方面，技术创新和产业结构升级要形成“创新—规模”循环，构建以产业创新为主的现代化的产业体系，不断提升我国产业链创新链的现代化水平，依托现代产业体系发挥创新的外溢效应，完善生产网络，保障这一循环畅通；另一方面，需要发挥“需求引致创新”的机制，依托庞大的内需市场，借助电子商务、数字金融等数字技术的发展，刺激居民的消费不断迭代升级，形成多样化和层次化的消费需求。超大规模市场能够为新技术、新产业、新业态的发展提供广阔空间，有效形成内生的创新发展动能。

### （三）“调节模式”调整：建设经济社会一体化的分享体制

作为高质量发展模式的内核，分享与人的发展理念深植于发达国家现代化实践之中。在法国调节学派关于“调节模式”和“制度形式”的相关理论中，最重要的就是劳资关系的制度模式。在制度互补性方面，集体讨价还价保障工资弹性和消费增长，社会保障系统维持失业者的消费能力，从而保障福特主义积累循环。依据博耶对于中国经济发展模式的解释，在“二元分割”的制度模式和竞争发展模式下，我国长期以来的就业系统总体上来看仍然属于维持型或生存型，社会保障体系并不完善，尤其是关于农民工群体的社会保障。扎实推进共同富裕，必须坚持在发展中保障和改善民生，现阶段需要从以下三个方面发力：第一，强化就业优先导向，推动更高质量就业。实现我国就业系统要从“生存型”向“分享型”转变，推动劳动力人力资本持续积累，形成创新分享体制是中国特色社会主义市场经济高质量转型的关键。要着力于农民工就业权利基本保障，加强对农民工的就业培训，提升其人力资本水平，努力促进其实现更高质量的就业。第二，进一步推动我国社会保障建设，以“公平”促进“效率”提升，实现“公平”与“效率”的统一，扎实推进共同富裕。在进一步推动我国社会保障建设时，要量力而行，重点锚定社会保障体系中有碍经济高质量发展的部分，而不是陷入“福利主义”陷阱。第三，完善相关劳动制度，稳定提升劳动者收入份额，有效控制资本的无序扩张。要积极推动培育和积累人力资本的科教文卫体等现代公共服务的有效供给，重塑以知识要素和人力资本要素积累为核心的效率模式，其中尤其要注重城市流动人口的社会保障问题，加快推进流动人口市民化，教育、医疗等大城市公共服务和基础设施供给更加倾向于外来流动人口。近年来，伴随数字经济发展，平台经济等新兴业态引起的“新劳资关系”需要警惕，要加快研究制定平台就业劳动保障政策，积极探索新业态领域行业集体协商新模式。

# 第九章　法国调节学派的财富新指数理论与新时代新财富观的构建

何爱平*

法国调节学派是20世纪70年代兴起的西方马克思主义的一个重要流派，其思想渊源来自马克思经济学。他们继承了马克思理论的核心范畴与历史分析方法，在对“传统马克思主义的批判性解读”① 的基础上，提出了一系列独特的概念体系和分析框架，揭示了二战后资本主义发展的新特征，对当代资本主义的多样性发展做出了较为系统的理论解释，成为具有国际影响力的经济学流派。进入21世纪，调节学派对资本主义的新变化和新问题开展深入研究，阐述了一系列新理论，形成了第二代调节理论。他们关注社会福利、人类发展、社会发展和生态的可持续性等问题，批判了作为衡量国家财富的核心指标GDP核算存在的主要问题，并采用历史分析与比较分析方法，对比评价了经济学家、社会学家以及政府机构和国际组织在财富新指标上的工作，提出了其构建财富新指标的主要观点，形成了财富新指数理论。他们认为，各个国家通过财富指标来展示本国的进步和失败，这些指标不仅反映它们想要概括的现象，而且还体现了人们的世界观、价值观。财富新指数理论是对马克思财富观的继承和发展，对于新时代中国特色社会主义财富观的构建也具有重要的理论价值和借鉴意义。

---

* 何爱平，西北大学经济管理学院教授，主要研究方向为中国特色社会主义政治经济学。

① ［法］罗伯特·博耶．资本主义政治经济学：调节与危机理论［M］．桂泽元，译．北京：中国经济出版社，2021：29.

## 一、财富新指数理论对以 GDP 为核心的衡量国家财富方法的批判

让·盖雷和弗洛朗丝·雅尼－卡特里斯是新一代法国调节学派的代表人物，他们继承了调节学派对资本主义的批判精神，在其《财富新指标》一书中，他们以衡量一国发展程度的核心指标 GDP 引发的争议作为开篇引言，认为这些争议“或凸显社会问题（经济增长不一定会促进社会进步），或凸显环境问题（经济增长可能破坏或耗尽可再生或不可再生资源）”①，并对以 GDP 为核心的衡量国家财富的方法展开批判。

他们认为，经济增长的计算以 GDP 的定义为基础，而从 GDP 的构成来看，GDP 主要体现商品财富和货币财富的流量。这种衡量国家财富的方法会产生以下问题：一是“不论个人财富和集体财富是否会有所增加，所有可以出售且有货币增加值的东西都将会促进 GDP 和经济的增长”；二是“许多有利于社会福利的活动和资源都未计算进去……家务劳动或志愿服务即是此种情况”；三是“GDP 的计算与核算财富的分配无关，也无法说明社会经济不平等、贫困、经济安全等问题，而这些因素几乎均被视作社会福利的不同维度”；四是“GDP 只衡量产出，也就是产品数量。……即它衡量的是某一社会的‘多得’与‘多产’，而非它的福利”；五是“GDP 完全不考虑遗产和储备，为了把产量维持在某一水平以及维持产量的‘外部因素’”②。他们指出这些问题的产生是因为 GDP 并非福利指标，不能将“经济增长”和“福利增长”相混同，前者只是后者的一个方面，但并不是全部内容，而后者包括了社会医疗、福利、环境指标等方面。但是由于人们对一个国家经济财富的过度关注可能会出现一个国家的经济被评价为更好，而该国居民的处境却更糟。为了更清晰地说明国内生产总值和经济增长的概念与一国福利和经济发展的概念有多么不同，他们对以 GDP 为核

---

① ［法］让·盖雷，弗洛朗丝·雅尼－卡特里斯．财富新指标［M］．何璐，译．北京：中国经济出版社，2018：30.

② ［法］让·盖雷，弗洛朗丝·雅尼－卡特里斯．财富新指标［M］．何璐，译．北京：中国经济出版社，2018：47－48.

心的衡量国家财富的方法存在的局限性进行了较为深入的分析。

其一，以 GDP 为核心的衡量国家财富的方法没有扣除目前增长模式的损失。例如，同等条件下，一个交通事故多发，迫切需要医疗、汽车维修、急诊室的社会，会比事故较少、安全性更高的社会拥有更多的 GDP，因为它将很大一部分经济资源和活动用于损失的修复支出上；同理，人类活动造成的环境损害的修复费用也会带来更多的 GDP。显然，不能把主要用于修复人类生产或消费活动所造成的支出当作对“真正的”财富的积极贡献，在衡量“真正的”财富净增值时，必须从 GDP 中扣除上述修复性支出，这样才能更好地理解“真正的”财富创造以及社会福利的增加。又如，对亚马逊雨林有组织的破坏（砍伐森林和加工木材）会促进 GDP 的增长，但人们无法计算出由此造成的自然损失和人类遗产损失，也无法计算其对气候、生物多样性、子孙后代以及生活在这片森林的当代人需求的各种影响；同样，通过污染河流的生产活动能贡献更多的 GDP 以实现增长，但污染行为却大大减少了人们的福利。可见，GDP 不包括自然遗产的损失，但人类有组织的破坏活动却被计入其中。“因此，只要有生产和销售，我们就有了经济指标，却没有考虑我们在此过程中损失的东西、无法用货币衡量价值但对我们当下以及子孙后代的福利有巨大价值的东西”①。

其二，以 GDP 为核心的衡量国家财富的方法不计算对福利的重要贡献。例如，为获得高的经济增长率，人们的工作量不断增加从而减少了娱乐和自由时间，由于自由时间不被看作社会财富，工作量不断增加会被当成 GDP 的增长；又如，根据 GDP 现有的含义，志愿活动以及大多数由女性从事的家务劳动都不是促进国家财富的活动，因为他们是无偿的、非货币的，但是这些无偿的活动和有偿活动一样产出了财富，增进了福利。据法国统计局的一项时间预算调查，如果给家务劳动赋予同等的价值，它会超出 GDP 的一倍，而斯蒂格利茨委员会的一项调查显示，家务劳动的价值

---

① ［法］让·盖雷，弗洛朗丝·雅尼－卡特里斯．财富新指标［M］．何璐，译．北京：中国经济出版社，2018：30.

占 GDP 的比例约为 33%。由此可见，GDP 在对社会进步评价时存在巨大的局限性。

其三，GDP 注重输出而并非结果。GDP 只衡量输出量，如财产量、消费服务量，但并不衡量最终结果即福利变化，无论是基于观点和满意度调查所评估出的主观福利，还是建立在各种标准（包括健康、预期寿命、受教育机会、知识掌握、经济安全、贫困和不平等、住房和工作条件、环境质量等）之上的客观福利。例如，卫生保健服务对经济增长的贡献仅仅体现为门诊、入院、治疗措施的支出增加，而并没有反映这些服务对健康状况和生活条件改善的贡献；相反，预防健康危害的有效政策可能会减少健康服务对经济增长的贡献，但这些措施却会促进福利的增加。

其四，GDP 不能反映“为谁而增长”的问题，也就是不平等问题。盖雷和雅尼教授引用诺奖获得者斯蒂格利茨的研究显示，1990—2005 年，美国的经济增长仅仅有益于金字塔顶端的 10% 的人，金字塔底端 10% 的人则在经历萧条，他们的购买力甚至在下降，而财富的概念并没有考虑这一现象。可见，不能将 GDP、财富和社会进步混为一谈，GDP 不能反映社会不平等问题，某些人财富的增加、贫富差距拉大并不能带来社会进步。

## 二、对国际范围内建立的财富新指标进行比较与评价

在批判以 GDP 为中心的国民经济核算体系存在问题的基础上，他们对国际范围内建立财富新指标的工作进行了比较与评价。

其一，联合国开发计划署公布的全球性综合指标。1990 年，联合国开发计划署在全球发表了一份关于人类发展的年度报告，其中包含一系列的经济、社会和环境指标，之后这些指标体系不断扩充和调整，是目前最著名、传播最广的全球性指标。主要包括人文发展指数、人类可持续发展指数、性别不平等指数、多维贫困指数等四大指标体系，用以衡量收入增长以外全球所有国家的教育、健康、社会和性别不平等状况，其中最基本的人文发展指数由出生时预期寿命、识字率和入学率、购买力评价人均 GDP 等三个维度的几何平均值构成，以反映健康生活、教育水平和生活水平。

但这些指标体系也存在一些问题，由于各国的发展情况、统计数据及标准有较大差异，其比较结果的实用性与可靠性令人质疑。

其二，不同国家或地区评估的社会综合性指标。20 世纪 80 年代中后期，一些研究机构或学者提出了许多区域性评价指标。一是美国福德姆大学社会政策创新研究所提出的“社会健康指数”，主要应用于加拿大和美国。它按照儿童、青少年、成年人、老年人等不同年龄段的重大问题设计了 16 个基本变量，较好地反映了分年龄段的生活状况。二是法国经济学家和统计学家提出的“法国不平等和贫困程度综合指标”。该指标包含职业与工作、收入、健康、教育、住房、司法等 6 个维度 58 个指标，旨在较为全面地衡量法国不平等和贫困的变动情况。三是加拿大奥斯伯格和夏普两位学者提出的“经济福利指数”，其包含了商品和服务的日常消费量、生产资料库存净积累、贫困和不平等、经济安全或不安全等级等 4 个维度 15 个变量，用以衡量加拿大、美国及其他经合组织国家的经济福利和经济安全。该指标体系中经济安全的维度具有独创性，采取了“风险”的分析方法，涵盖了失业风险、疾病风险、贫困风险等方面。上述的几个社会综合性指标均是对不同国家或区域的评估，尽管选取的变量有较大差异，但它们大都涉及不平等、贫困以及各种社会问题，而且评价结果都与经济增长之间缺乏直接关联，有些指标如社会健康水平、经济福利指数，在一定时期内甚至与经济增长完全脱节，呈相反变动趋势，这也说明经济增长并不一定带来国民福利水平的增加。

其三，对国民经济核算进行“修正”或“扩充”的指标。这些指标大多通过补充相关变量拓展 GDP 范围，或从生产层面扩充财富的内涵，或从消费层面扩充福利的内涵，对国民经济核算进行修正或完善。具体来讲，就是重新考虑没有纳入 GDP 但对福利有贡献的活动（如志愿活动或家务劳动）、已经纳入 GDP 但没有对福利做出贡献的变量（前文的修复性支出）、各种自然遗产（这些遗产的改善或者恶化会影响福利）等。例如，可以通过在 GDP 中添加志愿活动或家务劳动的货币价值评估，减掉失业的“社会成本”和相关森林价值损失，来对国民经济核算进行“修正”。20 世纪 70

年代前期，诺奖获得者托宾和诺德豪斯在此方面做出了开创性的工作，他们构建了“经济福利”指数（包括当前经济福利和可持续经济福利），在这一指数中引入了矫正支出或补偿性支出的概念，主张在GDP中增加对福利有积极影响的活动，同时扣除产生消极影响的活动，对国民经济核算进行“修正”。但是，该项工作没有考虑环境因素，因而受到调节学派的质疑。

其四，环境GDP和生态足迹。环境GDP又称“绿色”GDP，是在国民经济核算总额中加入环境质量或某些社会质量收益或损失的相关货币估值。约翰·科布和赫尔曼·戴利于1989年首次提出了“可持续经济福利指数”的概念，此后，有许多国家和国际组织、专家学者对此开展研究与实践。联合国在此基础上于2012年正式公布了“综合环境经济核算”体系框架，为国际机构提供了有效参考和数据来源，该体系是目前影响最广的绿色账户体系。此外，还有世界银行提出的“真实储蓄”指标，可对一个国家的可持续发展进行综合衡量。上述指标体系的变量及占比各不相同，但主要有以下几个方面：经济（生活水平）、社会（如不平等）、环境以及非货币化活动对个人福利的贡献（如家务劳动价值），且所有的指标都与可持续福利贡献相结合。

生态足迹是由加拿大的马希斯·威克那格和威廉·里斯两位教授首先提出来的，主要揭示当代人已经开发的土地面积和可供利用面积之间的差额，反映了人类为生产或物质消费而利用大自然的程度。调节学派关注这一指标的研究，并强调了两个令人震惊的结论：一是从全球来看，可再生自然资源的过度消费不断增加，已经远远超出了现有的生态系统承载力，2008年的过度消耗已超过了50%，这就意味着人类每年要从大自然得到高于这些资源自然再生的年度流量50%以上的可再生资源。二是不同国家以及社会群体之间生态足迹存在严重的不平等。2012年，一个美国人的平均生态足迹是8.2公顷［为全球人均“生物生产”面积（1.7公顷）的4.7倍］，而非洲人则为1.4公顷。

其五，超越GDP的多种途径与行动。盖雷和雅尼教授较为细致地分析了2007年到2015年之间，许多国际组织、不同国家围绕如何“超越GDP”，全面衡量一国财富和生活状况相继推出的各种举措，认为这些行动与举措在评价新财富方面取得了重大进展，但是也存在一些局限性。一是欧洲安全委员会。其于2007年明确提出要“超越GDP”，并于2009年制定了题为“超越GDP”的路线图，包括五方面的行动：在GDP中加入环境及社会指标、为决策者提供近乎实时的信息、提高分配与不平等报告的精确度、编制欧洲可持续发展指标、将国内核算扩展到环境和社会领域。二是经合组织。其于2012年推出了一项新指标——“美好生活”指数，涵盖住房、可支配收入与金融财富、工作、社会联系、教育、环境、国家事务管理、健康、人民对生活的满意感、人身安全、工作—生活平衡度等11个维度23个变量，较为全面地衡量了一国生活质量。三是联合国环境规划署。其于2012年提出“包容性财富指数”，对国家财富的三个来源进行量化加总：劳动力质量（人力资本），基础设施和生产设备（实物和生产资本），包括土地、矿产和渔场等在内的自然资源（自然资本）。四是法国政府及其研究机构。2008年萨科齐政府成立斯蒂格利茨委员会并发布了经济绩效和社会进步评估报告，提出为衡量“福利”，必须考虑不平等的必要性，并建议开放有利于反映生活质量的多样性指标。2009年，法国经济社会环境理事会发布“可持续发展指标和生态足迹”，详细分析了GDP指标以及现有替代指标的不足之处，提出应该把公民对指标选择以及指标发展的评估紧密联系起来。2015年颁布的“SAS财富新指标法案”明确将财富新指标用于公共政策，规定政府每年要向议会提交一份财富新指标演变报告。同年发布的第一份“财富新指标”报告，涵盖了就业率、私人和公共债务、健康人群预期寿命、生活满意度、碳足迹、研究工作、收入不平等、提前脱离教育体系、生活贫困、土壤人工化等10项指标。

## 三、财富新指数理论对马克思主义财富理论的继承与发展

财富新指数理论的核心问题实际上是对财富概念的理解，但其并没有对新财富给予明确定义，且常常将财富、福利、幸福、增长等概念相混

同。其主张需要从福利贡献的角度定义财富概念，不能简单将 GDP 的增长看作财富的增加。同调节学派的其他理论一样，财富新指数理论的提出者也深受马克思经济思想的影响，体现出对马克思主义财富观的继承与发展。

首先，财富新指数理论继承与发展了马克思对资本主义工业文明时期财富创造的批判精神。

马克思考察了第一次工业革命后资本主义处于上升时期的生产力发展状况，他首先肯定了资本推动下物质财富的迅速积累。“资产阶级争得自己的阶级统治地位还不到一百年，它所造成的生产力却比过去世世代代总共造成的生产力还要大，还要多。”① 同时，马克思通过对资本主义生产及再生产过程的深刻分析，指出这种生产方式的最大问题在于财富占有和分配与财富的直接生产者无关，物质财富不是为工人的发展需要而存在，相反，是工人为现有价值的增殖需要而存在。伴随整个社会财富增长的不是人的全面自由发展而是“人”与自然的异化、劳动者的贫困与劳动折磨。马克思在《1844 年经济学哲学手稿》中描述了这种状况，“对新鲜空气的需要在工人那里也不再成其为需要了……甚至动物的最简单的爱清洁习性，都不再成为人的需要了。肮脏，人的这种腐化堕落、文明的阴沟（就这个词的本义而言），成了工人的生活要素。完全违反自然的荒芜，日益腐败的自然界，成了他的生活要素”②。在《资本论》中马克思进一步论述了资本主义财富生产造成人的扭曲和异化，（“一切发展生产的手段都转变为统治和剥削生产者的手段，都使工人畸形发展，成为局部的人，把工人贬低为机器的附属品，使工人受劳动的折磨，从而使劳动失去内容，并且随着科学作为独立的力量被并入劳动过程而使劳动过程的智力与工人相异化”）③，及其导致的整个社会极端的不平等现象：“在一极是财富的积累，

① 中共中央马恩列斯著作编译局．马克思恩格斯文集：第 2 卷[M]．北京：人民出版社，2009：36.

② 中共中央马恩列斯著作编译局．马克思恩格斯全集：第 42 卷[M]．北京：人民出版社，1979：133 – 134.

③ [德]马克思．资本论：第一卷[M]．北京：人民出版社，2004：743.

同时在另一极，即在把自己的产品作为资本来生产的阶级方面，是贫困、劳动折磨、受奴役、无知、粗野和道德堕落的积累。”①

调节学派的财富新指数理论考察了二战后资本主义的发展，尤其是进入21世纪以来资本主义经济增长所带来的不断深化发展的不平等现象，如不平等的表现形式更加多样、生态危机日益加剧等，倡导建立新财富观。雅尼和梅达教授在其《经济增长值得期待吗》一书中明确指出：“在当前的经济环境中，增长正在制造不平等，而且增长也不具有再分配的特征……增长还会导致我们付出越来越高昂的经济代价，有时这些代价甚至是无法挽回的。”② 认为“经济活动，尤其是生产本位主义式的经济活动，是导致生态危机的主要因素。它将地球送入一个地理新纪元：人类世纪——一个以人类印记为标志的从未出现过的地球状态”③。在该书中，他们用一章的篇幅专门研究了经济增长带来的损失以及收入增长与福利增长的关系，指出收入增长并不总是会提高生活满意度或者幸福指数。许多学者的研究表明经济增长只与福利的某些部分弱相关，甚至于不相关，“伊斯特林悖论”表明虽然实际收入增加了，人们对自己生活的满意度并没有提高。雅尼和梅达教授指出，由于对经济增长的过度追求，推崇经济至上主义的结果是尽管实现了增长，经济与社会的不平等仍然明显增强，财富并没有像新古典经济学家描述的那样从最富裕的人群流向最贫困的人群；不仅如此，全球范围的这种贫富的不平等还对从南半球到北半球的人口迁移或生态剧变产生不利影响，从而强化了全球的生态危机。他们强调，从目前来看，人类活动已经成为环境变化的首要因素，而生态失衡的根源之一恰恰在于不平等，具体表现为获取基本生存资料的不平等、环境政策分配的不平等以及参与公共政治的不平等，因此，21世纪的资本主义面临新挑战。与马克思在19世纪阐述资本主义发展所导致的人的“异化”

---

① [德]马克思. 资本论:第一卷[M]. 北京:人民出版社,2004:743-744.

② [法]弗洛朗丝·雅尼-卡特里斯,多米尼克·梅达. 经济增长值得期待吗?[M]. 张俊丰,译. 北京:中国经济出版社,2018:26.

③ [法]弗洛朗丝·雅尼-卡特里斯,多米尼克·梅达. 经济增长值得期待吗?[M]. 张俊丰,译. 北京:中国经济出版社,2018:25.

现象相似，调节学派则提出了当代资本主义面临的“并存悖论”，即：“一方面是新发明和技术进步在某段时间内使得生活条件有了明显提高；另一方面，生产本位主义、绩效和机器崇拜所产生的副作用最终导致人类与其说让它们为自己服务，不如说自己被它们所奴役。”①

需要指出的是，调节学派虽然继承了马克思政治经济学对于资本主义的批判精神，但其与后者的立场存在根本差异，马克思认为资本主义的各种问题源于资本主义基本矛盾，只有通过根本性制度变革即向共产主义的过渡才能最终解决资本主义各种社会矛盾。而调节学派虽然也对资本主义经济增长带来的不平等加剧、生态危机凸显等问题进行了尖锐批判，但他们认为只是资本主义发展模式出现问题，主张“我们必须放弃增长，不应再将其视为发展和进步的起点”②，建议将发展目标放在满足人的需求上，与 GDP 脱钩，与“生产本位主义”决裂，专注自然遗产和社会健康的发展，实施一种能够在物质和精神上满足所有人的新型发展模式，阻止人类社会的没落。通过向“后增长社会”转型，就能够实现既满足每个人的基本所需，又能够确保人类在生活中顺应自然、爱护自然、关心自然，与他人和谐相处的发展。

其次，财富新指数理论继承与发展了马克思的人本财富思想。

马克思认为，人类社会发展的终极价值目标是实现人的全面自由的发展，财富增长是手段而不是目的，财富增长的目的首先在于促进人的体力、智力、才能的全面发展。他指出：“事实上，如果抛掉狭隘的资产阶级形式，那么，财富不就是在普遍交换中产生的个人的需要、才能、享用、生产力等等的普遍性吗？财富不就是人对自然力——既是通常所谓的‘自然’力，又是人本身的自然力——的统治的充分发展吗？财富不就是人的创造天赋的绝对发挥吗？”③ 马克思将人类社会的发展更替分为三大形

① ［法］弗洛朗丝·雅尼－卡特里斯，多米尼克·梅达．经济增长值得期待吗？［M］．张俊丰，译．北京：中国经济出版社，2018：79.

② ［法］弗洛朗丝·雅尼－卡特里斯，多米尼克·梅达．经济增长值得期待吗？［M］．张俊丰，译．北京：中国经济出版社，2018：26.

③ 中共中央马恩列斯著作编译局．马克思恩格斯全集：第 30 卷［M］．北京：人民出版社，1995：479.

态，即人的依赖关系、以物的依赖为基础的人的独立性和人的能力的全面发展阶段，其中第三种社会形态是“建立在个人全面发展和他们共同的社会生产能力成为他们的社会财富这一基础上的自由个性”①，这是人类发展的最高境界。可见，财富增长的目的还在于促进人的自由发展，未来的共产主义“将是这样一个联合体，在那里，每个人的自由发展是一切人的自由发展的条件”②，因此，自由的时间也是财富衡量的标准。由于“社会生产力的发展将如此迅速，以致尽管生产将以所有人富裕为目的，所有人的可以自由支配的时间还是会增加。因为真正的财富就是所有个人的发达的生产力。那时，财富的尺度决不再是劳动时间，而是可以自由支配的时间”③。

财富新指数理论关注对人的全面发展的评价。其认为经济增长的计算以 GDP 为核心的问题在于 GDP 并非福利指标，它只反映商品财富和货币财富，并不能反映人的全面发展和社会进步。他们主张当代社会需要重新评价人类、社会及环境标准，强调福利的重要性，认为福利比增长更为重要，要以“福利”为核心衡量国家财富，即超越 GDP 为代表的经济财富，倡导建立更为全面的“新财富”概念，以全面反映人类发展与社会进步。他们的研究结果显示，经济财富在人类发展或福利增进上“收益递减”，即超过一定限度，财富对人类发展的贡献将变为零。盖雷和雅尼教授认为，新指标的使用前途取决于把个人主义概念和社会目标相结合的能力，而不是将它们相互对立起来，也就是说，所有指标针对的都是人类发展和社会进步的问题。要综合考虑主观福利与客观福利、个人福利与集体福利。所谓主观福利，是指基于观点和满意度调查所评估出的福利，客观福利是指建立在各种客观标准之上的福利；个人福利反映了个人的住房、教育、健康等方面的生活质量，而集体福利则体现了国家范围的不平等状

① 中共中央马恩列斯著作编译局．马克思恩格斯全集：第 46 卷上[M]．北京：人民出版社，1979：104.

② 中共中央马恩列斯著作编译局．马克思恩格斯选集：第 4 卷[M]．北京：人民出版社，2012：647.

③ 中共中央马恩列斯著作编译局．马克思恩格斯全集：第 46 卷（下册）[M]．北京：人民出版社，2001：222.

况、环境污染、安全性风险、社会保障、公共医疗等社会进步状况。以福利为核心，他们主张对GDP进行修正，应加上对福利有贡献的活动而减去对福利有损害的活动，以全面衡量人类发展与社会进步。调节学派关注不平等问题，在对国际上各种替代性财富新指标进行分析时，他们将不平等又进一步区分为收入不平等、住房与司法的不平等、国家间的不平等、不同区域的不平等、性别不平等以及分年龄段的不平等问题。调节学派也关注人的自由发展，强调闲暇的重要性，认为自由时间的增加也应被视为社会财富。

最后，财富新指数理论继承与发展了马克思的自然财富思想。

马克思强调财富创造中自然因素的重要性。认为自然是基础，是本原性的东西，人类本身就是自然界的一部分，人依靠自然界而生活。“在实践上，人的普遍性正表现在把整个自然界——首先作为人的直接生活资料，其次作为人的生命活动材料、对象和工具——变成人的无机身体。自然界就它本身是人的身体而言，是人的无机的身体。人靠自然界生活”①。因此，对于人类来讲，自然本身就是财富。马克思在《1844年经济学哲学手稿》中就明确提出“自然财富”的概念，指出“每种形式的自然财富，在它被交换价值取代以前，都以个人对物的本质关系为前提，因此，个人在自己的某个方面把自身物化在物品中，他对物品的占有同时就表现为他的个性的一定的发展；拥有羊群这种财富使个人发展为牧人，拥有谷物这种财富使个人发展为农民，等等”②。不仅如此，马克思进一步阐述了自然因素在财富创造中发挥的重要作用，“人和自然，是携手并进的”③。在《哥达纲领批判》中，马克思指出“劳动不是一切财富的源泉。自然界同劳动一样也是使用价值（而物质财富是由使用价值构成的）的源泉”，“自

① 中共中央马恩列斯著作编译局．马克思恩格斯全集：第42卷[M]．北京：人民出版社，1979：95.

② 中共中央马恩列斯著作编译局．马克思恩格斯全集：第46卷上[M]．北京：人民出版社，1979：171.

③ [德]马克思．资本论：第一卷[M]．北京：人民出版社，2004：696.

然界”是“一切劳动资料和劳动对象的第一源泉”①，而且“自然力……是特别高的劳动生产力的自然基础”②，是劳动生产力发展的先决条件。

在阐述其财富新指数理论时，调节学派尤其强调了经济增长带来的日益严重的生态问题，强调应将生态环境的关注放在首位，因为自然资本具有不可替代性，它赋予了自然内在的价值，独立于人的需求和欲望；人们必须认识到，对于人类生存而言，自然的开发活动以及大气变暖、生物多样性、沙漠化等现象均具有临界点，气候变化及生物多样性丧失等生态危机造成的某些损失具有不可逆性。雅尼和梅达教授引用世界范围内许多权威研究机构的研究成果，描述了人类面临的环境危险正在日益加重：如瑞典著名的环保主义科学家小组发布的研究报告，指出人类未来生存发展有九种重要限制性因素，这些因素分别具有适宜人类生存的不能逾越的阈值，而其中三大因素因其早就远超警戒线已构成人类生存的严重威胁，即气候的变化、生物多样性的减少以及氮循环的被干扰。世界气象组织、联合国环境规划署、世界银行等也得出了近乎一致的结论，尤其是气候变化会引发一系列威胁人类生存的严重问题：超常的炎热、海平面的上升、环境改变对健康的影响，甚至食品库存的下降。此外，生物多样性、耕地、水源以及森林等方面也越来越多地受到人类活动的危害，人类正面临第六次物种大灭绝，而人类活动几乎是这次物种灭绝的唯一原因。调节学派认为，人类对环境的损害将导致财富总量的大量削减。世界银行的一项报告指出，气候变化将导致世界经济遭受重大损失，“直到人均消费降低大约20%”③，同时，其他的自然资源（铅、银、铜、铀、镍等）也正在枯竭。最为严重的是，生产过程中产生的有毒废物与产品会持续危害人类健康，人类正在迫使地区以一种快速而不可逆转的方式演化到人类从未经历过的状态，也可称为“无限异常状态”。因此，调节学派主张改变资本主义发

① 中共中央马恩列斯著作编译局．马克思恩格斯选集：第3卷[M]．北京：人民出版社，2012：357.

② ［德］马克思．资本论：第三卷[M]．北京：人民出版社，2004：728.

③ ［法］弗洛朗丝·雅尼－卡特里斯，多米尼克·梅达．经济增长值得期待吗？[M]．张俊丰，译．北京：中国经济出版社，2018：77.

展模式，摆脱意识形态和对经济增长的执念，设计新的政治经济关系，改变文化和价值观，建立服务于新模式的财富新指数。

## 四、财富新指数理论对于新时代财富观的借鉴价值

中国特色社会主义进入新时代，习近平总书记多次指出："人民对美好生活的向往，就是我们的奋斗目标。"① "让人民群众过上更加幸福的好日子是我们党始终不渝的奋斗目标，实现共同富裕是中国共产党领导和我国社会主义制度的本质要求。"② "共同富裕是社会主义的本质要求，是中国式现代化的重要特征。"③ 新时代财富观的构建对于实现共同富裕具有重要意义。调节学派的理论是在马克思主义政治经济学基本理论的基础上发展而来的，其财富新指数理论主要是针对当代资本主义以 GDP 为核心的财富观的批判，但其对国民经济核算体系中存在问题的分析、其倡导建立"新财富"发展模式的新观念，为构建新时代中国特色社会主义财富观提供了理论借鉴。

首先，财富新指数理论对于完善以人为本的新时代中国特色社会主义财富观具有启示意义。在新时代中国特色社会主义的建设中，坚持以人为本、推动人的全面发展，是新时代中国特色社会主义财富观的重要特点。习近平总书记强调，"我们说的共同富裕是全体人民共同富裕，是人民群众物质生活和精神生活都富裕，不是少数人的富裕，也不是整齐划一的平均主义"④，要"更好推动人的全面发展，社会全面进步"⑤，调节学派的财富新指数理论注重人的全面自由发展。他们主张以"福利"为核心衡量国家财富，他们的福利概念包括主观福利与客观福利、个人福利与集体福利，涵盖个人主观感受以及建立在各种客观标准之上的客观评价，而且不

---

① 习近平. 人民对美好生活的向往就是我们的奋斗目标[N]. 人民日报,2012-11-16(004).

② 习近平. 在全国劳动模范和先进工作者表彰大会上的讲话[EB/OL]. 新华网[2020-11-24]. http://www.xinhuanet.com/politics/leaders/2020-11/24/c_1126781907.htm.

③ 习近平. 扎实推进共同富裕[J]. 求是,2021(20).

④ 习近平. 扎实推进共同富裕[J]. 求是,2021(20).

⑤ 习近平. 习近平谈治国理政:第二卷[M]. 北京:外文出版社,2017:62.

仅关注个人的就业、教育、健康等方面的生活质量，也重视社会范围的社会经济环境状况。对于不平等问题，除了传统马克思主义者提出的收入不平等、国家间不平等现象外，他们还较为深入地讨论了当代资本主义出现的新型的不平等现象，如不同人群之间的住房与司法的不平等、不同区域的不平等、性别不平等、分年龄段的不平等以及生态足迹的不平等问题。调节学派继承了马克思关于人的自由发展的思想，认为自由时间的增加也应被视为社会财富。调节学派的这些观点对于我们全面衡量人的发展、建立新时代中国特色社会主义人本财富观有一定启发意义。

其次，财富新指数理论对于完善新时代中国特色社会主义绿色发展的财富观和发展观具有借鉴价值。党的十八大以后，中国特色社会主义建设高度重视人与自然的协调发展，党的十八届五中全会提出新发展理念，习近平总书记指出“人与自然是生命共同体，人类必须尊重自然、顺应自然、保护自然。人类只有遵循自然规律才能有效防止在开发利用自然上走弯路，人类对大自然的伤害最终会伤及人类自身，这是无法抗拒的规律”①。强调“推动形成绿色发展方式和生活方式是贯彻新发展理念的必然要求……是发展观的一场深刻革命”②，“绿水青山既是自然财富，又是社会财富、经济财富”③。调节学派的财富新指数理论将生态环境的关注放在首位，尤其强调经济增长带来的不断加剧的生态危机。该理论不同于西方主流经济学的外部治理模式，反对自然资本的可替代性观点，强调自然资本的不可替代性，认为自然资源及生态环境是人类重要遗产，也是一国财富的重要组成部分；人类活动对大自然的破坏存在临界点，人类活动引发的多种生态危机已经严重危害人类生存发展；主张转变经济至上的发展模式，建立“新财富”发展模式。调节学派的财富新指数理论对于我们进一步认识人与自然的关系、转变发展方式具有借鉴意义。

---

① 习近平．决胜全面建成小康社会 夺取新时代中国特色社会主义伟大胜利——在中国共产党第十九次全国代表大会上的报告[N]．人民日报,2017-10-28(001).

② 习近平．习近平谈治国理政:第二卷[M]．北京:外文出版社,2017:394-395.

③ 习近平．习近平关于社会主义生态文明建设论述摘编[M]．北京:中央文献出版社,2017:23.

最后，财富新指数理论为建立国家财富新指标体系提供了良好的借鉴。目前我们衡量国家财富的主要指标仍以 GDP 为核心，对 GDP 的过度追求是生态破坏、环境污染的重要原因。如何改变以 GDP 为核心的国家财富的评价体系、建立衡量国家财富新指标体系，具有重要现实意义。我国在 20 世纪 90 年代开始了绿色 GDP 的研究工作，21 世纪初进行了绿色 GDP 的试点，但因其存在许多问题并未大规模推广实施，目前绿色 GDP 的研究仍在探索阶段。调节学派财富新指数理论比较了国际组织如联合国环境规划署、世界银行、经合组织、欧安会以及许多国家权威研究机构建立的新财富指标体系，并对各种指标体系所涉及的评价维度、变量选择等进行了比较全面的分析与评价，能够为我国建立衡量国家财富新指标体系提供良好的借鉴。

# 第十章　法国调节学派的生态足迹理论与中国特色绿色发展

林建华　尹栋琳　金　晔*

随着经济的快速发展，人类对自然资源的需求和消耗不断增加，不可再生资源的过度使用甚至枯竭将会对人类的生存和发展产生巨大影响。现行的资源消耗模式不仅给生态系统带来了极大的压力，也不利于经济社会的可持续发展。而精确测量人类活动的生态需求以及衡量人类对自然资源的消耗是否适度是实现可持续发展的前提，生态足迹理论就是在这一背景下提出的。

新中国成立以来，尤其是改革开放40余年来，我国经济社会发展取得了举世瞩目的成就，但是也出现了诸如资源约束趋紧、环境污染严重、生态系统退化等问题，可持续发展面临严峻挑战。为此，我国特别重视生态环境保护问题，将节约资源和保护环境确定为我国的基本国策。在经济社会发展和生态环境保护的实践中，我国逐步形成了中国特色的绿色发展观，并指导中国经济社会发展的全面绿色转型，进行中国特色绿色发展道路的探索。法国调节学派关注经济增长所造成的环境损失，对不惜一切代价追求经济增长的发展模式提出质疑，在对生态足迹理论及其应用梳理评价的基础上，形成了富有特色的生态足迹理论。借鉴法国调节学派的生态足迹理论，对于我国推进中国特色的绿色发展、构建人与自然和谐发展的

* 林建华，教育部人文社会科学重点研究基地——西北大学中国西部经济发展研究院研究员，西北大学经济管理学院副教授，主要研究方向为西方经济学和区域经济发展；尹栋琳，西北大学经济管理学院西方经济学专业硕士研究生；金晔，西北大学经济管理学院西方经济学专业硕士研究生。

现代化新格局具有重要意义。

## 一、生态足迹理论概述

生态足迹是指特定数量人群按照某种生活方式所消费的自然生态系统提供的各种商品和服务功能，以及在这一过程中所产生的废弃物需要环境吸纳，并以生物生产性土地（或水域）面积来表示的一种可操作的定量方法①。这一概念最早由加拿大生态经济学家里斯（Rees）于1992年提出，里斯将生态足迹比喻为“一只负载着人类与所创造的城市、工厂、铁路……的巨脚踏在地球上时留下的脚印”。此后，里斯及其学生瓦克纳格尔（Wackernagel）进一步完善了这一概念，认为生态足迹是“能够持续地提供资源或消纳废物的、具有生物生产力的地域空间”。在概念界定的基础上，他们进一步提出了生态足迹的模型和计算方法。生态足迹理论为测量一个国家或地区可持续发展状况提供了重要方法，是近30年来定量测量可持续发展领域取得的最重要进展。

生态足迹通常用满足人类消费所需要的生物生产性土地面积来测度。生物生产性面积是指具有生态生产能力的土地或水体，主要包括六种类型：化石能源地、可耕地、牧草地、森林、建成地、海洋。生态足迹方法假设这六种生物生产面积是互斥的，这种互斥性使得在计算过程中可以对这六种生物生产面积进行加权求和，其计算结果就是生态足迹②。将生态足迹与地球资源的可再生能力（生态承载力）进行比较，可以反映人类对生物圈的需求。一个国家或地区的生态赤字或生态盈余规模取决于生态足迹与生态承载力的对比关系，即当生态足迹超出生态承载力，也就是该国家或地区的消费水平高于其自然资源可供给的水平时，就会出现生态赤字；反之，则为生态盈余。

自生态足迹理论提出以来，各种研究机构、国际组织等对生态足迹的

① 沈佐锐．生态健康企业的法规意识和道德规范及生态足迹研讨[C]//中国生态学学会2011年学术年会论文摘要集．北京：中国生态学会，2011：137.

② 高翀，王京安．生态足迹理论研究进展及实践综述[J]．商业时代，2011(10)：6－7.

研究和实践越来越丰富。如在国际上，世界自然基金会（World Wide Fund for Nature ，WWF）自2000年以来每两年就会发表一次生态足迹报告，公布世界各国的生态足迹；全球足迹网络（Global Footprint Network，GFN）致力于为超过50个国家、50个城市和70个全球合作伙伴持续提供全球生态足迹数据和研究前沿。在国内，中国环境与发展国际合作委员会与WWF合作，于2010年联合发表《中国生态足迹报告2010》、2014年发表《中国生态足迹与可持续消费研究报告》、2015年发表《地球生命力报告·中国2015》，从不同侧面反映了我国资源环境承载力与经济社会发展之间的互动关系，为正确判断我国的可持续发展状况提供了依据。

作为一种衡量可持续发展水平的方法，生态足迹不仅可以用来评价地理意义的区域可持续性，还可以对产业、项目等进行可持续性评价。此外，生态足迹也可以应用到生态系统的不同生态组成中，如土地、水、空气、能源等，由此产生了诸如碳足迹、水足迹、能量足迹等新的概念和理论。

## 二、法国调节学派的生态足迹理论

法国调节学派诞生于20世纪70年代，当时主要是对资本主义经济危机进行研究。20世纪90年代以来，法国调节学派关注到资本主义经济发展中出现了一些新问题，如资本主义经济的转型问题、经济发展中的不平等问题、经济增长与经济福利问题、可持续发展问题等，针对这些问题的研究拓展了法国调节学派的研究范围，丰富了法国调节学派的理论内容，推动了法国调节学派理论的进一步发展。

法国调节学派历史地回顾了经济增长的相关研究和理论演进。和许多其他学派一样，法国调节学派也关注经济增长的资源环境代价，提出“经济增长值得期待吗”这一疑问。法国调节学派全面分析了经济增长对生态环境的影响，包括气候变化、资源枯竭、生物多样性减少以及环境破坏和污染等问题，认为鉴于人类欲望的无止境和对经济增长的无限预期与自然资源的有限性之间的不可兼容，GDP这一总量指标无法反映经济增长对生态环境施加的压力以及所造成的损害，提出构建财富新指标以替代传统的

GDP 指标。由于生态足迹将人类生产和消费所使用的自然资源与其再生能力进行比较是考虑到经济增长和生态环境的可持续性的指标，因此，在对生态足迹理论的产生和发展进行历史梳理的基础上，法国调节学派提出了关于生态足迹的独特观点，形成了法国调节学派的生态足迹理论。法国调节学派生态足迹理论有以下主要观点。

### （一）生态足迹是有关环境的人类中心主义自然观指标

法国调节学派认为生态足迹指标的提出和应用主要是为了反映人类为生产或物质消费而利用大自然的程度。人类生产和消费活动利用的自然资源可分为两类：一类是不可再生资源，如石油、天然气等；另一类是可再生资源，如土地、水、森林等。生态足迹理论主要针对可再生资源进行研究。这些资源一方面提供人类生产和消费所需的原料，另一方面要接收人类生产和消费活动的废弃物。如果人类使用这些资源的量远远超出这些资源可以产生的量，则可再生资源将会枯竭，使人类的生产和消费活动面临不可持续问题。生态足迹理论就是通过建立自然资源资产负债表来衡量人类对地球资源的开发利用是否超出了其再生能力。生态足迹理论通过研究人类活动的生态足迹来反映人类对资源环境的利用是否超限，以揭示人类能否实现可持续发展，是一种人类中心主义的自然观指标。

### （二）生态赤字具有隐蔽性，即存在无形赤字

法国调节学派根据全球足迹网络（GFN）数据梳理了人均生态足迹的变化轨迹，以 1970 年为节点，在此前的 1960—1970 年人均生态足迹小于人均生态承载力，有生态盈余；在 1970 年前后二者大致相等，生态平衡；在 1970 年之后，由于人口增长，人均生态承载力下降，人均生态足迹超过人均生态承载力，出现生态赤字且持续扩大。到 2012 年，人均生态赤字超过 64%，即人类每年向大自然索取的可再生资源的数量超过了这些资源再生能力的 64%。但这种生态赤字并没有直观地在经济社会中反映出来，使人类生产和消费活动对生态环境的影响被隐蔽起来，即存在无形赤字。法国调节学派认为之所以如此，主要由于以下原因：第一，生态赤字核算并没有实际操作过。第二，在经济领域中，巨大的生态债务不一定会在短期

内产生明显的后果。第三，价格虽然可以反映某一资源的稀缺程度，进而揭示其枯竭的可能性，但科技进步提高了人类开发利用正在减少或者枯竭的资源的能力，阻止了资源价格的上涨，掩盖了生态赤字的增加。第四，生态赤字具有可转嫁性。生态赤字对日常生活的影响未触及主要的经济、政治、传媒主体以及上层社会，一方面，虽然这些人的生态足迹最为重要，但他们凭借掌握将生态足迹负面影响转嫁他人的手段而不必承担相应后果，另一方面，将作为公共资产的生态系统服务私有化也在一定程度上掩盖了生态赤字。

**（三）倡导建立一种减少生态足迹的生产和生活方式**

法国调节学派认为，生态足迹的核算是基于人类现行的消费模式和生产技术，在不损害食品、住房、出行、医疗等的质量和多样性目标的前提下，即在保持现有的生活品质和福利水平的前提下，如果采用更有节制的生活方式和更集约高效的生产技术，就可以大大降低生态足迹。长期以来，经济增长推动了社会发展与进步，促进了生活水平的提高，但经济活动，尤其是生产本位主义式的经济活动，也是导致生态危机的因素。因此，必须学会放弃增长，认识到生活水平的提高应该受到环境的约束，构建可持续的发展方式，包括生产和生活方式。为此，要对生产体系进行深度调整，摆脱生产本位主义，以社会发展和环境保护为中心再定位生产系统。同时，促进消费模式的转变，形成适度消费的消费结构，以减少垃圾排放所造成的环境污染。新的发展模式既要满足每个人的基本所需，又要确保人与自然的和谐发展。

**（四）揭示了生态足迹的严重不平等**

法国调节学派认为，生态足迹是一个将可持续发展与公平发展紧密联系起来的概念。公平发展主要涉及三方面，分别为代际公平、国内公平和国际公平。首先是代际公平。法国调节学派认为代际公平是一个持续性概念，对环境的破坏和资源的过度使用导致生态赤字不断上升，累积的生态赤字需要当代人及他们的子孙后代以各种方式偿还。其次是国内公平。法国调节学派通过分析生态足迹的计算数据，认为同一个国家不同社会群体之间存在严重的不平等，诸如发达地区与欠发达地区、城市地区与农村地区等，如果考虑到最富裕阶层的生活方式，差距则会更大。最后是国际公平。法国调节学派观察到不同国家之间在生态足迹方面也存在着严重的不平等，与发展中国家相比，发达国家具有更高的生态足迹。如2012年，美国的人均生态足迹是8.2公顷，法国是5.1公顷，全球人均是1.7公顷，非洲是1.4公顷，差距悬殊。这意味着如果全球人口都拥有美国人的生活方式，在现今技术条件下需要五个地球，而要达到法国人的生活方式也需要三个地球。发达国家的生活方式需要更多的资源消耗、更高的生态足迹才能维持。

## 三、中国特色的绿色发展

新中国成立以来，尤其是改革开放40多年来，我国国民经济和社会发展取得了举世瞩目的成就。《中华人民共和国2021年国民经济和社会发展统计公报》显示，2021年，我国国内生产总值达到1143670亿元，人均国内生产总值达到80976元，我国成为世界第二大经济体；全国居民人均可支配收入35128元，人均消费支出24100元，人民生活得到极大改善，全面实现小康社会建设目标，并接续奋斗第二个百年目标。在取得巨大经济成就的同时，我国也面临日益严重的资源环境问题，经济社会的可持续发展面临严峻挑战。我国逐渐认识到生态环境保护的重要性和迫切性，并重新审视人与自然的关系，形成了生态文明建设的理念，明确了走中国特色绿色发展的道路，开始全面推进经济社会发展的绿色转型。

### （一）中国特色绿色发展观的形成

中国特色绿色发展观的形成是基于中国经济社会发展与资源环境之间的矛盾以及对这一矛盾的理解和认识。生态环境恶化所导致的生存和发展危机，使我们深刻认识到人与自然是命运共同体，保护生态环境就是保护我们自己，并逐渐形成了中国特色的绿色发展观。

#### 1. 1949—1977年：强调自然为经济发展服务

新中国成立之初，我国百废待兴，综合国力十分薄弱。据国家统计局

《光辉的历程 宏伟的篇章——新中国成立60周年经济社会发展成就回顾报告》统计，1952年，中国的国内生产总值仅为679亿元，人均国内生产总值为119元，国家财政收入为62亿元，外汇储备只有1.39亿美元。面对处于崩溃边缘的国民经济，我国的首要任务就是集中一切力量迅速恢复国民经济，优先进行工业化建设。这一时期，在人与自然关系的认识上，认为人类可以认识自然、利用自然、改造自然，强调自然为经济发展服务。针对资源环境，虽然也采取了一些保护措施，如开展植树造林活动等，但由于以经济建设为主，尤其是优先发展重工业，导致生态破坏、环境污染开始出现。

2. 1978—1991年：强调自然与经济协调发展

1978年，我国开始实行改革开放。以经济建设为中心、把我国建设成为社会主义现代化强国成为这一时期的战略目标，从此我国经济发展进入"快车道"。但由于技术水平低下、资本短缺，我国经济发展主要依赖廉价的资源和劳动力，形成了"高投入、高排放、高污染、低效率"的粗放发展模式，使资源环境问题凸显。面对日益严峻的生态环境问题，生态环境保护工作被提上日程。1983年，我国召开第二次全国环境保护会议，制定了"同步发展战略"，指出要摒弃先污染后治理的发展模式，注重统筹自然与经济发展，实现二者的协调发展。

3. 1992—2011年：以人为本全面协调可持续的科学发展

改革开放的不断推进以及社会主义市场经济体制的建立，极大地解放和促进了社会生产力的发展，我国经济快速发展，工业化、现代化进程不断加快，第二产业，尤其是重化工业增长迅速，但同时也使资源稀缺、环境破坏和污染问题更加严重，并日益制约我国经济社会发展。自1992年我国参加21世纪议程以来，开始从可持续发展角度重新认识人与自然的关系，逐步提出可持续发展、科学发展等，提出要树立生态文明的发展理念，走全面协调可持续的科学发展道路。

（1）1992—2001年：可持续发展

20世纪90年代，我国借鉴国际可持续发展思想，结合经济社会发展和环境保护实践，提出了可持续发展思想。1992 年在《环境与发展十大对策》中，我国第一次明确提出转变发展战略，走可持续发展道路；1994 年通过的《中国 21 世纪议程》，明确了中国可持续发展的总体规划和社会、经济、资源的具体布局；1995 年党的十四届五中全会把可持续发展作为国家的基本战略；1996 年审议通过的《中华人民共和国国民经济和社会发展“九五”计划和 2010 年远景目标纲要》指出，实施可持续发展是我国现代化建设的一项重大战略；1997 年党的十五大报告再次强调实施可持续发展战略是实现我国现代化建设的必由之路，必须坚持环境保护和计划生育的基本国策。

（2）2002—2006 年：以人为本的科学发展

进入 21 世纪，我国开启了全面建设小康社会的新时期，人们对于生活环境质量的要求提高，在坚持可持续发展思想的基础上，我国进一步提出科学发展观思想，倡导建立资源节约型和环境友好型的“两型”社会。科学发展观的核心思想是可持续发展观，第一要义是发展，核心是以人为本，最终实现全面、协调、可持续的发展。2002 年党的十六大报告里阐述了全面建设小康社会要走文明发展道路，必须把可持续发展放在十分突出的地位，坚持计划生育、保护环境和保护资源的基本国策；2003 年党的十六届三中全会系统阐述了科学发展观，首次提出坚持“以人为本，全面、协调、可持续的发展观”，提出“五个统筹”和“五个坚持”；2005 年《国务院关于落实科学发展观加强环境保护的决定》指出，为达到建设和谐社会、全面建设小康社会的目标，要将环境保护放在更加重要的战略位置；同年，党的十六届五中全会提出要以科学发展观统领经济社会发展全局，将经济社会发展转入全面协调可持续的发展轨道；2006 年将建设“资源节约型、环境友好型社会”作为重要目标纳入我国“十一五”规划；2007 年党的十七大提出要坚持科学发展观，实现经济发展与人口、资源、环境相协调。

（3）2007—2011 年：资源节约环境友好的文明发展

在可持续发展和科学发展的基础上，我国进一步提出生态文明的发展理念。2007 年党的十七大报告明确了实现全面建设小康社会奋斗目标的新要求，提出要坚持生产发展、生活富裕、生态良好的文明发展道路，建设资源节约型、环境友好型社会，实现速度和结构质量效益相统一、经济发展与人口资源环境相协调，使人民在良好的生态环境中生产生活，实现经济社会永续发展，为此要牢固树立生态文明理念，推进循环经济、低碳经济发展；2008 年通过了《中华人民共和国循环经济促进法》，旨在促进我国循环经济发展，提高资源利用效率；2009 年我国出席联合国气候变化峰会，首次就气候变化问题阐述中国立场，并做出降低排放量的承诺；2011 年第七次全国环境保护会议强调要把环境保护作为转型发展和改善民生的一件大事来抓，建设环境友好型、资源节约型的国民经济体系。

4. 2012 年至今：人与自然和谐共生的绿色发展

党的十八大以来，我国经济社会发展进入由数量型向质量型转变的新阶段，对人与自然关系的认识也发生了深刻的变化，逐渐认识到人与自然是生命共同体，人是自然的一部分，高质量发展必须实现人与自然的和谐共生，保护自然与经济社会发展具有内在同一性。据此，我国聚焦绿色发展做出新实践、提出新思想，形成具有中国特色的绿色发展观。

（1）2012—2014 年：绿色低碳发展

鉴于经济社会发展中资源环境约束加剧、不可持续问题突出的现实，我国提出着力推进绿色低碳发展。2012 年党的十八大报告提出把生态文明建设放在突出地位的“五位一体”总体布局，着力推进绿色发展、循环发展、低碳发展，优化国土空间开发格局，全面促进资源节约集约利用，加大自然生态系统和环境保护力度，努力建设美丽中国，实现中华民族永续发展；2013 年党的十八届三中全会通过了《中共中央关于全面深化改革若干重大问题的决定》，提出必须建立系统完整的生态文明制度体系，用制度保护生态环境，健全国土空间开发、资源节约利用、生态环境保护的体制机制，以实现建设美丽中国的目标，推动形成人与自然和谐发展的现代化建设新格局。

（2）2015—2019 年：以绿色发展促进高质量发展

针对经济发展进入新常态的判断，我国提出新发展理念，绿色发展是新发展理念的重要内容，通过绿色发展能够促进高质量发展。2015 年党的十八届五中全会提出以全面建成小康社会为目标，以提高发展质量和效益为中心，树立和贯彻创新、协调、绿色、开放、共享的新发展理念，推动建立绿色低碳循环发展产业体系，改善生态环境总体质量，提高发展的平衡性、包容性和可持续性；2016 年《"十三五"生态环境保护规划》提出生态环境是我国全面建成小康社会的突出短板，要从源头破解我国资源环境约束瓶颈、提高发展质量，关键在于推进绿色发展，要以生态环境保护推进供给侧结构性改革，形成绿色发展格局；2017 年党的十九大报告指出中国特色社会主义建设进入新时代，经济已由高速增长阶段转变为高质量增长阶段，我国社会的主要矛盾已经转变为人民日益增长的美好生活需要和不平衡不充分的发展之间的矛盾，人民对美好生活的需要不仅表现为对物质财富和精神财富的需要，也包括对优美生态环境的需要，因此，要推动经济社会发展的绿色转型，形成节约资源和保护环境的空间格局、产业结构、生产方式、生活方式，提供更多优质生态产品以满足人民日益增长的美好生活需要。

（3）2020 年至今：经济高质量发展与生态环境高水平保护协同发展

面对经济发展的新形势、新要求、新目标，我国提出协同推进经济高质量发展和生态环境高水平保护。2020 年，我国在联合国大会上明确提出 2030 年前实现"碳达峰"、2060 年前实现"碳中和"的"双碳"目标；"十四五"规划进一步明确我国要立足资源环境承载能力，强化国土空间规划和用途管制，构建国土空间开发保护新格局，加快推动经济社会绿色低碳发展，促进"双碳"目标的完成，实现更有质量、效率、安全、可持续的发展；2021 年印发的《中共中央 国务院关于完整准确全面贯彻新发展理念做好碳达峰碳中和工作的意见》中提出把碳达峰、碳中和纳入我国经济社会发展全局，坚定不移走生态优先、绿色低碳的高质量发展道路，确保如期实现碳达峰、碳中和；2022 年全国生态环境保护工作会议提出要有序推动绿色低碳发展，把生态环保工作融入经济社会发展大局，充分发挥生态环境保护的引领、优化和倒逼作用，促进经济社会发展全面绿色转型，实现经济高质量发展和生态环境高水平保护协同推进。

从人类能够认识自然、利用自然、改造自然的功利主义自然观，到人与自然是生命共同体，人类必须尊重自然、顺应自然、保护自然的生态文明理念，我国在70多年的经济社会发展实践中，对人与自然关系的认识发生了根本性变化，充分认识到人类不是自然界的主宰，相反，人类只是自然中的一员，人类对大自然的伤害最终会伤及人类自身，从而逐步形成了人与自然和谐共生的中国特色绿色发展观。党的十八大以来，我国树立和坚持“绿水青山就是金山银山”的理念，践行生态优先、绿色发展，取得了历史性成就。

**（二）中国特色绿色发展的实践和成就**

在中国特色绿色发展观的逐步形成和完善过程中，我国也开展了包括生态环境保护和修复、提高资源利用效率、污染防治等方面的全方位绿色发展实践，并取得了历史性成就。

在生态环境保护和修复方面，我国颁布和实施了一系列规划、法律法规和工程措施。一是颁布国土空间规划，划定各类土地开发边界和保护红线，规范国土空间开发利用秩序，以形成国土空间的可持续发展格局。二是建立生态环境保护的完整法律体系，颁布《中华人民共和国环境保护法》《中华人民共和国海洋保护法》《中华人民共和国森林法》《中华人民共和国草原法》《中华人民共和国矿产资源法》等一系列法律，建立起了生态环境保护的完整法律体系。三是开展各类生态保护和修复工程，包括山水林田湖草沙一体化保护和修复工程，长江、黄河等大江大河治理工程，生物多样性保护工程等。据国家统计局数据，到2021年，我国森林覆盖率提高到23.04%；国家级自然保护区474个，国家公园5个，全国各级各类自然保护地总面积约占我国陆域总面积的18%；2019年耕地面积为12786.19万公顷；仅2021年，我国新增水土流失治理面积6.2万平方千米，2001—2021年，中国水土流失总面积由356万平方千米减少到269.37万平方千米，减少了86.63万平方千米，生态环境质量持续改善。

在提高资源利用效率方面：一是实施促进资源高效利用的制度，包括健全自然资源产权制度、落实资源有偿使用制度、实行资源总量管理和全面节约制度等。二是建立健全资源节约循环利用政策体系，促进循环经济发展，推行垃圾分类和资源化利用。鼓励加大新能源和清洁能源的建设，以减少化石能源在我国能源结构中的占比，推动能源结构升级，建立清洁低碳、安全高效的能源体系。三是大力扶持节能环保等新兴产业的发展。鼓励发展战略性新兴产业，特别是节能环保产业，推动现代化产业体系建设。到2021年，我国全年能源消费总量52.4亿吨标准煤，煤炭消费量占能源消费总量的56%，天然气、水电、核电、风电、太阳能发电等清洁能源消费量占能源消费总量的25.5%；平均每万元GDP能源消费量为0.46吨/万元，比2001年下降了2.13吨/万元；全国人均综合用水量为419立方米，每万元GDP用水量51.8立方米，分别较2001年减少了17立方米和528.2立方米。能源消费结构优化，清洁能源比重增加，[①] 资源利用效率明显提高。

在污染防治方面：一是深化污染防治管理体制改革，推进环评“放管服”，建立以环境影响评价制度为主体的源头预防体系，使污染防治由注重末端治理转向加强源头预防。构建以排污许可制为核心的固定污染源监管制度体系、全面实施排污许可证、强化“三线一单”生态环境分区管控。二是全面推行河长制、湖长制，细化生态环境保护和治理任务，落实各主体责任，以保证治理和保护目标的实现。三是针对大气、水和土壤污染，出台“大气十条”“水十条”“土十条”，开展蓝天、碧水、净土保卫战。2021年，在监测的339个地级及以上城市中，全年空气质量达标的城市占64.3%[②]，未达标的城市占35.7%，空气质量持续改善；七大水系的3117个地表水考核断面中，全年水质优良（Ⅰ～Ⅲ类）断面比例为87%，

① 资料来源：2001年、2021年国民经济和社会发展统计公报。

② 按照《环境空气质量评价技术规范（试行）》（HJ663－2013），参与评价的六项污染物均达标即为空气质量达标。

劣Ⅴ类断面比例为0.9%，水环境质量提升①；新增完成1.6万个行政村环境整治，完成400余个较大面积黑臭水体整治；2020年，我国每亿元GDP化学需氧量排放量为25.30吨、二氧化硫排放量为3.14吨、工业固体废物产生量为3626吨，分别较2001年减少了79.35吨、172.5吨和4387吨，污染物排放持续下降，污染防治效果明显。

## 四、中国特色绿色发展的特点

通过对我国中国特色绿色发展观的形成、绿色发展的实践和成就进行系统梳理，可以看出中国特色绿色发展具有以下特点：

### （一）顶层设计，目标明确

中国特色的绿色发展体现了顶层设计，具有明确的目标。生态文明建设是关系中华民族永续发展的千年大计，党和政府高度重视生态文明建设，将节约资源和保护环境确定为我国的基本国策，根据不同阶段经济社会发展和资源环境之间矛盾的变化，适时调整发展理念、目标和任务。党的十八大以来，我国把生态文明建设放在突出地位，纳入“五位一体”的总体战略布局，着力推进绿色发展、循环发展和低碳发展，绿色发展成为我国经济和社会发展的战略目标并贯穿经济社会发展全局。为推动经济社会发展的绿色转型，我国通过国民经济和社会发展五年规划、国土空间规划、生态环保规划等统筹谋划和系统规划，确定不同时期的绿色发展目标和任务，并通过各级地方政府的相应发展规划层次推进，形成绿色发展转型的总体框架图和具体实施路线图。同时，围绕绿色发展转型，构建相应的制度体系，包括最严格的生态环境保护制度、资源高效利用制度、生态保护和修复制度、生态环境保护责任制度等，严格落实企业主体责任和政府监管责任，以确保绿色发展战略目标的实现。通过顶层设计，明确目标，分解任务，层层推进，我国加快推动经济社会发展的绿色转型，以形成节约资源和保护环境的空间格局、产业结构、生产方式、生活方式，形

---

① 资料来源：2001年、2021年中国生态环境状况公报。

成人与自然和谐共生的新发展格局。

**（二）充分发挥中国特色社会主义制度优势**

中国特色的绿色发展充分发挥了中国特色社会主义的制度优势。资源环境问题本质上是外部性问题，是市场失灵的表现之一，需要政府干预以消除外部性。我国在推进生态文明建设和绿色发展过程中，充分发挥了集中力量办大事的社会主义制度优势，以国家经济社会发展战略为引领，调动政府、市场和社会等各方力量，协同推进经济社会绿色发展转型，取得了历史性成就。我国始终坚持以人民为中心的发展思想，聚焦经济社会发展的主要矛盾和问题制定国家发展战略和目标，以国家战略为核心，形成各地区的发展战略和发展目标，“全国一盘棋”，在国家战略的引领下，各地区因地制宜制定相应政策，协同推进绿色发展转型；发挥集中统一的组织制度优势，确保国家战略得到快速、有效推行。我国形成的中央组织、地方组织、基层组织上下贯通、执行有力的严密组织体系，使各级政府和组织能够围绕国家战略的实施迅速行动起来，根据战略目标层层分解任务，压实各方责任，推动发展方式的绿色转型；发挥新型举国体制的优势，支持关键技术攻关，突破技术瓶颈，提升产业基础能力和产业链现代化水平，推动现代产业体系建立，推动实现生产方式和生活方式的绿色转型。党的十八大以来，我国充分发挥中国特色社会主义制度优势，坚定走生产发展、生活富裕、生态良好的文明发展道路，全面推动经济社会发展的绿色转型，美丽中国建设取得显著成效。

**（三）注重创新的作用**

我国的绿色发展特别注重创新的作用。面对资源约束趋紧、环境污染严重、生态系统退化的严峻现实，我国提出绿色循环低碳发展。绿色发展的实现关键在于实现生产方式的绿色转型，构建绿色发展的产业体系。为此，需要对传统产业进行技术升级改造，使其走绿色发展道路，还需要培育和发展绿色新兴产业，二者都离不开创新。因此，创新在我国绿色发展、构建人与自然和谐共生的现代化新格局中居于核心地位。我国始终重视创新发展，党的十八大以来形成的新发展理念，将创新视为发展的第一动力摆在首位，为推动创新发展，我国注重人才培养，实施了科教兴国战略、人才强国战略；强化企业创新主体地位，促进各类创新要素向企业集聚，推动创新链和产业链有效对接，提升国家创新体系整体效能；完善科技创新体制机制，提升企业技术创新能力，激发人才创新活力，促进新产品、新工艺、新技术持续推出；大力发展绿色金融，支持绿色技术创新，推进重点行业和重要领域的绿色化改造，建立清洁低碳安全高效的能源体系，促进资源全面节约和循环利用，实现生产系统和生活系统循环链接，促进环保产业、清洁生产产业、清洁能源产业发展；运用财政、金融等政策的正向激励作用以及技术标准、环保标准等措施的倒逼作用，激发企业投资研发的积极性，加快产业技术升级和绿色发展转型。

**（四）注重发挥政府和市场的协同作用**

我国的绿色发展注重发挥政府和市场的协同作用。我国实行社会主义市场经济制度，强调市场在资源配置中起决定性作用。在推进绿色发展转型中，要充分发挥市场的作用，通过建立资源节约环境友好的利益分配格局，诱导形成符合绿色发展的生产方式和生活方式，调动企业、居民等各类主体绿色发展的积极性。通过实行排污许可制度，推进排污权、用能权、用水权、碳排放权市场化交易，改变企业的成本—收益结构，使企业节能减排由被动变主动，成为绿色发展和生态环境保护的积极践行者，从源头消除环境问题的产生；通过实行垃圾分类、塑料制品收费、阶梯电价水价等制度，诱导人们形成更加绿色环保的生活方式和消费方式；政府通过发展战略、规划、产业政策等推动发展方式转型，一方面推动传统产业的升级改造，使传统产业实现绿色发展，另一方面加快推动绿色新兴产业发展，从而构建起绿色发展的产业体系；建立促进绿色发展的法律法规体系及其实施机制，强化政府的监督管理责任，加大执法监督力度，通过对资源环境损害评估、问责、追究和赔偿，提高违法成本和惩罚标准，确保促进绿色发展的相关法律法规的有效实施，约束各类经济主体的资源浪费和环境破坏行为，推动经济社会绿色可持续发展。

## 五、法国调节学派生态足迹理论对中国特色绿色发展的启示

通过对法国调节学派的生态足迹理论及中国特色的绿色发展理念、实践进行系统梳理，可以看出二者基本理念的契合之处，借鉴法国调节学派的生态足迹理论，对于我国推进中国特色的绿色发展、构建人与自然和谐发展的现代化新格局具有重要意义。

### （一）坚持生态文明理念，构建人与自然和谐发展的新格局

生态足迹反映了人类生产、消费等活动对自然资源的利用程度。随着我国经济发展和生活水平的提高，人均生态足迹迅速增加，由 1978 年的 1.28 全球公顷增加到 2018 年的 3.8 全球公顷，增加了 2.52 全球公顷①，我国对自然资源的利用强度大大增加；同时，我国的人均生态赤字也持续增加，2018 年人均生态赤字为 2.88 全球公顷，严重高于 1.19 全球公顷的全球水平，我国对资源环境的利用远远超过其承载力，使生态环境不断恶化。我国在经济社会发展实践中逐步认识到人与自然是生命共同体，人类必须尊重自然、顺应自然、保护自然，人类对大自然的伤害最终会伤及人类自身，这是无法抗拒的规律②。我国的绿色发展必须正确认识人与自然的关系，坚持生态文明理念，对资源环境的利用不超过其承载力，使人均生态赤字不断降低并逐渐转向生态盈余，最终推动形成人与自然和谐发展的现代化新格局。

### （二）加快推进发展方式的绿色转型

绿色发展方式能够降低对自然资源的消耗及对生态环境的破坏，从而减少生态足迹，因此应加快推进发展方式的绿色转型，实现经济社会和资源环境的和谐发展。为形成绿色发展方式，一是要推进传统资源型产业的绿色转型，改变传统的资源型产业“三高一低”的粗放发展方式，以经济生态化为目标，探索资源型产业绿色发展转型的路径和措施；二是要实行

① 资料来源：全球生态足迹网站（www.footprintnetwork.org）。

② 习近平．决胜全面建成小康社会 夺取新时代中国特色社会主义伟大胜利——在中国共产党第十九次全国代表大会上的报告［M］．北京：人民出版社，2017：66.

清洁生产，大力发展循环经济和低碳经济，提升资源利用效率，在源头上将污染物的排放降到最低；三是要促进绿色新兴产业的发展壮大，提高科技创新能力，强化技术研发，促进先进制造业、高新技术产业等绿色新兴产业发展壮大，降低经济发展对资源环境的依赖；四是要推动生活方式的绿色转型，倡导简约适度、绿色低碳的生活方式，降低人均生态足迹。

### （三）构建公平的生态伦理观，促进生态公平

人类世代共生于同一个地球，不同世代、不同国家、不同区域的人对地球资源和环境具有同等的权利和责任，应建立公平的生态伦理观，实现生态公平。一是实现代际公平。地球资源的稀缺性决定了不同世代人之间权利和义务的不对等，前一代人对资源环境消耗和破坏的代价，会通过代际转移由后代人来承担，因此，必须关注资源环境的代际公平问题，要合理开发和使用资源，注重生态环境保护和修复，“要为子孙后代留下天更蓝、山更绿、水更清的优美环境”①，只有资源环境永续发展，人类社会才能永续发展。二是实现国际公平。每个国家的生态权益和生态责任应该对等，由于发达国家通过污染转移和责任转嫁，使生态权益和生态责任主体相分离，造成发达国家和发展中国家之间权利和义务的不对等、不公平。无论从历史还是现实来看，发达国家都消耗了更多资源，造成了更多污染，理应在全球环境治理中承担更多责任，坚持共同但有区别的责任，以实现国际公平。三是实现国内公平。我国区域间资源禀赋及经济发展程度的巨大差异，造成了生态权益和生态责任在区域间分配的不对等。我国西部地区既要为其他地区经济社会发展提供能源、原材料，又要为全国提供生态公共产品，因此承担了资源开发对生态环境污染破坏和保护生态环境的双重责任，生态权益和生态责任在东中西区域之间的分配不均等。因此，应建立生态补偿机制，由利益受益地区向承担责任地区进行补偿，以实现生态公平。

---

① 习近平．对河北塞罕坝林场建设者感人事迹作出重要指示强调 持之以恒推进生态文明建设 努力形成人与自然和谐发展新格局[J]．共产党员（河北），2017（18）：1.

# 第十一章　法国调节学派积累体制理论与中国积累体制变革

段雨晨*

## 一、引言

20 世纪 60 年代末 70 年代初，资本主义国家陷入长期的经济萧条，以及主流的凯恩斯主义在解释资本主义危机时的乏力，使得资本主义经济和资本主义经济理论同时陷入危机。以米歇尔·阿格利埃塔（Micheal Aglietta）、阿兰·利比兹（Alain Lipietz）、罗伯特·博耶（Robert Boyer）等为代表的法国经济学家，在继承马克思经济学核心理论与范畴的基础上，吸收借鉴了凯恩斯主义经济学、年鉴学派的部分观点，发展出了一个分析资本主义长期经济演化的理论框架，为探索资本主义发展规律提供了独特的理论基础、概念体系和分析框架，由此形成了法国调节学派的基本内容①。

法国调节学派强调动态、结构、历史、累积因果论述的分析方法，以资本积累过程与绩效为核心，以各种制度体系运行的相互关系为分析路径，广泛使用了马克思经济学的基本原理，尤其是利润率下降趋势的分析，并结合资本主义发展的历史和现实，从各种制度结构及其功能上就资本积累的过程、动力、障碍以及绩效等问题进行了全面讨论②。在法国调节学派的分析框架中，积累体制（Regime of Accumulation）、调节模式

---

* 段雨晨，西北大学经济管理学院讲师，主要研究方向为马克思主义政治经济学。

① 任保平．法国调节学派的政治经济学理论及中国特色社会主义政治经济学对它的借鉴[J]．政治经济学季刊，2019，2(4)：24－34.

② 杨虎涛．马克思经济学对法国调节学派的影响[J]．马克思主义研究，2009(9)：121－126，160.

（Mode of Regulation）以及制度形式（Institutional Forms）构成调节理论的概念基础，其中，积累体制处于核心地位①。法国调节学派认为积累的逻辑是资本主义经济制度的核心逻辑，积累在整个再生产过程中具有决定性作用，积累体制深刻影响着资本积累和经济发展的主要方面和矛盾。同时，积累并不是简单的经济过程，而是与各种制度相联系，如经济体制、政治体制、意识形态。长期来看，资本积累呈现出的主要特征则是一整套社会制度的产物。法国调节学派通过分析资本积累过程和影响该过程的社会制度的关系来解释资本积累的长期模式，为理解资本主义长期转变、揭示资本主义内生规律提供了有力解释②。20 世纪 90 年代以来，法国调节学派的理论逐渐被应用于研究发展中国家、亚洲金融危机等问题中来，在世界范围内产生了较大影响。

新中国成立以来，我国经济建设取得了举世瞩目的成就，尤其是通过快速的资本积累，使我国从积贫积弱的农业国发展成为世界工业强国。当前，我国经济发展进入新阶段，资本积累过程出现了许多新形势、新变化、新问题，需要我们客观、全面、准确地认识和把握资本积累的特征和规律。2022 年 4 月，习近平总书记在中共中央政治局第三十八次集体学习时强调，“要加强新的时代条件下资本理论研究。在社会主义制度下如何规范和引导资本健康发展，这是新时代马克思主义政治经济学必须研究解决的重大理论和实践问题。要深入总结新中国成立以来特别是改革开放以来对待和处理资本的正反两方面经验，深化社会主义市场经济条件下资本理论研究，用科学理论指导实践，促进各类资本良性发展、共同发展，发挥其发展生产力、创造社会财富、增进人民福祉的作用。”学习和借鉴法国调节学派积累体制理论，能够为我们深化对积累的认识、深刻把握积累体制运行逻辑、提高积累体制运行效率提供有益思考，为中国马克思主义经济学发展创新和中国特色社会主义宏观调控提供丰富的思想资源。

---

① 贾根良．法国调节学派制度与演化经济学概述[J]．经济学动态，2003(9)：56－59.

② [美]大卫・科茨，田方萌，孟捷．法国调节学派与美国积累的社会结构学派之比较[J]．西北大学学报(哲学社会科学版)，2018，48(5)：121－129.

基于以上背景，本章将基于法国调节学派的积累体制理论和中国经济的制度特征，分析新中国成立以来资本积累体制的形成和演变特征，以期为新时期我国实现资本平稳运行提供有益借鉴。余文安排如下：第二部分对法国调节学派资本积累体制理论的主要内容进行梳理；第三部分介绍了法国调节学派对当代资本主义积累体制的分析；第四部分概括新中国成立以来积累体制的动态演进与当前困境；第五部分总结法国调节学派积累体制理论对我国积累体制变革的启示；第六部分为简要总结。

## 二、法国调节学派资本积累体制理论的主要内容

### （一）积累体制的思想渊源

法国调节学派积累体制思想主要源于马克思的资本积累理论和剩余价值理论。法国调节学派继承了马克思经济学的基本原则，认为积累在资本主义经济运行中具有决定性作用。但同时认为马克思所使用的一些概念过于宏大和抽象，难以直接应用于具体研究当中。应从中分离出如积累体制、调节模式、制度形式等若干中间概念，便于应用到具体时期、具体形式的资本主义分析中去，有助于更好地理解资本主义经济发展过程中动态且复杂的特征。

相比于积累量的大小或积累速度的快慢，调节学派更关注积累过程中质的变化，强调积累与制度间的关系演变对利润率和价值实现的影响。以马克思剩余价值理论为基础，法国调节学派提出了内涵型积累和外延型积累的概念，这两个概念的理论基础分别是马克思的相对剩余价值理论和绝对剩余价值的理论。马克思强调生产过程中的物质资料再生产和生产关系再生产的统一，而法国调节学派以积累体制概念来描绘以供求实现为内容的物质和资本的再生产，以调节模式及制度形式的概念来反映为了维持物质资料再生产而进行的社会关系再生产①。积累体制与再生产图示区别在于二者的代表性参数来源于不同的制度形式。前者来源于劳资关系，后者

① 杨虎涛．马克思经济学对法国调节学派的影响[J]．马克思主义研究，2009(9)：121－126，160.

来源于竞争形式①。

就积累问题来看，法国调节学派同马克思有较为明显的区别。马克思的积累理论实际上是关于资本主义生产关系矛盾发展的理论，而调节学派发展积累体制理论的主要目的在于通过详细地分析制度形式对工资和收益间收入分配的影响，以及变现要求与增殖要求的兼容性，构建起经济发展动力并实现对马克思主义经济术语的再利用②③。

### （二）积累体制的基本内涵

积累体制是一个宏观层面的概念，指的是维持社会扩大再生产顺利进行的宏观经济体制，法国调节学派用这一概念来描绘长期增长模型的轮廓。具体来说，积累体制是维持稳定经济生产与消费平衡类型的模式，也可以视为维持第一部类（生产部门）和第二部类（消费部门）相互平衡的资本再生产模式。积累体制实质上反映了社会化大生产的规律、有规律的增长规律。阿格利埃塔较早提出积累体制是社会转型的一种形式，它是在定义绝对剩余价值的最普遍规范的稳定约束下增加相对剩余价值，是通过改变劳动组织获得相对剩余价值的制度④。更具体地，博耶对积累体制概念进行了界定。博耶认为积累体制是一套规则，这套规则确保了资本积累进程的普遍性和相对一致性，或者说，随着时间的推移，这套规则能够消除资本积累进程中自身不断产生的扭曲和非均衡。这些规则涉及以下五个方面：①生产组织发展变化以及生产方式同雇佣工人关系发展变化的标准类型；②资本基于管理准则基础增殖的时限范围；③促进不同社会组群和阶层在生产动力上的价值分配；④有利于生产能力发展趋势的社会需求构成；⑤当非资本形式在研究的经济构成中占有重要地位时，与这些非资本

① ［法］罗伯特·博耶．资本主义政治经济学：调节与危机理论［M］．桂泽元，译．北京：中国经济出版社，2021：53.

② AGILETTA. A theory of capitalist regulation：the U S experience［M］. London，1979：38.

③ ［法］罗伯特·博耶．资本主义政治经济学：调节与危机理论［M］．桂泽元，译．北京：中国经济出版社，2021：52.

④ AGILETTA. A theory of capitalist regulation －the US experience［M］. London，1979：42.

形式的衔接方式[1][2]。前两个规则主要由经济因素和技术发展趋势和水平决定，后三个因素更直接地取决于制度形式和调节方式能否有效发挥作用。

### （三）影响积累体制有效性的因素和积累体制危机

资本积累不单是经济现象，而且与广泛的制度变迁相联系。积累体制是以供求实现为内容的物质和资本的再生产，而调节模式及制度形式则是为了维系这种物资再生产而必需的社会关系的再生产。每一个稳定的积累体制都需要生产力（技术范式）与生产关系（调节模式、制度形式）之间保持系统稳定性[3]。资本主义经历了一系列不同的历史阶段，每一阶段都以一种特定形式的积累过程为特征，从而形成特定的积累体制，而每一种积累体制又都具有特定的调节方式，这种调节方式支配着积累过程[4]。

调节学派认为资本主义经济的危机具有层次性，可以分为五种危机：一是由外部冲击产生的危机，二是资本主义周期性危机，三是调节方式的危机，四是积累体制的危机，五是资本主义生产方式本身的危机。积累体制危机意味着最基本的制度形式出现矛盾，积累体制自身受到质疑，从而会影响整个经济发展模式。例如，博耶认为 20 世纪 90 年代的日本经济危机、1997 年的亚洲金融危机都是积累体制的危机[5]。积累体制的危机主要有三种表现：①原有的积累制度无法使已经下降的利润水平得到提升，也无法通过内生的方式恢复投资；②积累的发展使原有支持前一阶段快速发展的社会形式遭到削弱甚至破坏（比如原有的生产方法不再有效，使生产发展的需求不复存在等）；③经济技术因素不再起决定作用，社会矛盾加剧，政治纷争激化。无论是何种危机，若想摆脱，都需要建立新的积累体制以及与之相适应的调节方式。而通常新的积累体制和调节方式建立的起

---

① ROBERT B. Technical change and the theory of "regulation" [J]. Cepremap working papers (Couverture Orange), 1987.

② [法]罗伯特·博耶. 资本主义政治经济学:调节与危机理论[M]. 桂泽元,译. 北京:中国经济出版社,2021:54.

③ 杨虎涛. 马克思经济学对法国调节学派的影响[J]. 马克思主义研究,2009(9):121-126,160.

④ 李其庆. 法国调节学派评析[J]. 经济社会体制比较,2004(2):123-134.

⑤ [法]罗伯特·博耶. 资本主义政治经济学:调节与危机理论[M]. 桂泽元,译. 北京:中国经济出版社,2021:82.

点首先表现为资本在劳动过程中发现新的劳动组织方式。

## 三、法国调节学派对当代资本主义积累体制的分析

与新古典主义只强调一种类型的资本主义和马克思强调资本主义的一种发展路径不同的是，法国调节学派提出资本主义具有多样性特征的观点，认为资本主义存在时间的可变性和空间的可变性，并不存在一套适用于任何时间、地点的经济理论，理论分析必须同具体的现实条件相结合。新古典主义提供的是一套静态的、均衡的、非历史的经济规律，难以对资本主义历史进程的动态演化提供有力解释①。法国调节学派为我们理解资本主义提供了新框架。

从理论和历史的视角出发，法国调节学派认为不同时期、不同国家的积累体制不尽相同，并且随着分析范围的扩展，体制呈现出的多样性特征愈加明显，每种体制都在特定的调节模式框架内运作。在特定制度下，伴随着空间的转换和时间的推移，生产方式将在某些特征上产生差异②，并且由于资本主义在制度和技术上的创新行为的存在，不同积累体制能够在时间上接连出现并在空间上共存。

基于多样性理论的思考和对美国、欧洲以及日本等资本主义经济体积累过程的长期研究，法国调节学派提炼出积累体制内涵的两个核心参数：积累的特点、需求的特点。其中，根据积累的不同特点可以分为以外延式为主的积累和以内涵式为主的积累；需求的特点决定了工人的消费模式，根据需求的不同特点分为有大规模群众消费和没有大规模群众消费两种类型。进一步地，根据两个核心参数不同特征的组合，法国调节学派首先总结出了三种经典的积累体制类型：外延式积累体制、泰勒积累体制、福特主义积累体制，其中后两种可统称为内涵型积累体制。这三种积累体制是法国调节学派理论中影响最大、传播和应用最广泛的部分。

此后，随着分析时间和地域的进一步扩展，法国调节学派又相继提出了

---

① 胡海峰．对法国调节学派及其理论的分析[J]．教学与研究，2005(3)：79-84.

② 杨虎涛．马克思经济学对法国调节学派的影响[J]．马克思主义研究，2009(9)：121-126，160.

后福特主义积累体制、金融主导的积累体制（Finance – led Growth Regime）以及人类主导型积累体制（Anthropogenetic Growth Regime）。本节简要介绍以上六种积累体制类型的内涵、主要特征和运行逻辑，对此进行回顾有助于我们掌握资本主义在其积累的历史进程中各种体制和矛盾的演变。

### （一）外延型积累体制

在外延型积累体制中，生产结构和劳动过程是在技术不发生重大变化的情况下展开的。资本有机构成和生产率变动不大，主要依靠劳动力数量和劳动时间投入的增加，积累更多地表现为绝对剩余价值的增加。工会在企业内部地位弱，工人的议价能力较弱。经济再生产过程中较多地依赖于农民、资产阶级甚至公共支出的需求，博耶认为可以将这种体制中的需求理解为利润驱动的需求。这一积累体制的典型案例是18—19世纪的英国经济，这种积累体制在一定程度上确保了英国工业资本主义的兴起。

### （二）泰勒积累体制：没有大规模群众消费的内涵式积累体制

内涵式积累是以生产过程中技术改善为前提。科学技术和管理方式的变革带来新产品和生产力劳动过程持续变化，推动劳动生产率持续提高，表现为资本有机构成的提高和相对剩余价值的增加。资本主义生产进入大规模生产阶段，享受着规模报酬带来的红利。但采用泰勒主义劳动模式的根本目的在于促进资产阶级快速资本积累，这种模式导致了大生产与竞争性工资之间的矛盾：一方面，工资制的发展使竞争在工资决定中起着重要作用，这种竞争使得工人工资非常容易随着产业后备军的规模变动而变动，并且排除了任何实际工资显著提高的可能，从而抑制了大规模群众消费的出现①。另一方面，内涵式积累体制快速提高了劳动生产率和资本有机构成，使资本主义经济积累陷入生产能力扩张与消费需求不足的困境，致使积累体制产生了矛盾和危机，其基本运行逻辑如图 11 – 1 所示。19 世纪末 20 世纪初的美国是这一体制的典型代表。

---

① 李其庆．法国调节学派评析[J]．经济社会体制比较，2004(2)：123 – 134.

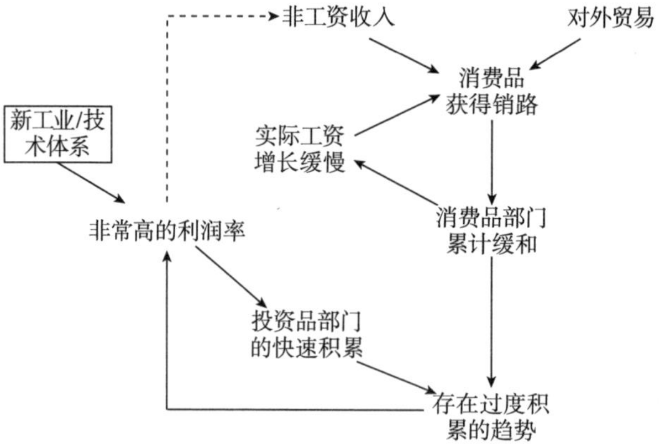


**图 11－1　泰勒积累体制的循环①**

### （三）福特主义积累体制：包含大众消费的内涵式积累

自第二次世界大战结束到 20 世纪 70 年代，美国发展进入了黄金年代，法国调节学派用福特主义积累体制来描述战后黄金年代宏观经济体制的核心特征——消费和产出的平行增长。一方面是第一部类劳动生产率同人均资本存量平行增长，另一方面是第二部类劳动生产率同实际工资平行增长②。由此带来大规模生产和大规模消费并行增长，形成生产与需求之间的“增长的良性循环”，如图 11－2 所示。

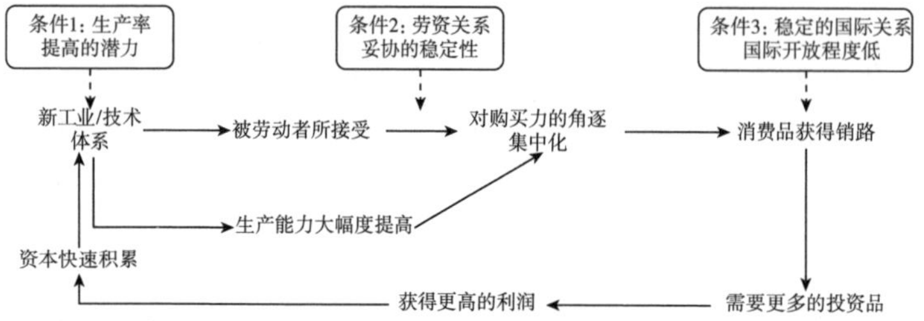


**图 11－2　福特主义积累体制的良性循环及其三重条件③**

---

① ROBERT B. Technical change and the theory of “regulation”[J]. Cepremap working papers (Couverture Orange), 1987:24.

② 孟捷. 战后黄金年代是怎样形成的——对两种马克思主义解释的批判性分析[J]. 马克思主义研究,2012(5):35－46,159.

③ [法]罗伯特·博耶. 资本主义政治经济学:调节与危机理论[M]. 桂泽元,译. 北京:中国经济出版社,2021:63.

但这种消费和积累的良性循环并不是经济自发形成的结果。福特主义积累体制的形成和维持离不开以下三个条件：一是福特制劳资关系的制度化，二是政府干预，三是稳定的国际环境。首先，福特制劳资关系是这一积累体制形成的基础。在生产过程中，伴随着生产和分配的决定权分离，工会实力不断增强，劳动者在劳资谈判中拥有了更大话语权，而资方为了保障稳定大规模生产以获得高利润而选择同劳动者分享部分利润，进而带来了劳动者收入的增长。资本对于大规模稳定生产的需要也使得整个社会中长期雇佣关系比例上升，缓解了劳资矛盾，促进劳资关系的和谐发展。同泰勒主义积累体制相比，福特主义积累体制将生产力增长收益分配制度化，使收入分配较为稳定。其次，积累体制的顺利运行需要政府干预来维持。集体谈判和罗斯福新政促进了大规模大众消费的形成，进而促进了新增剩余价值的实现。凯恩斯主义的宏观经济政策也有助于解决价值实现的困难。国家军备扩张产生的新技术带动了民用部门，提高了劳动生产率。价格制定中的垄断寡头模式，也有利于积累体制的稳定，战后货币和信用制度的发展创造了信用扩张和积累所需要的流通手段。最后，布雷顿森林体系为美国资本积累创造了稳定的外部环境。这些都使得国家可以通过凯恩斯式的逆周期性货币政策和财政政策对宏观经济进行干预，确保由利润转化而来的投资增长和工人购买力的增长相配合[①②]。

然而，20 世纪 60 年代之后，资本主义经济外部条件的变化激发了积累体制内部缺陷，生产和消费之间的良性循环难以为继，福特主义积累体制面临危机。一是福特制的大规模生产难以应对差异化产品需求，企业利润获取更加困难，随着生产力增速放缓，收入分配矛盾也会变得尖锐；二是凯恩斯主义国家干预政策和福利国家制度使得国家财政入不敷出；三是布雷顿森林体系的崩溃加剧了国际经济环境的动荡。福特主义积累体制出

---

① BRUNO AMABLE，赵晓军．资本主义动态比较分析中的制度互补性[J]．演化与创新经济学评论，2018(2)：1－18.

② 胡海峰．福特主义、后福特主义与资本主义积累方式——对法国调节学派关于资本主义生产方式研究的解读[J]．马克思主义研究，2005(2)：63－69.

现危机的根本原因在于积累体制难以促进生产力进一步发展，并且与之相伴的调节模式的发展潜力也已被耗尽①。

### （四）后福特主义积累体制：不平等加剧下的外延式积累

福特主义积累体制的崩溃首先表现为福特主义劳资关系的瓦解。面对增长乏力、失业增加、企业利润下滑的情况，原有劳动生产率同实际工资平行增长的规则被打破。同时，在劳资协商过程中，作为工人集体代表的工会丧失了谈判的优势。企业转而根据工人个人的生产能力进行分散管理，劳动合同和报酬标准也逐步个体化。原有集体形式的劳资关系被打破，导致劳动者内部收入不平等加剧，甚至出现了以工人内部等级斗争取代阶级斗争的倾向。在生产方面，面对多样化的产品需求，企业并没有积极采用更先进的技术，而是通过降低劳动工资、降低生产成本的方式来应对。法国调节学派将这种积累体制称为后福特主义积累体制。

虽然，从时间顺序来看，后福特主义积累体制替代了福特主义积累体制，但并不意味着新积累体制更能激发经济活力，带来更好的经济表现。相反，后福特主义积累体制带来了缓慢的生产力增长、更高的失业率、更不受控制的利润率变动以及社会不平等的加剧。

### （五）金融主导的积累体制

20 世纪 80 年代后，伴随着金融部门的兴起和金融化的发展，发达资本主义国家在资本积累过程中出现了明显的偏向资本、牺牲劳动的分配状况。博耶等提出金融主导的积累体制的概念来对这一积累特征进行描述②，这与新卡莱茨基学派提出的金融主导的资本主义体制（finance - dominated capitalism）有许多相似之处。

首先，在企业投资方面。竞争从产品市场转到金融市场，金融逐渐成

---

① 胡海峰．福特主义、后福特主义与资本主义积累方式——对法国调节学派关于资本主义生产方式研究的解读[J]．马克思主义研究，2005(2)：63 - 69.

② BOYER，ROBERT. Is a Finance - led growth regime a viable alternative to fordism? A preliminary analysis[J]. Economy & society，2000，29(1)：111 - 145.

为主导产业，非金融公司也越来越多地从事金融活动而不是生产性活动。管理层与股东利益的一致性促使公司将重心转向追求短期股东价值最大化，而不是追求公司的长期增长目标。导致企业长期实际投资积极性降低、资本积累放缓。金融市场将资金更多地配置给潜在投机性收益率更高而非潜在利润率更高的企业，造成了大量的资源错配。其次，在劳资关系方面。劳资关系转向金融主导性劳资关系。金融在新积累体制中的地位和作用相当于劳资关系在福特主义积累体制中的地位和作用。工会权利不断被削弱，长期稳定的雇佣劳动关系逐步减少，合同工、短期临时工等更多灵活就业形式逐渐增多，工人保障也在减少，导致实际工资的长期停滞，家庭消费变得更加谨慎。资本在收入分配中占比越来越高，分配体制极端不平等。最后，在政策层面。前两个方面直接导致了社会总需求不足和经济停滞的趋势。为维持和扩大需求、克服收入不平等与潜在的经济停滞，一些发达资本主义国家逐渐放松金融市场管制，刺激家庭借贷，并以此作为推动总需求和经济增长的主要动力。金融化提高了以财富为基础的消费潜力和以债务为基础的消费潜力，在一定程度上弥补了由于再分配失调和实际投资萎靡造成的需求不足。

因此，整个宏观经济动态是由金融市场产生的预期、企业利润增长的实现和利率动态之间的相容性驱动的。但是这种体制导致金融部门和实体经济两极分化，无法实现持续的良性积累，具有很强的不稳定和脆弱性，经济中的泡沫不断扩大，最终为 2008 年国际金融危机的爆发埋下祸根。

**（六）人类主导型积累体制**

在对新积累体制进行探索的过程中，法国调节学派提出了人类主导型积累体制。博耶认为资本主义历史上经历了从“物对物的生产”（福特主义积累体制）向“货币对货币的生产”（金融主导型积累体制）的转换，而下一步将向着“人对人的生产”（人类主导型积累体制）模式转换。在人类主导型积累体制中，“人”将取代“物”和“货币”，成为经济发展的主要动力①。增长体制集中在教育、培训、健康、休闲活动和城市规划上②。

## 四、新中国成立以来积累体制的动态演进与当前困境

新中国成立70多年以来，我国从积贫积弱的状态一路跃升为世界第二大经济体，创造了举世瞩目的增长奇迹。我国经济发展过程中一个突出的特点是具有很高的积累率，如何对我国积累过程进行理解是理论研究者们长期关注的重点问题之一，但却鲜有研究将积累体制作为单独的研究对象。法国调节学派关于积累体制的独特思想也许能够为我们理解中国积累和发展历程提供新的思路。正如阿格利埃塔所说的，“改革开放以来四十多年中国实力的飞跃应当得到调节理论这一理论工具框架的检验”③。同时，法国调节学派这一核心理论也应在中国这一世界第一大发展中国家的历史实践中得到应用。

积累是一个动态演进的过程，新中国成立以来，积累体制经历了复杂的演变过程。如何将法国调节学派的积累体制理论同我国历史经验相结合进行分析是一件富有挑战性的工作，本章的分析难以穷尽其中所有细节，只能抓住这一过程中的主要矛盾和特征，进行一个初步尝试。因此，在这一部分，本章立足于新中国成立以来的实践，概览我国积累体制的形成逻辑、制度环境及其动态演进过程，并指出未来积累体制可能的演变方向。更重要的意义在于，通过对积累体制的分析来理解我国发展和改革的逻辑，以期为新时期我国积累体制变革提供有益思考。

### （一）对法国调节学派一些基本概念的解释和调整

法国调节学派的基本概念和观点来自对资本主义经济体经济运行过程中的总结归纳。但我国是社会主义国家，在借鉴法国调节学派理论分析之

---

① 吕守军．抓住中间层次剖析当代资本主义——法国调节学派理论体系的演进[J]．中国社会科学,2015(6):62－77.

② BOYER R. The future of economic growth[J]. Books, 2004.

③ [法]米歇尔·阿格利埃塔，郭白，赵超．从帝国历史到资本主义的独特发展[J]．国外理论动态,2014(12):65－70.

前，应结合中国实际对一些基本概念范畴进行说明和调整。借鉴马艳等的做法，我们主要对以下三个范畴进行说明①。

第一，资本的形态问题。法国调节学派研究的是资本主义制度下的资本，在构成上以私有资本为主。在我国社会主义市场经济体制中包括国有资本、集体资本、民营资本、外国资本、混合资本等多种形态资本。因此，我们不仅关注资本总量的积累，还关注各种资本在积累过程中的比例和竞争关系。

第二，积累的主体问题。法国调节学派所研究的资本主义经济体中的积累主体是私人资本家。但在我国，积累主体还包括国家和地方政府，国家作为整体在进行积累，地方政府也为当地发展进行积累，并且国家和政府在积累过程中占有十分重要的地位。

第三，积累的动力问题。虽然法国调节学派更注重结构主义分析，但在调节学派积累体制中，阶级斗争也构成了积累体制更迭演变的动力之一。在调节积累与分配时，资本主义国家的根本目的在于为经济个体资本积累获取更多剩余价值，即使短暂地向工资倾斜的分配政策，也只是为了获取更多剩余而进行的让步。但是，在我国社会主义制度下，国家具有双重目标，一是促进国家整体的资本积累，二是提高人民生活水平，后者是国家积累的最终目的，即使短暂地向利润倾斜的分配政策最终也是为了实现人民生活水平的提高。

**（二）新中国成立以来积累体制的演进**

本部分我们试图从一个统一的逻辑框架来理解新中国成立以来的积累体制变迁。在我国，对资本特征及规律的认识是随着社会主义市场经济体制的探索和改革开放进程的深入而不断深化的②。从积累体制与调节模式的演化来看，新中国成立以来，我国资本积累大致经历了三个大的过程：

---

① 马艳，王琳，张沁悦．资本积累的社会结构理论的创新与中国化探讨[J]．马克思主义研究，2016(6)：60－70，159－160.

② 董志勇，毕悦．为资本设置“红绿灯”：理论基础、实践价值与路径选择[J]．经济学动态，2022(3)：12－20.

首先，在新中国成立初期，贫穷落后的现实与快速建立工业化体系目标之间的矛盾，决定了通过建立一套调节模式来保障资本的快速积累；其次，当资本完成快速积累后，原有高度计划的体制不再适应积累的需要，需要更合适的调节制度来进一步激发积累活力；最后，当资本积累到一定程度时，需要用强调节制度来规范积累行为，以保障积累体制的可持续稳定运行。

更具体地，本章根据不同时期积累条件和特征的不同，将新中国成立以来我国积累体制的演变过程大致分为四个阶段。每个阶段积累体制的形成都是基于当期特定的发展目标、制度体系、社会条件和国际经济形势，由此带来积累的主要动力、特征和矛盾的差异，形成了不同的积累体制。同时，每一阶段都是通过经济结构和制度设计的联合转型来实现当期的积累目标，通过适当的调节模式，确保将积累过程中带来的再生产扭曲和效率损失控制在一定范围。

1. 第一阶段：1949—1978 年，计划主导的不平衡积累体制

要理解这一时期资本积累体制，就要先理解新中国成立初期国家特殊的发展目标。新中国成立初期，亟须大量资本来推动生产建设，但一穷二白、积贫积弱的现实决定了我们无法利用市场机制和弱政府规制来推动中国经济起飞，必须依靠国家政策的强制调节来实现资本快速积累①。遵循生产资料优先增长的原则，我国实行优先快速发展重工业战略，由此建立了一套不同于市场制度的调节机制来保障积累的顺利进行。在资本构成方面，资本几乎全部为国有资本或公有资本，几乎不存在私人资本②。为保障积累的顺利进行，通过实行高度集权的计划经济制度，我国建立了一套分配制度和流通体系，通过采取低利率、低汇率、低工资、低农产品价格等一系列措施，人为降低重工业资本形成的门槛，为重工业发展提供廉价

① 传统理论认为"资本"这一概念只存在于资本主义和市场经济条件下，所以计划经济不能用"资本"这个概念。因此，很多讨论计划时期的文献并不使用集体资本和国有资本，大多使用"资金"或者"积累金"的概念。在新时期，习近平总书记提出要正确认识资本的性质和规律。本章中，我们依然采取"资本"的概念来对中国积累体制进行分析。

② 邱海平．关于社会主义利用资本的几个理论问题[J]．经济学动态，2022(7)：3 – 15.

的劳动力、原材料、技术和设备。劳资关系方面，由于劳动力价格被严格控制，劳动者只能拿到仅供维持生存的基本工资，实际工资并不随着劳动生产率的增长而增长。与此相适应，通过降低农产品和其他生活必需品和服务的价格降低劳动力价值，使劳动力价值与低工资相匹配。同时，对农业生产进行集中管理，农业部门对农产品的消费维持在最低水平，将大量农业剩余转向工业部门。

在这一系列政策的调节下，工业部门得以积累大量剩余，这些剩余的吸收并不依赖于社会消费，而是继续投入再生产，在生产领域不断循环，实现资本在工业内部的快速积累。到 20 世纪 70 年代初期，我国逐步建立起比较完整的工业体系和国民经济体系，积累率已经达到了 30% 的水平，为此后经济高速增长奠定了较为坚实的物质基础。

总的来看，这一时期的积累体制是服务于特殊时期国家发展需要建立的，国家主导了积累体制的各个方面，积累的主要目标在于如何创造更多的剩余，而剩余的吸收并不依靠消费部门。因此，其在带来投资部门快速发展的同时导致消费部门发展的停滞，甚至有学者将这种积累描述为内向型自我剥夺的积累①。随着积累进程的推进，居民收入水平、消费水平、生活水平长期得不到提高，人民对物质福利改进的需要日益增加。同时，这种积累体制下价格由国家计划确定，导致积累过程中产生了各主体激励不足，区域和部门之间发展不平衡等问题越来越突出，原有调节方式已无法适应进一步积累的需要和人民提高生活水平的需要。

2. 第二阶段：1978—1991 年，竞争主导的外延型积累体制

1978 年，我国实行改革开放，由此进入改革开放和社会主义现代化建设的新时期。对内改革、对外开放的政策成为激发积累活力最大的源泉。通过一系列政策调节了生产中不适应生产发展和管理组织的部分，尤其改变了过去一切以计划为纲、价值规律和市场调节难以发挥作用的状态。通

① 温铁军，杨殿闯．中国工业化资本原始积累的负外部性及化解机制研究[J]．毛泽东邓小平理论研究，2010(8)：23－29，86.

过社会主义制度的自我完善和发展，一方面，所有制改革扩展了积累主体；另一方面，通过运行机制的改革为资本创造出良好的运行条件，国家逐渐放开了对资本发展的限制，为资本积累提供了更大的发展空间。

改革首先从农村开始，家庭联产承包责任制的实施带来农业生产率的提高，出现了农业资金剩余和劳动力剩余，为乡镇企业发展提供了基础条件。乡镇企业依靠丰富廉价的劳动力优势，进入长期受压抑的轻工业产品部门，得以快速发展取得利润，企业实现了资本积累。再者，伴随着全球化浪潮的出现，我国对外关系发生了变化。一方面，凭借低廉的劳动力和资源优势，劳动力密集型产品出口大量增加，国内大量剩余被国外市场吸收，为资本积累提供了新空间；另一方面，国外资本开始进入中国，伴随经济特区的设立，外资通过多种方式在国内进行投资，为我们带来了先进的技术和管理经验，拓宽了资本积累的渠道，加强了各类资本之间的合作和竞争。

同时，收入分配向劳动者倾斜。在农村，大包干和粮食统购统销政策的调节极大地调动了农民生产积极性，农民纯收入连续多年实现高速增长。在城市部门，企业扩权改革带来工资奖金制度的松动，城乡劳动者劳动报酬增长速度超过了 GDP 增速。有研究指出，不仅是职工工资总额增长幅度远超国民收入增长幅度，而且职工平均工资增长扣除物价因素后仍超过劳动生产率提高幅度①。以收入增加为基础的居民储蓄率提高在促进资本形成过程中发挥了重要的作用。

总结来看，这一阶段的积累体制呈现出以下几个特点：第一，从积累主体来看，从单一向多元转变，逐步替代改革开放之前单一国家积累的积累结构，形成政府、企业、居民共同积累的结构。第二，从资本形态来看，各种形态资本共存，尤其是私有资本、国外资本被承认，获得了一定的发展空间。各种所有制企业，特别是乡镇企业和民营企业异军突起，形

① 戴园晨，黎汉明．工资侵蚀利润——中国经济体制改革中的潜在危险[J]．经济研究，1988(6)：3－11.

成了竞争格局。第三，从劳资关系来看，偏向劳动的收入分配提高了居民收入增长率，为扩大国内需求和增加储蓄提供了基础。第四，从需求方面看，消费品部门快速发展，居民生活水平大幅提高，但巨大的生产剩余无法完全被内需吸收，大量剩余被国外市场吸收，内需不足的矛盾被旺盛的出口暂时掩盖。但这一时期，市场机制未建立起来，效率问题仍然难以得到有效解决，资本依旧面临重重障碍，资本的活力和潜力未能完全释放。已有制度难以适应经济主体进一步积累和发展的需要，需要更包容和有效的调节制度出现。

3. 第三阶段：1991—2012 年，伴随大规模出口的外延型积累体制

随着社会主义市场经济体制的建立和进一步对外开放，这一时期的积累体制也更加开放，释放出巨大的积累活力。这一时期积累体制的形成主要受三个重大政策的影响：社会主义市场经济体制的建立、分税制改革以及加入世界贸易组织。

1993 年 11 月，党的十四届三中全会召开，会议通过了《中共中央关于建立社会主义市场经济体制若干问题的决定》，提出建立市场在国家宏观调控下对资源配置起基础性作用的社会主义市场经济体制，坚持以公有制为主体、多种经济成分共同发展的方针以及建立以按劳分配为主体，效率优先、兼顾公平的收入分配制度。我们甚至可以在一定程度上认为，建立社会主义市场经济体制目标的正式提出重构了积累体制。首先，社会主义市场经济体制的建立改变了资源配置方式，从计划配置变为要素和市场化配置。其次，完善产权制度，在很大程度上实现了有效激励，尤其是激发了私有资本和私营企业的生产积极性。这些都促进了要素的自由流动，使价格能够灵活反应市场需求，促进市场主体公平有序竞争。

在市场经济条件下，为理顺中央与地方的分配关系，调动中央、地方两个积极性，加强税收征管，保证财政收入和增强宏观调控能力，1994 年我国开始实施分税制财政管理体制，相比于人力资源，土地资源更容易被资本化。分税制改革带来的央地财权事权的重新划分，使得地方政府有很大的压力、动机和激励来实行土地财政。在此阶段，土地财政成为地方政

府进行经济建设和资本积累的重要源泉。

2001 年中国加入世界贸易组织，充分利用比较优势积极融入全球价值链中，实施低成本出口导向战略，出口贸易快速增加，迅速崛起为“世界工厂”。国内生产出的剩余输出国外，剩余产品出口成为保障我国再生产顺利进行的重要通道。但长时期的贸易顺差以及持续的过度积累，导致产能过剩和企业不良贷款增加等问题。

在劳资关系方面，原有工资制度无法适应市场经济体制下工资的需要，难以对劳动者产生有效的激励。1993 年国家进行工资改革，在坚持按劳分配的基础上，克服平均主义，实行多种工资制度，解决了一直以来工资“政企不分”问题，同时积极推动制定最低工资标准，促进个人收入的货币化和规范化。并且，国家明确提出建立正常增资机制，保障工资待遇随着经济发展而逐步提高。这一改革较为充分地发挥了工资的保障作用和激励功能，也有利于政府进行宏观调控和统一管理。

这一时期的积累过程存在着非常激烈的竞争。一方面是企业间的竞争，一部分企业面临成本的逐底竞争，延续以低价取胜竞争策略。随着生产力的提高，市场供给逐渐趋于饱和，另一小部分企业开始谋求转型和创新。企业间竞争在多个维度展开。另一方面是地方政府间的竞争。分税制改革后，地方政府为获得更多的税收和积累、地方官员为获得更大晋升可能性，各地政府纷纷大力进行招商引资，通过优惠的土地价格、优惠的税收政策、配套基础设施建设等一系列优惠政策来吸引企业投资和落地。通过政府间的竞争，大规模基础设施建设减少了私人企业进行生产的成本，活跃了招商引资。

总结来看，这一时期的积累体制在需求方面主要依靠出口提供的旺盛需求，国内居民消费需求有明显的缺口，如图 11 - 3 所示。在积累方面，企业和地方政府都是积累的主体，在激烈的市场竞争下，积累效率也逐步提升。但由此形成的积累体制并不具有可持续性。第一，在生产方面，依靠低成本取得的竞争优势难以为继，并且随着对资源的过度使用带来一系列环境污染问题。第二，长期偏投资的经济结构，导致资本收入占比高而

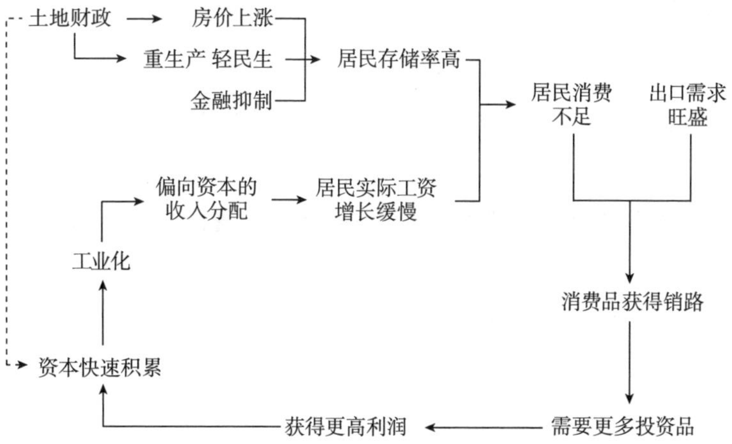


**图 11－3 出口导向型积累体制的循环**

资料来源：笔者绘制。

劳动收入占比低，劳动收入份额下降和资本收入份额持续上升，造成居民收入和消费增速缓慢。第三，土地财政带来住房价格和工业用地的快速上涨，进一步挤压了居民消费，提升了企业生产成本。第四，我国持续大规模的对外出口带来巨大贸易顺差，深刻改变了全球贸易格局，引发了大大小小的国际贸易冲突。

4. 第四阶段：2012 年至今，朝向可持续发展迈进的内涵型积累体制

党的十八大以来，中国特色社会主义进入新时代，我国经济发展由高速增长步入高质量发展的新阶段。积累体制面临的约束越来越强，积累目标也具有多元化特征，从过去以追求资本积累数量为主，转变为既要保障一定积累数量和速度，也要提高积累质量、提高积累效率，还要综合考虑资源环境约束和实现可持续发展的多重目标。

积累体制调整的原因主要有三：一是积累动力转换和效率提升的必然要求；二是为应对积累外部环境发生变化的必然选择；三是兼顾积累过程目标多元化的必然路径。首先，在积累动力方面，由低要素成本转向基于高水平科技创新。过去中国经济发展过度依赖劳动力、土地、资源等一般性生产要素投入，而人才、技术、知识、信息等高级要素投入比重偏低，

导致积累过程中资源能源消耗较多，可持续发展能力较差。同时，我国存在资本过度积累的状况，超过理想状态的资本积累规模转化成为大量的过剩产能，降低了资本的使用效率和利润率①。为应对过剩产能，2015 年中共中央提出供给侧结构性改革，旨在调整经济结构，实现要素优化配置。其次，当前国际政治经济环境发生了深刻变化，加之新冠疫情对国际贸易的影响，外需对剩余吸收逐渐乏力，需要提升国内消费来稳定需求。最后，在过去积累过程中对自然资源环境的影响被忽视。当前资源环境约束越来越紧，要求我们在积累过程中重视人与自然和谐相处，实现可持续发展，既要积累“金山银山”，也要积累“绿水青山”。

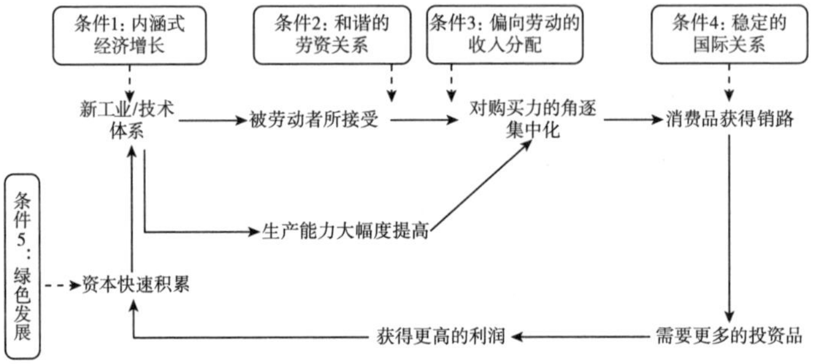


**图 11-4　朝可持续发展迈进的内涵式积累体制的循环**

资料来源：笔者根据罗伯特·博耶的《资本主义政治经济学：调节与危机理论》（桂泽元译，中国经济出版社，2021 年版）第 63 页修改绘制。

这一积累体制的主要运行逻辑如图 11-4 所示，在生产过程中，提高人才、技术、知识、信息等高级要素的投入，实现内涵式积累；在生产组织中，通过构建和谐的劳资关系和偏向资本的收入分配，实现劳动收入和生产率同步增长；在消费方面，主要依靠国内居民消费来吸收生产中的剩余，对对外贸易出口的依赖程度逐渐降低。同以往积累体制不同的是，该积累体制将资源环境的承载力纳入体制范围内，以提高积累的可持续性。

① 赵峰，张建堡．技术进步、资本积累与经济增长——一个马克思主义随机演化的视角［J］．当代经济研究，2021(12)：25-35.

### （三）我国积累体制演变的主要特征

由于不同发展阶段的战略目标和具体任务不同，我国积累体制表现出明显的阶段性差异。但从整个积累历程来看，不同阶段积累体制的演变具有内在统一性，每一阶段积累体制所面临的问题在很大程度上是由前一阶段积累过程累积起来的。因此，全面准确把握我国积累体制演变特征不能只着眼某一特殊阶段，而应该从整个积累动态演进的过程来进行理解。我国积累体制演进过程中，既呈现出“资本的一般性”的积累规律，又体现出社会主义市场经济中资本特殊性的积累规律，主要可以总结为以下四点：

第一，资本积累体制是一个由不平衡逐步转向动态平衡的过程。一切事物发展都遵循均衡—失衡—均衡的发展规律，资本积累过程也是如此。新中国成立初期的特殊国情决定了选择不平衡积累战略的必然性，经济为快速起步，只有通过市场化改革实践鼓励非平衡发展。资本逐利的性质和市场经济规律的作用又将这些初始的不平衡逐渐扩散放大，导致当前积累在城乡间、部门间呈现出不平衡特征。但决策者的最终目标还是要实现城乡间、部门间的平衡发展。通过各方面关系的协调和适应，资本积累也逐渐向平衡积累的方向迈进。

第二，我国积累体制具有较强的灵活性和韧性。灵活性和韧性的基础在于我国特有的户籍制度和土地制度，能够维持劳动力市场供给、迎合积累体制的需要。进城工作失业后的农民工能够回到农村就业，土地制度为其提供了一份“最低保险”，能够有效调节积累中最具有活力和能动性的资源——劳动力。在这种灵活性和韧性下，体制能够通过自组织、资源创新利用等方式，调整自身适应外部环境，提高体制包容性，增强了体制应对风险的能力，缓解了制度压力。

第三，积累体制的形成过程中政府深度参与。我国积累体制的形成并不是纯粹市场机制的结果，而是政府同市场同时作用而成，尤其是在体制形成初期，政府的影响更大。一方面，政府通过行政命令等方式直接对资本积累进行干预。另一方面，政府不仅是规则制定者，同时也是资本积累的重要主体，通过各种方式积累大量资本进行基础设施建设，来降低私人资本积累的成本。因此，我们无法忽略政府在积累过程中的核心作用。

第四，积累体制由外延式逐渐向内涵式转变。资本积累的实质是剩余价值的资本化，具有量和质的双重含义，量的方面主要表现为资本规模的扩大，质的方面表现为技术进步①。自新中国成立起，对于我国这样一个后发的发展中大国来说，资本积累始终面临如何提高积累数量和质量这两个重要问题，只不过在发展的不同阶段，这两个目标的优先排序不同。在新中国成立初期，积累的主要目标是获得尽可能多的剩余，为经济起飞奠定基础。但随着积累进程的深入，积累面临多方面资源的约束，要兼顾的目标也越来越多，我们既要继续扩大资本积累的规模，又要通过技术进步提高积累的质量和效率，还要将积累过程中可能造成的环境污染、资源损耗等负面影响降到最低，实现积累的可持续性。

### （四）我国积累体制变革面临的多重挑战

当前，面对国内外政治经济格局的深刻变化，我国积累体制面临以下四重挑战：

第一重挑战：寻找新的积累动力并顺利实现动力转换的挑战。习近平总书记在2022年9月《求是》杂志上发表的文章《新发展阶段贯彻新发展理念必然要构建新发展格局》中明确指出，"综合分析国内外形势，当前和今后一个时期，我国发展仍然处于重要战略机遇期，但机遇和挑战都有新的发展变化"。当前我国积累过程中遇到的最大挑战在于，原有积累动力逐渐乏力，需要寻找新的积累动力进行动力转换。过去几十年开放的国际经济环境，为我国创造了（暂时的）兼容的积累制度，但随着当前国际政治经济秩序的变化，全球经济的衰退和不稳定状况日益严峻②。原有经济剩余主要依靠出口解决的方式难以为继。而同时，国内消费市场仍有较大的发展

---

① 赵峰，张晨，冯志轩．试论国有企业是后发国家资本积累的有效制度安排[J]．教学与研究，2012(11)：40－47.

② BOYER, ROBERT. A world of contrasted but interdependent inequality regimes: China, United States and the European Union[J]. Review of political economy, 2015, 27(4): 481－517.

空间，国内消费能否成为需求的主力军对于价值实现至关重要。

第二重挑战：新技术下构建和谐劳资关系的挑战。资本积累是一个伴随着技术进步的动态过程。随着科学技术的发展，资本形态和就业形态也在不断发生变化，在此背景下如何构建和谐劳资关系成为理论和现实共同面临的难题。例如，随着平台经济的发展，越来越多的资本进入各大平台，形成平台垄断。平台经济由于其雇佣灵活性在一定程度上能够拉动就业，但在现实中还激化了许多劳资矛盾。因此，如何促进构建和谐劳资关系对于再生产能否顺利进行十分重要。

第三重挑战：平衡积累与不平衡积累选择的挑战。发展中国家在发展过程中面临的最大约束是来自发展资源的约束，尤其是资本的约束。我国尤其如此，不平衡发展具有累积放大效应，会带来区域之间、行业之间积累差距的逐渐扩大。那么，在新时期，如何平衡好资本在区域和行业之间的积累，既发挥资本活力，又兼顾公平，最大限度地降低积累的代价，是一个极大挑战。

第四重挑战：处理好政府与市场的关系。计划和市场是资源配置的两种方式，而资本则是资源配置的结果，资源配置方式在很大程度上决定了资本积累体制的形成和积累效率。一方面，中国积累体制的建立离不开强有力的政府进行顶层设计和制度调节，这是社会主义制度优越性的体现。但政府过度干预资本运行可能会导致资本“躺平”，使资本丧失活力。另一方面，市场经济条件下要充分发挥市场的作用，使市场在配置资源的过程中起决定性作用。资本也是一种资源，但资本的特殊性决定了单纯依靠市场规律的调节会带来资本的无序扩张，资本的无序扩张会带来诱发垄断、破坏竞争秩序、阻碍创新、扩大贫富差距等一系列负面影响，同时也伴随着对金融稳定、经济稳定和社会稳定的影响。在资本积累过程中如何处理好政府和市场关系，既防止资本无序扩张，又防止资本“躺平”，是新时代面临的挑战。

## 五、法国调节学派积累体制理论对我国积累体制变革的启示

当前，我国资本积累面临新机遇、新任务、新阶段、新要求、新环

境，积累过程中需要应对的风险和挑战、需要解决的矛盾和问题比以往更加错综复杂，这对于我们积累体制的建设，尤其是提高积累体制的稳定性、可持续性等方面提出了更高要求。法国调节学派在坚持马克思基本原理和方法的基础上提出了积累体制理论，对世界一些发达经济体积累体制的特征、演变规律做出了较为科学的分析，为新时期我国积累体制建设提供了有益借鉴。但调节理论的基本概念和观点来自对资本主义体制的考察和总结，而我国是社会主义国家，在借鉴调节学派理论、运用其基本原理分析中国资本积累体制时，应当结合中国现实对资本、资本积累、资本积累体制问题进行分析。借鉴发达资本主义国家在资本积累过程中的历史经验教训，新时期我国资本积累体制变革主要有以下五点启示：

第一，坚持党的领导，始终把握积累体制变革的正确方向。党的坚强领导，体现了我国社会主义制度能够集中力量办大事的制度优势，是实现积累行稳致远的根本保证。正如阿格利埃塔指出的，中国实行改革的优势在于有一个强有力的统一的政治体制①。一方面，要坚定不移地坚持党的领导，牢牢把握正确政治方向，使资本积累始终服从和服务于人民和国家利益，这是马克思主义的根本立场，也是在我国社会主义市场经济条件下发挥资本作用的根本立场②。另一方面，要发挥党领导一切经济工作的核心作用，将资本积累融入经济工作的大局当中，协调积累与消费、积累与发展之间的关系，引导资本积累以适当的方式和节奏进行调整和变革，发挥资本在推进国家重大发展战略中的作用。

第二，实现有效市场和有为政府的统一，提高积累体制的运行效率和质量。计划和市场是配置资源的两种方式，而资本作为市场经济中最基本的要素，其配置效率的高低直接影响到积累效率。我国社会主义初级阶段基本经济制度要求市场在资源配置过程中起决定性作用，同时更好发挥政

① 吕守军．经济危机与调节理论：调节学派2015年国际大会综述[J]．马克思主义研究，2015(8)：152－154.

② 刘丸源，段雨晨．坚持党的领导是规范和引导资本健康发展的根本保证[N]．光明日报，2022－08－12(006).

府作用，实现有效市场和有为政府的结合。一方面，充分发挥市场在配置资本过程中的积极作用，激发资本活力，着力创造各类资本公平竞争的良性生态。另一方面，资本的逐利性决定其在运行过程中更容易出现无序扩张的问题，带来垄断、资本脱实向虚等问题，决定其必须通过政府对资本进行合理的规范和引导，防止资本无序扩张。在有效市场和有为政府的双重作用下，保证资本积累体制的运行效率和质量。

第三，构建和谐的劳资关系，完善收入分配政策，夯实积累体制运行的基础。劳资关系是最基本的生产关系，劳资关系的调节对于积累体制的稳定具有重要作用，需要国家发挥调节作用。而马克思曾明确指出，资本主义生产条件下，劳资关系根本上是对立的，任何劳方状况的改善都是资方基于积累需要而进行的暂时让步。为保障社会再生产的顺利进行，可以通过采取不同的劳动关系调节模式来缓和劳资矛盾。一方面，坚持以按劳分配为主体、多种分配方式并存的基本分配制度，在处理资本利益分配过程中，既保障资本的合法收益，更要维护人民群众的利益，促进积累效率与公平相统一，实现实际工资率同劳动生产率并行增长。另一方面，重点关注新技术雇佣关系演变条件下劳资关系的变化，尤其是在数字经济时代、新技术变革时期，我们面临技术和劳动过程的变化。因此，要切实保护好劳动者权益，避免劳动条件和劳动待遇出现“向下竞争”。

第四，处理好积累和消费之间的关系，保障积累体制实现高水平动态平衡。能否处理好积累与消费之间的关系是事关再生产能否顺利进行的重要因素。虽然积累的源泉并不来自消费，但是积累过程的持续进行需要消费需求的相应扩张支撑，同时积累也要以提高人民生活水平为出发点和落脚点，尤其是在构建以国内大循环为主体的新发展格局中，国内有效需求起着关键作用。这就需要我们在积累与消费之间寻找动态平衡。因此，要充分发挥我国超大规模市场优势，通过繁荣国内消费、畅通国内大循环为不断的资本积累提供广泛的市场。

第五，注重同积累体制相适应的其他制度改革。积累体制的顺利运行需要与之契合的调节模式相伴，一旦现有调节模式与积累体制不匹配，就会给积累体制带来不稳定性风险。因此，还要注重调节模式的调整和变革，建立同积累体制相适应的调节模式，增强制度间的协调性和互补性。

## 六、结语

新中国成立至今已走过70余载，虽然这在人类历史长河中只是短暂的瞬间，但新中国一路积累一路发展，从积贫积弱的落后农业国成长为当今世界第二大经济体的历程却是复杂曲折的。这不仅因为中国资本积累进程本身的艰难，还因为积累进程同工业化、市场化改革、全球化以及世界信息技术革命多重转型融合叠加，各种复杂的制度因素、技术因素、环境因素综合作用于中国积累体制。这种复杂性一方面给理解中国积累体制带来了困难，另一方面又为我们解读中国积累体制留下了空间。

法国调节学派在继承马克思经济学核心理论与范畴的基础上，强调动态、结构、历史、累积因果论述的分析方法，以资本积累过程与绩效为核心，结合资本主义发展的历史和现实，从各种制度结构及其功能上就资本积累的过程、动力、障碍以及绩效等问题进行了全面讨论，为我们理解积累体制提供了独特的视角。本章从法国调节学派的积累体制理论出发，回顾、梳理和总结了新中国成立以来积累体制的形成逻辑、制度环境及其动态演进过程，并根据积累的性质、目标和历史环境等差异，将我国积累体制变革过程分为四个阶段。通过对不同阶段的分析，我们发现，新中国成立以来的积累过程既体现出“资本的一般性”的积累规律，也体现出社会主义市场经济中资本特殊性的积累规律。在此基础上，本章总结了积累体制演变过程中呈现出的四条规律、体制变革面临的四重挑战以及可能的五点启示。

我国积累体制变革必然是一个长期的、复杂的、整体的、动态的过程。对于我们来说，重要的不仅在于确定具体的积累目标，还在于选择符合实际国情和需要的积累体制，并且根据不断变化的条件对体制进行逐步调整，通过积累体制不断的自我调整和改革在更大程度上适应社会再生产的要求，在稳定和发展过程中实现体制变迁，以免由此带来秩序失衡和经济失效。

# 第十二章　马克思调节思想及其对法国调节学派的影响

赵麦茹*

## 一、引言

自20世纪70年代产生以来，法国调节学派已历经两个阶段的成长，形成众多代表性学者与代表性观点。第一代学者以米歇尔·阿格利埃塔（Michel Aglietta）、罗伯特·博耶（Robert Boyer）、阿兰·利比兹（Alain Lipietz）等为代表，第二代学者以布鲁诺·阿玛布尔（Bruno Amable）、司德凡·帕劳姆巴利尼（Stefano Palombarini）、弗莱德里克·罗尔敦（Frederic Lordon）等为代表。前者以“福特主义积累体制论”“金融主导型积累体制论”著称，后者在前者的基础上，提出了制度形成理论、资本主义多样性理论等理论。两代学者以宏观的视野聚焦现实经济危机，通过以“积累体制”“调节模式”“科技生产范式”为代表的丰富的概念体系细致分析现实问题，产生了重大的学术影响。

作为马克思主义政治经济学的有机组成，法国调节学派是一个不容忽视的存在。学术界对法国调节学派的研究渐成规模，形成众多代表性文献。就研究内容而言，学者们纷纷对法国调节学派的制度理论（吕守军，2009）①、资本主义多样性理论（吕守军，2010）②、金融危机理论（赵超，

* 赵麦茹，西北大学经济管理学院副教授，主要研究方向为经济思想史、政治经济学。

① 吕守军. 法国调节学派的制度理论[J]. 上海交通大学学报，2009(6)：23－28.

② 吕守军. 当代资本主义多样性理论的演化经济学分析[J]. 教学与研究，2010(12)：55－62.

2011)[1]、方法论走向（唐正东，2009)[2]、经济增长理论（夏明，2006)[3]、积累理论（胡海峰，2005)[4]、比较资本主义研究（张旭，2016)[5]、危机理论（陈叶盛、胡若南，2008)[6] 等进行了研究。就研究方法而言，学者们以比较视角对法国调节学派与演化经济学（贾根良，2003)[7]、美国积累的社会结构学派（大卫·科茨，2018)[8]、马克思的劳动关系理论（张嘉昕，2011)[9] 等理论进行了分析。

学者们大都认同法国调节学派对马克思主义的发展与继承，但是，法国调节学派到底从马克思理论中继承了什么？发展了什么？以专题形式对此展开分析的文献不太多，唐正东、吕守军、杨虎涛等学者的研究可视为这一方面的代表性成果。唐正东（2003)[10] 认为法国调节学派的研究方法既不同于抛开抽象并全面转向具体的方法论，又不同于马克思的从抽象上升到具体的科学方法论，该学派从矛盾着的生产关系这一抽象入手，得出的却是雇佣关系不断扩散的结论，即工人与资本家之间的斗争推动了资本雇佣关系的不断完善与扩散，而不是导致了资本的关系灭亡。吕守军（2015）谈及法国调节学派的学派定位时强调，尽管法国调节学派吸收了凯恩斯的思想，但其大部分思想来源于马克思经济学，认为法国调节学派是以马克思经济学为学理基础又吸收凯恩斯经济学思想的一个流派，在经

① 赵超．法国调节学派论全球金融危机[J]．国外理论动态,2011(11):26－35.

② 唐正东．法国调节学派在方法论上为何走向历史经验论[J]．常熟理工学院学报,2009(9):1－9.

③ 夏明．技术转变与资本积累体制——法国调节学派的经济增长理论述评[J]．国外社会科学,2006(4):44－50.

④ 胡海峰．福特主义、后福特主义与资本主义积累方式[J]．马克思主义研究,2005(2):63－69.

⑤ 张旭．调节学派的比较资本主义研究及其启示[J]．山东社会科学,2016(2):40－47.

⑥ 陈叶盛,胡若南．法国调节学派的危机理论[J]．经济经纬,2008(2):9－11.

⑦ 贾根良．法国调节学派制度与演化经济学概述[J]．经济学动态,2003(9):56－59.

⑧ [美]大卫·科茨．法国调节学派与美国积累的社会结构学派之比较[J]．西北大学学报,2018(5):121－129.

⑨ 张嘉昕．马克思经济学与现代西方经济学劳动关系理论的比较研究[J]．经济纵横,2011(9):35－39.

⑩ 唐正东．法国调节学派的后马克思主义经济哲学方法[J]．南京社会科学,2003(12):16－21.

济学谱系中处于与新古典经济学派相对立、与马克思主义经济学相区别以及马克思经济学和凯恩斯经济学的交叉点上。吕守军还特意指出："法国调节学派在坚持和继承马克思经济学的同时，却放弃了以《帝国主义论》为代表的马克思主义经济学，因此其学理基础是马克思经济学而不是马克思主义经济学"①。杨虎涛（2009）② 肯定了马克思经济学对法国调节学派的影响，认为后者总体上继承了前者的分析框架和主要理论。并从核心概念及方法论两个维度分析了这种影响：通过对马克思经济学概念的借用与改造，法国调节学派形成了自己的核心概念体系——内涵型积累和外延型积累的基础是马克思的剩余价值理论，工业生产范式、积累体系、制度形式、调节模式等核心概念的基础是马克思的生产方式理论，概念间相互作用的机理遵循了马克思关于生产力—生产关系以及社会再生产的论述。方法论方面，批判实在论是法国调节学派与马克思经济学共享的方法论基础，法国调节学派研究方法所具有的特征都来自马克思的思想遗产。

既然马克思经济学深刻影响了法国调节学派，对这种影响进行专题性深入研究就显得尤为必要，且既然法国调节学派强调"调节"，这一核心概念又与马克思的调节思想有何关联？马克思的调节思想如何影响了法国调节学派的调节理论？就学术界目前的研究现状而言，此方面的探讨尚不充分。现有文献较为关注马克思的调节理论。丁霞、严鹏飞（2015）③ 认为马克思创造性地提到了三种社会经济形态的调节规律：早期自然经济形态阶段，自然条件调节；中期商品经济形态，竞争调节；后期产品经济形态，计划调节。成保良（2000）④ 认为马克思是社会经济调节理论的创始人，他指出的按比例分配社会总劳动规律适用于一切社会形态，但在不同的社会形态里的实现形式不同。在私有制商品经济中，通过市场上的竞争

---

① 吕守军．法国调节学派理论与马克思主义经济学创新[M]．上海：上海人民出版社，2015：22.

② 杨虎涛．马克思经济学对法国调节学派的影响[J]．马克思主义研究，2009（9）：121－126；160.

③ 丁霞，严鹏飞．马克思经济调节理论研究：兼论社会主义调节经济新术语[J]．福建论坛，2015（3）：11－16.

④ 成保良．论马克思的社会经济调节理论[J]．教学与研究，2000（2）：24－28.

机制、价值规律来实现，在未来公有制社会中，通过自觉控制和计划来实现。洪银兴（1986）① 通过分析马克思的相关论述，认为就功能而言，马克思的宏观控制机制可分为三种：预先控制机制、随动控制机制、危机的机制。部门间比例失衡可通过市场机制调节，但涉及总供给与总需求的失衡，则需政府介入。此外，陈景华（2019）② 从微观、宏观两个维度探讨了马克思供求思想及实现机制；刘欣（2018）③、张晓洁（2018）④ 探讨了马克思社会保障思想，这些学者并非聚焦马克思的调节思想，但却在讨论过程中涉及马克思的调控及调节思想。以上文献对马克思的调节思想进行了初步讨论，形成了众多建设性研究成果。但是，到目前为止，学术界却鲜见讨论马克思调节思想对法国调节学派影响的文献，本章聚焦法国调节学派的“调节”这一核心概念，拟以专题形式对两者内在相关性及学理性传承关系进行尝试性梳理，这是本章的努力方向。

## 二、马克思的调节思想

马克思的调节思想充分体现在他对资本主义生产关系、经济增长、社会总资本再生产的阐述之中。马克思生活在资本主义的自由竞争时期，这一时期，资本主义市场机制的调节活力尚很充分，但不断出现的危机与工人罢工又隐隐指出了资本主义的未来发展方向。马克思敏锐地捕捉到了这一点，并以英国等国为考察对象，基于唯物辩证法对资本主义生产进行了全方位的细致分析，形成了丰富的调节思想。

### （一）资本主义生产的调节目的：资本持续积累与价值增殖

生产、分配、交换、消费是马克思社会再生产理论所强调的四个环节，其中，生产环节尤为重要。生产决定分配、交换与消费，而分配、交换与消费又反作用于生产，这一点适用于任何阶段的人类文明。对于各时

---

① 洪银兴．马克思的宏观调节理论在社会主义经济中的运用——读《资本论》札记[J]．财经研究，1986(4):28-31.

② 陈景华．马克思的供求理论及其当代价值研究[D]．福州:福建师范大学,2019.

③ 刘欣．马克思的社会保障思想及当代启示[D]．石家庄:石家庄铁道大学,2018.

④ 张晓洁．马克思社会保障思想及其当代启示[D]．泉州:华侨大学,2018.

期的人类来说，维持生产过程的持续进行至关重要，各时期的调节目的也各不相同。自然经济时期，人类之所以进行生产活动，最主要的是为了获得维持生计的产品的使用价值，调节目的为持续获得劳动产品的使用价值；商品经济时期，生产的目的是资本增殖，调节的目的是持续地使资本增殖；产品经济时代，生产的目的是为人的自由发展创造极大的物质基础，调节的目的是持续创造保障人类自由的物质财富。马克思重点关注的是资本主义时期的生产关系。

在资本主义社会，生产是整个资本主义体系的核心，剩余价值生产与资本增殖是资本主义生产的本质。马克思清晰地指出了这一点，“资本主义生产的全部性质，是由预付资本价值的增殖决定的，就是说，首先是由生产尽可能多的剩余价值决定的；其次是由资本的生产，即由剩余价值到资本的转化决定的”①。只有通过生产，剩余价值才能被创造出来，只有持续地生产，才能持续地创造剩余价值，同时，对于资本所有者而言，简单再生产积累速度太慢，不能满足资本不断增殖的本质需求，扩大再生产成为更被认可的方式，通过剩余价值资本化方式，资本积累速度大大增加。因此，无论是单个资本还是社会总资本，持续增殖是第一要务。

剩余价值与资本增殖只有在生产过程中才能实现，资本家很清楚这一点：“对于资本家来说很清楚，这个价值增加额来自用资本进行的生产过程，也就是来自资本本身，因为它在生产过程完成以后才存在，而在生产过程开始以前并不存在。”② 因此，要不断实现资本的增殖、不断推进资本的持续积累，必须不断地维持生产过程，让资本在不断的循环与周转中实现价值增殖。但是，在资本主义生产体系中，资本的循环与周转、资本主义的生产过程会受到诸如供求失衡、战争、劳资矛盾、自然灾害、瘟疫等各种因素的影响，一旦这种影响严重冲击到整个资本主义生产过程，就会使剩余价值的获得与资本增殖遭受严重挑战。因此，为实现资本持续积累

① ［德］马克思．资本论:第二卷［M］．北京:人民出版社,2018:92.

② ［德］马克思．资本论:第三卷［M］．北京:人民出版社,2018:42.

与价值增殖，利用一切调节因素、努力维持资本主义生产过程成为资本主义生产的重中之重。换言之，资本主义生产的调节服务于资本持续积累与价值增殖之目的。

**（二）资本主义生产的调节方式：市场调节与政府调节**

马克思讨论过各时期生产的调节方式，但重心仍落在了资本主义生产的调节方式上。马克思认为，自然经济时期，一切文明的历史初期都是农村家长制生产，呈现着劳动的原始形式，此时期的调节方式以自然调节为主，“家庭内的分工和家庭各个成员的劳动时间，是由性别年龄上的差异以及随季节而改变的劳动的自然条件来调节的。”①；商品经济时期，市场机制调节、政府宏观调控两种调节方式同时并存；产品经济时期，社会为自由人联合体形式，生产由社会有计划调节，“劳动时间的社会的有计划的分配，调节着各种劳动职能同各种需要的适当的比例”②。马克思重点关注的第二个时期，特别是商品经济成为支配地位的资本主义阶段的生产调节方式，他对此讨论得最为充分。

1. 市场调节：价格供求机制、竞争机制与风险机制

资本主义历经原始积累、自由竞争、垄断三个阶段，马克思生活在资本主义的自由竞争时期，此时资本主义的商品经济已相当发达，市场在资源配置中起着非常重要的作用。市场通过价格供求机制、竞争机制与风险机制调节全社会资源的配置，马克思多次肯定这些机制配置资源的调节功能。

马克思认为，商品的价值由生产商品的社会必要劳动时间决定，在市场中，不同商品按照等价原则进行交换。价值规律清晰地阐明了价值的决定与实现。对于所有的资本家来说，要想在市场中最大限度地实现价值的增殖，就必须敢于冒风险、优先投资研发、使用新技术与新设备，改进生产的组织与管理方式，提高生产效率，使自己所生产的商品的个别价值低

---

① ［德］马克思．资本论：第一卷［M］．北京：人民出版社，2018：96.

② ［德］马克思．资本论：第一卷［M］．北京：人民出版社，2018：96.

于社会价值，使自己所供给的商品价值超出他所需求的商品价值，以便在竞争中处于优势。这一点适用于所有资本家。“资本家的供给与需求的差额越大，就是说，他所供给的商品价值越是超出他所需求的商品价值，资本家的资本增殖率就越大……就单个资本家来说是如此，就资本家阶级来说也是如此”①，面对竞争压力，所有的商品生产者都必须全力以赴，“独立的商品生产者互相对立，他们不承认任何别的权威，只承认竞争的权威，只承认他们互相利益的压力加在他们身上的强制”②，毕竟，竞争决定利润的高低与发展趋势，“资本之所以表现为商品，是因为利润如何分割为利息和本来意义上的利润是由供求，从而由竞争来调节的，这完全和商品的市场价格是由它们来调节的一样”③。在竞争中处于优势的商品生产者会获得高利润，最大限度地实现价值的增殖。

商品生产者参与竞争、追求价值增殖的过程也是市场机制调节社会资源的过程。为获得超额剩余价值，具有冒险精神的资本家争相将资本从资本有机构成较高、利润率较低的领域撤出，投入资本有机构成较低、利润率较高的领域，如此，资本有机构成较高领域的商品逐渐供不应求、利润率提高，而资本有机构成较低领域的商品逐渐供大于求、利润率下降，这又会促使这些资本家们重新选择投资新领域。正是在这一过程中，社会平均利润率形成，资本、劳动力等生产要素也随之得以重新配置，包括价格供求机制、竞争机制、风险机制在内的市场机制自发地将资源配置到社会发展所需要的领域，市场是资本主义社会再生产过程中最主要的调节主体之一。

2. 政府调节：秩序供给、财政政策与货币政策

市场调节之外，另有政府调节。马克思也看到了政府调节对于资本主义生产体系的重要作用。

一方面，马克思注意到了蕴藏在政府政治属性中的秩序供给调节职

① ［德］马克思．资本论：第二卷［M］．北京：人民出版社，2018：134.
② ［德］马克思．资本论：第一卷［M］．北京：人民出版社，2018：412.
③ ［德］马克思．资本论：第三卷［M］．北京：人民出版社，2018：398.

能。《共产党宣言》中，马克思恩格斯认为所谓的“现代的国家政权”只不过是“管理整个资产阶级的共同事务的委员会罢了”，政府的管理职能意味着政府应为市场的良性运转提供宏观的秩序保障，类似于战争、瘟疫、灾荒、恶性竞争、强买强卖等皆是挑战市场秩序的扰动因素，政府应尽量消除这些扰动，创造一个良好的市场运行环境。只有市场运行的宏观环境良好，社会再生产才能在一个正常的秩序中顺利推进，市场机制的调节作用才能得到最好的发挥。

另一方面，马克思注意到了归属于政府经济属性中的财政政策与货币政策的调节职能。马克思认为，社会总资本再生产能否顺利进行，取决于生产生产资料的部类与生产消费资料的部类能否保持一定的比例关系。一旦出现破坏这种比例关系且靠市场自发力量无法应对的状况，政府的及时调控就显得尤为必要。当代西方宏观经济学体系中，财政政策与货币政策是政府调控的两大途径。马克思在其所处的时代，也注意到了政府的这种经济调控作用。如谈到社会总资本再生产时，马克思强调了货币因素，即第一部类和第二部类的资本家应该持有一定量货币，以便交换他们的剩余产品。这就要求“国内现有的货币量（假定流通速度等不变），既要足以适应现实流通的需要，也要足以适应贮藏货币的储备的需要”①；再如谈到宏观供求失衡的乱象时，马克思又强调了银行信用因素：“只要一个银行的信用没有动摇，这个银行在这样的情况下通过增加信用货币就会缓和恐慌，但通过收缩信用货币就会加剧恐慌”②，类似的讨论在《资本论》中不断出现。值得强调的是，货币、银行信用的天然供给主体一般都是政府，货币政策是政府调节宏观经济最为常见的一种手段。一般情况下，经济衰退、失业严重时，政府通过降低利率、提高货币发行量等方式影响货币市场供求，刺激经济；经济过热、通货膨胀严重时，政府反其道而行之，通过提高利率、降低货币发行量等方式影响宏观经济运行。马克思明确地看

---

① ［德］马克思．资本论：第二卷［M］．北京：人民出版社，2018：562－563.

② ［德］马克思．资本论：第三卷［M］．北京：人民出版社，2018：585.

到了“不断地通过各种操作、方法和技术设施”影响市场的信用机制的“人为性质”，确定其是“有意识的调节过程”[①]。

除货币政策外，财政政策也是资本主义生产体系中政府经常采用的重要调节手段。经济停滞，政府为刺激经济，采取减税、增加财政支出的方式调节经济；经济过热、通胀严重，政府转化调节方式，增加税收、减少财政支出成为调节手段的理想选项。马克思也多次谈及财政政策的调节作用，他认可社会保障的重要性，“社会保障是由于人类的需要而产生的。人的需要是与生俱来的本性，同样也是人的一项基本权利，社会生产的最根本目的也是为了人的需要而服务的，社会服务的前提条件就是人的存在和不断发展”[②]，社会保障可有效调节收入分配的不均衡、满足人的基本生存需要，但社会保障是需要财政支持的，属政府财政支出的范畴。财政支出又对应着财政收入，政府手中有钱，才能履行这些职能，这就又涉及税收。马克思指出：“国债是依靠国家收入来支付年利息等等开支，所以现代税收制度就成为国债制度的必要补充。借债使政府可以应付额外的开支，而纳税人又不会立即有所感觉，但借债最终还是要求提高税收”[③]，马克思明显意识到国债与税收是保障财政收入的重要手段，但国债最终还是要靠税收去还的，因此，税收是决定财政收入的重要变量。此外，马克思还强调了税收的调节功能，指出税收“如果由不同的企业生产者负担，则会达到调控企业收入分配的目的，从而间接影响个人收入分配。如果由不同的个人消费者负担，则将直接发挥调控收入公平分配的作用”[④]，可见，马克思视税收为调节收入分配的重要财政手段。

**（三）资本主义生产调节的效果**

尽管调节主体与调节方式存在多元性，但调节效果无非有二，要么是有效调节，促进经济发展，产生积极效应；要么是作用有限的无效调节，

① ［德］马克思．资本论：第二卷［M］．北京：人民出版社，2018：563－564.
② ［德］马克思，恩格斯．马克思恩格斯全集：第31卷［M］．北京：人民出版社，2001：104.
③ ［德］马克思．资本论：第二卷［M］．北京：人民出版社，2018：866.
④ ［德］马克思，恩格斯．马克思恩格斯全集：第7卷［M］．北京：人民出版社，1959.

原有矛盾被放大，直至引发更严重的冲突及后果，产生消极效应。

1. 市场调节：优胜劣汰、合理配置资源与市场失灵

市场机制调节的可能效果有二：积极效应或消极效应。

首先，积极效应。如若价格供求机制、竞争机制、风险机制有效发挥了调节作用，那么，就可一方面激励资本家争相进行技术、管理方式、组织方式等方面的创新，提高整个社会的生产效率，实现优胜劣汰；另一方面有效调节资源配置，按比例分配社会劳动。三大市场机制激励企业家不断调整投资领域，毕竟，价值是由生产商品的社会必要劳动时间决定的，所有资本家都力图选择更有利可图的生产领域，并使自己生产商品的个别价值低于社会价值，如此，才会获得超额剩余价值，在竞争中立于不败之地。马克思强调这种调节作用的强大效果："在私人劳动产品的偶然的不断变动的交换比例中，生产这些产品的社会必要劳动时间作为起调节作用的自然规律强制地为自己开辟道路，就像房屋倒在人的头上时重力定律强制地为自己开辟道路一样"①，这种来自市场内在力量的调节有其规律且影响力巨大，也正是通过这种调节，社会资源被配置在不同的领域。

其次，消极效应。市场机制并不是万能的，也有其局限性，存在市场失灵现象。市场信息并非完全的、完善的，在信息传递过程中存在失真扭曲现象，完全的市场信息很难获得，这会大大影响经营主体的决策，增加其决策的风险性及盲目性。市场调节的自发性、盲目性、滞后性等特点会使其调节效果大打折扣，严重时会产生严重的供求失衡，并引发经济危机。马克思认为资本主义经济危机的本质是生产相对过剩，引发危机的根本原因是生产社会化与生产资料私人占有之间的矛盾。经济危机的具体表现有二：一是资本主义生产无限扩大的趋势与劳动人民有支付能力的需求不断缩小之间的矛盾；二是资本主义个别企业生产的有组织性与整个社会生产的无政府状态之间的矛盾。在资本主义生产体系中，靠市场无法解决这些问题，换言之，会发生市场失灵。

---

① ［德］马克思．资本论：第一卷［M］．北京：人民出版社，2018：92.

2. 政府调节：缓和矛盾但无法彻底解决问题

总体而言，资本主义的政府调节效果也无非两种：积极或消极。当政府采取匹配生产力发展的合适的调节手段时，会产生积极效果，促进资本主义生产；否则，反之。但是，从最终发展趋势而言，即使政府调节产生积极效应，最好的效果也只能缓解矛盾而无法彻底解决矛盾。

隶属政府政治属性的管理职能，可以为资本主义社会再生产的顺利进行、市场机制的有效调节提供稳定的可预期的社会环境，隶属政府经济属性的经济职能，可为资本主义社会再生产提供有利的财政政策与货币政策。毫无疑问，诸如包括提高工资、加强社会保障等在内的政府调节手段，可在很大程度上缓解资本主义生产过程中的矛盾，但也只能是缓解而已。

马克思强调，类似于提高工人工资这类在资本主义生产中所包含的所谓善意条件，其实质“只不过让工人阶级暂时享受一下相对的繁荣，而这种繁荣往往只是危机风暴的预兆”①，显然，提高工人工资只是资产阶级面对影响其获取剩余价值的巨大矛盾时的权宜之策，“资产阶级貌似慈悲的样子，只是为了他们自己利益需要的伪装而已”②，而“一旦资本感到自己已经足够强大，它就会毫不犹豫地扔掉拐杖，按它自己想要的那样去运动”③，此时，资本主义体系仍会回归惯常的路径，围绕剩余价值生产、不断促使资本增殖的惯性会继续放大原有的矛盾，而资本家剥削工人越成功，他们离灭亡也就不远了。“危机背后的真实原因其实是群众的贫困限制了他们的消费，但是资本主义生产却不遗余力地发展生产力，认为生产能拉动消费，并且不停地加重对工人阶级的剥削，更降低了群众的购买力”④，资产阶级以提高资本有机构成、发展生产力的方式越成功地剥夺劳动者，劳动者越贫穷，原有的资本主义生产无限扩大的趋势与劳动人民有

① ［德］马克思．资本论：第二卷［M］．北京：人民出版社，2018：457.
② ［德］马克思，恩格斯．马克思恩格斯全集：第 2 卷［M］．北京：人民出版社，2009：568.
③ ［德］马克思，恩格斯．马克思恩格斯文集：第 8 卷［M］．北京：人民出版社，2009：180.
④ ［德］马克思，恩格斯．马克思恩格斯全集：第 7 卷［M］．北京：人民出版社，2009：24.

支付能力的需求不断缩小之间的矛盾就越会被放大，直至这种生产关系与资本主义外壳不能相容的程度，那时，“资本主义私有制的丧钟就要响了，剥夺者就要被剥夺了”①，这是任何调节都无法挽救的资本主义社会的最终的结局。

### （四）资本主义生产的调节本质：保障剩余价值生产与资本积累、巩固资产阶级统治

资本主义生产的本质是剩余价值的生产，资本主义生产调节的各种手段自然服务于剩余价值生产，如若在生产过程中无法得到剩余价值，资产阶级生产的动力将不复存在，生产活动将无以为继，各种调节的本质就是保障剩余价值生产与资本积累，最终目的是巩固资产阶级的统治。

以财政政策调节手段为例，马克思对其本质及有限性有着非常透彻的论述，他不认为调节可以从根本上解决资本家与工人之间的对抗性利益冲突：“在剩余价值中，资本和劳动的关系赤裸裸地暴露出来了”②，资本主义的生产建立在剥削关系之上，资本家用手中的资本雇佣劳动力并无偿占有其创造的剩余价值，即使为了缓和矛盾，采取一定的社会福利调节措施，其费用也来自工人的创造：“资本家获取的超额利润中的一部分被拿出来用作社会保险基金，这利润其实就是工人创造的剩余价值的一部分”③，资产阶级政府所提供的公共产品由国家财政买单，而国家财政来源于税收，对于税收，马克思是这样界定的：“赋税是个人在维持其生存所必需的直接劳动之外一定要完成的剩余劳动”④，这进一步点明了调节费用的来源以及维持这种来源对于资产阶级的必要性、重要性。归根结底，调节是保障剩余价值生产的调节，是为了实现更大规模资本积累的调节。

同时，调节也是巩固资产阶级统治的调节。1847 年，马克思在评论德国李斯特的《政治经济学的国民体系》时指出：“在德国，难道李斯特博

① ［德］马克思．资本论：第一卷［M］．北京：人民出版社，2018：874.

② ［德］马克思．资本论：第三卷［M］．北京：人民出版社，2018：56.

③ ［德］马克思，恩格斯．马克思恩格斯文集：第 7 卷［M］．北京：人民出版社，2009：96.

④ ［德］马克思，恩格斯．马克思恩格斯全集：第 16 卷［M］．北京：人民出版社，1964.

士和他的学派曾经为小亚麻业、手工纺织业、手工业要求过保护关税吗？没有，他们要求实行保护关税，不过是为了用机器挤掉手工劳动，用现代的生产代替宗法式的生产。一句话，他们是想扩大资产阶级的统治，特别是大工业资本家的统治。”① 保护关税属于财政政策调节手段，马克思关注的是这种调节手段服务的对象，他一语中的地指出调节政策的阶级属性及李斯特的阶级立场，巩固资产阶级统治几乎是当时所有受到资产阶级政权认可的主流思想的本质特征。

## 三、马克思调节思想对法国调节学派的影响

法国调节学派深受马克思调节思想的影响，但又聚焦现实变动中的资本主义生产特点，并结合凯恩斯主义的思想，形成了独具特色的理论阐释。法国调节学派代表人物博耶认为，调节学派的理论“在本质上是属于马克思主义传统的，但它也充分利用了凯恩斯主义和经济史的内容，以求对制度主义方面的探索有所更新并最终达成一种原创性的综合”②，可见，尽管法国调节学派有其独特的理论创新，但这种创新是基于马克思主义立场的创新，马克思理论对其产生影响是一种毋庸置疑的客观存在。

“调节”是法国调节学派名称的核心词，法国调节学派注重从宏观、中观、微观三个层面分析资本主义社会再生产，且尤为重视中观层面，认为中观层面的制度调节体系是宏观层面国家调节、微观层面市场调节有效发挥作用的关键之所在。仔细分析法国调节学派在三个层面的调节内容，不难发现隐匿其后的马克思调节思想，但法国调节学派在马克思调节思想的基础上，创造性地构建了新的概念体系并进行了新的阐释，从而对资本主义生产体系的新特点新变化有了更有针对性的解释。具体而言，在调节目的与调节本质方面，两者看法较为一致，但在调节方式与调节效果方面，两者存在较多差异：调节方式方面，法国调节学派在原有的市场调节

① ［德］马克思，恩格斯．马克思恩格斯全集：第4卷［M］．北京：人民出版社，1958：282

② ROBERT BOYER. The regulation school：a critical intro－duction［M］. New York：Translated by Craig Charney，Columbia University Press，1990：11.

与国家调节基础上，增加了制度调节；调节效果方面，法国调节学派认为存在通过调节避免危机的可能性。此外，还将危机理论进一步丰富，认为存在不同类型的危机，最终的危机才是马克思所说的因无法调和的基本矛盾而导致的资本主义生产关系的最终消亡。

具体而言，马克思调节思想对法国调节学派的影响体现在以下几个方面。

**（一）调节方式理论：三个层面的影响**

1. 微观层面：马克思资本有机构成理论 VS 法国调节学派的技术科技生产范式

市场调节是马克思非常重视的调节方式，价格供求机制、竞争机制、风险机制是市场调节的主要内容，马克思肯定市场调节有其内在的必然的规律，但同时又以资本有机构成理论解释了必然性规律背后的机制。换言之，马克思的资本有机构成理论是其市场调节理论的基础。马克思认为，能在市场调节中获得竞争优势、存留下来的企业无一不是采取了优先使用先进技术、改进企业管理等方式，先进企业的这种行为会引发效仿变为社会行为，进而引起资本有机构成呈现出不断提高的趋势，随着这种趋势，平均利润率下降、相对过剩人口成为必然，资本主义矛盾呈现出不断加剧的态势。在马克思的资本有机构成理论中，技术成为推动此理论逻辑演化的关键变量。同时，在马克思的思想体系中，技术是生产力的代表，随着技术的变化、生产力的变化，生产关系也必然发生相应的变化。

受此影响，法国调节学派形成了组成其概念体系之一的“技术—科技—生产”范式，此范式与调节模式、积累体制共同构成法国调节学派理论的核心内容。不过，与马克思生产力决定生产关系的论断有所区别，法国调节学派“不是技术决定论……它强调技术在某种程度上是被选择和被决定的……更强调集中于探讨积累体制对技术转变的影响”[①]，换言之，法

① 夏明．技术转变与资本积累体制——法国调节学派的经济增长理论述评［J］．国外社会科学，2006（4）：45.

国调节学派更强调三者的契合性与适应性，三者一旦冲突，就会出现过时的调节，就必须采取措施使之成为自洽而完整的一体。技术固然重要，但技术必须与调节模式、积累体制相容，有机地与生产关系整合在一起。

博耶在《技术进步与经济理论》中完整论述了内生技术转变的宏观经济模型①，该模型由生产率方程、投资方程、消费方程、实际工资形成方程等构成。技术进步是此模型的有机组成，但技术进步又有机地与其他条件形成彼此影响的互动关系。调节学派认为，技术进步与创新、资本密度以及规模报酬等紧密相关，但后者又受到收入分配、积累体制等的影响。

历时性视角是法国调节学派研究的一个特点，他们注重对资本主义生产关系进行历史的、动态的考察，并将之分为旧式生产关系时期（18 世纪到 19 世纪前半期）、竞争性生产关系时期（19 世纪后期到二战）、垄断性生产关系时期（二战到 20 世纪 70 年代中期）、金融主导型生产关系时期（20 世纪 70 年代中期以后）。对应这种阶段性变化，法国调节学派认为各时期的技术差异非常显著，如在旧式生产关系时期，技术以简单传统工艺为主，进行小规模生产；竞争性及垄断性生产关系时期，技术以机械化、自动化、标准化的流水线生产工艺为主，进行集中的大规模批量生产；后福特主义或金融主导型生产关系时期，技术以信息技术为主，与金融货币相关的技术重要性提升，进行基于全球分工的分散式生产。

可见，法国调节学派也非常关注隶属生产力层面的技术要素，这与将生产力置于决定性作用的马克思的态度相一致，但法国调节学派在重视之余，又非常重视各阶段技术与调节模式、积累体制的契合性，他们认为唯有契合后者的技术才是适宜的、正当其时的技术。

2. 中观层面：马克思制度理论 VS 法国调节学派的调节模式理论

制度调节是法国调节学派在传统市场调节、政府调节之外尤为重要的调节方式，法国调节学派认为制度是链接微观市场与宏观政府的中间环

---

① BOYER ROBERT. Technical change and the theory of "regulation", in Dosi[M]. Giovanni et al. (eds.), Technical change and economic theory, Pinter Publishers, 1988: 67.

节，制度调节在中观层面发挥着至关重要的调节作用。尽管法国调节学派的中观层面调节模式理论体现了其理论创新的一面，但仔细比较分析时，仍不难看出马克思制度理论对其产生的影响。

马克思的制度概念体系非常丰富，包括经济制度、政治制度、文化制度等，按照其生产力决定生产关系、经济基础决定上层建筑的基本立场，各种制度皆是人们社会关系的总和，由生产力与经济基础所决定，一旦生产力与生产关系出现矛盾，制度变迁的时机也就出现了："社会生产力发展到一定阶段，便同它们现存的生产关系或财产关系发生矛盾。现存的生产关系成为生产力进一步发展的桎梏，社会革命的时代也就到来了。"① 同时，马克思意识到制度变迁是一个长期的动态过程，"无论哪一种社会形态，在它所能容纳的全部生产力发挥出来以前，是绝不会灭亡的；而新的更高级的生产关系，在它存在的物质条件在旧社会的胞胎里成熟之前，是绝不会出现的"②，在旧的社会形态所蕴含的全部生产力全部耗竭之前，统治阶层一定会采取各种方式延缓新旧社会形态的更迭，这个过程可能会极其漫长。但一旦所有的延缓手段失效、生产力与生产关系的矛盾再也无法通过任何温和的方式调和时，社会革命所引发的制度变迁必然应运而生。

法国调节学派更为关注马克思所说的社会革命时代到来之前的调节时期，他们认为存在可以大大延缓这一时刻到来的五种调节模式：雇佣劳动关系制度、竞争形式、国家制度、货币制度、国际体制。这五种调节模式可以调节生产力与生产关系的匹配度，使旧的社会形态不断通过调节而焕发新的生机。不过，法国调节学派认为这五种调节模式的内部关系呈现出阶段性变化，在旧式生产关系、竞争性生产关系时期及垄断性生产关系时期，雇佣劳动关系制度占支配地位，支配着其他四种制度。吕守军以法国调节学派代表人物阿格利埃塔的表述强调了这一点："20 世纪资本主义面临的所有问题都是关于雇佣劳动关系的问题，雇佣劳动阶级的变化规定了

① ［德］马克思，恩格斯．马克思恩格斯选集：第 2 卷［M］．北京：人民出版社，2012：251－252.
② ［德］马克思，恩格斯．马克思恩格斯选集：第 2 卷［M］．北京：人民出版社，2012：33.

经济变化的秩序和节奏，并规定了技术进步的方向和资本积累的范围。”① 在后福特主义或金融主导型生产关系时期，货币制度、国际体制②占支配地位，雇佣劳动关系制度反倒成为从属性制度。五种制度间的内部关系随外部条件变化而变化，并影响微观的技术与宏观的积累，成为资本主义生产体系中非常重要的中间环节。

此外，五种调节模式的具体内容也会随资本主义生产关系的发展而变化。①旧式生产关系时期。生产水平有限，收益提高只能靠增加劳动量与生产要素投入。②竞争性生产关系时期。出现泰勒式大规模生产，但大规模消费尚未形成，工人消费不被考虑在资本主义生产体系之内，工人的生活方式并未得到改变，在与资方的博弈中处于弱势。③垄断性生产关系时期。大规模生产的同时出现大规模消费，工人消费被纳入资本主义生产体系之内，福特主义的生产关系出现，代表工人利益的强大工会通过集体谈判方式为工人发声。与此同时，国家干预也明显加强。最终，工人的工资提高，待遇明显改善，与资方形成长期雇佣关系，工人的生活方式也因此改变。一方面，工人分享了社会生产力进步的成果；另一方面，企业也通过不断优化管理模式与商业模式实现持续的增殖。此外，以美国为中心的国际货币体系形成，美元与黄金绑定，成为世界货币，国际货币制度相当稳定，国际公共体系及充足的国际公共产品均很好地支持了资本主义生产关系的良好发展。④金融主导型生产关系时期。货币制度、国际体系代替雇佣劳动关系，成为占支配地位的制度。金融在企业内部掌握权力，企业通过瞬时交易量最大化追求收益最大化，并伴随着全球化开始在全球范围内实现企业目标，这意味着资本家开始放弃对国内市场的妥协，转向了更大且拥有更廉价劳动力、更丰富资源的国际市场，开始在国际范围内增殖。拥有资本的雇主们开始反对组建工会与集体谈判制度，更偏好灵活的

① 吕守军．法国调节学派理论与马克思主义经济学创新[M]．上海：上海人民出版社，2015：121－122.

② 对于金融主导型时期占支配地位的最上层制度的看法，法国调节学派学者们的认识不一，博耶认为是国际体制，阿格利埃塔认为是货币制度，普奇认为是竞争形式。

短期雇工模式，长期雇工合同减少，临时工、兼职打工者增多，如此，雇主只需支付劳动力直接成本，不用再支付社会成本，大大节省了经营成本。企业内部治理方式也随着金融权重增强而改变，股东主权，追求资本价值最大化，通过减少中间层级的方式提升企业管理效率。工人不再热衷于集体谈判，不再仅仅依靠工会，而是通过持股等方式使自己收入多元化，来保证生活质量。国家制度对雇佣劳动关系的作用减弱，货币制度、国际金融市场及体系对资本主义生产关系的影响被无限放大。

总之，受马克思制度思想的启发，法国调节学派丰富了社会革命性变革来临之前的资本主义生产关系自我调整的制度方式理论，用五种制度模式形成制度调节的主体，对共产主义到来之前资本主义漫长的存在与过渡进行了创新性的解释。

3. 宏观层面：马克思的社会总资本再生产理论 VS 法国调节学派的积累体制理论

政府调节是马克思所关注的另一种调节方式，如前文所述，马克思肯定了政府政治属性的秩序供给调节职能、经济属性中的财政政策与货币政策的调节职能，认为政府调节可在宏观层面解决市场调节无法解决的问题，马克思的社会总资本再生产理论为政府调节的必要性提供了理论支持，而这一理论也在很大程度上影响了法国调节学派宏观层面的积累体制理论。

马克思认为，社会总资本顺利进行的必要条件是各个生产部门之间保持一定的比例关系。马克思将社会生产分为两大部类：第一类为生产生产资料的部类，第二类为生产消费资料的部类。不管是简单再生产还是扩大再生产，两大部类之间都必须保持一定的比例关系。以简单再生产为例，就价值而言，第一部类的可变资本与剩余价值之和必须等于第二部类的不变资本的价值，第一部类生产的生产资料的价值总和应与两大部类的不变资本价值总和相等，第二部类生产的消费资料的价值总和应与两大部类的可变资本价值、剩余价值总和相等。就使用价值而言，第一部类生产的生产资料即生产资料的社会总供给，而第一部类与第二部类对生产资料的需求即生产资料的社会总需求，这两者必须相等。同时，第二部类生产的消费资料即消费资料的社会总供给，而第一部类与第二部类对消费资料的需求即消费资料的社会总需求，这两者必须相等。扩大再生产对比例关系之要求的逻辑与此相类似。

但是，现实经济中，两大部类的比例关系经常失衡，经济危机频发。马克思认为导致这一问题的根本原因是资本主义的基本矛盾，即社会化生产与生产资料私人占有制的矛盾。这一矛盾的具体表现有二：其一，生产无限扩大，供给旺盛，但劳动人民的支付能力下降，需求萎缩；其二，单个企业内部生产有组织性，但整个社会生产呈现出无政府状态。如此一来，社会资本再生产要求按比例生产，但是资本主义的基本矛盾导致比例经常性失调，面对这样的冲突，政府的宏观调控就显得尤为重要。尽管马克思认为资本主义的基本矛盾无法彻底解决，但他又认为在资本主义的全部生产力没有发挥出来之前，资本主义会存在很长时间。在这段时间内，资本主义体系中的国家调控会调和矛盾，调节社会总供给与社会总需求的比例，服务于资本积累的顺利进行。

受此影响，法国调节学派围绕生产与消费的关系、积累方式等构建了积累体制理论。①旧式生产关系时期，生产与消费的水平尚低，积累主要依靠投入更多生产要素的方式，属于外延型积累。②竞争性生产关系时期与垄断性生产关系时期，劳动生产率提高，积累方式转变，技术科技要素成为积累的主要推动力，属于内涵型积累。但竞争性生产关系时期的生产与消费结构不同于垄断性生产关系时期，前者是缺少大规模消费的大规模生产，是没有大规模消费的内涵型积累；后者为伴随着大规模消费的大规模生产，是伴随着大规模消费的内涵型积累。从垄断性生产关系时期开始，工人的消费被纳入资本主义的积累体系之中，资产阶级开始重视并鼓励工人消费，将工人消费与资本家的供给商品的及时价值补偿、社会财富再生产等联系起来，工人的社会地位、生活水平因此得到一定程度的改善。③金融主导型生产关系时期。全球化背景下，金融在资本积累中作用凸显，金融市场不仅影响单个企业，还深刻影响国家政策及国际秩序。金融不仅影响生产，还深刻影响消费。发达国家的资产阶级放弃对本国工会妥协，在全球利用金融的力量追求更大范围、更高程度的资本积累，随着这一进程，生产与消费在全球范围内呈现出明显的区域性特征，生产与消费的结构也随着金融市场的变化而变化。

随着以上各阶段积累特征的明显变化，宏观层面政府的调节力度与方向也出现明显变化。旧式生产关系时期与竞争性生产关系时期，雇佣劳动关系制度处于支配地位，宏观调控主体以市场为主，市场调节社会总劳动的分配与各生产要素的配置，使社会总劳动按比例分配。垄断性生产关系时期，雇佣劳动关系制度同样处于支配地位，但随着工人的大规模消费、工会力量凸显，政府宏观调控作用也随之加强，政府对五种制度的影响力增强，政府在社会总劳动按比例分配方面的作用增大。金融主导型生产关系时期，货币制度、国际体系处于支配地位，包括政府制度在内的制度体系被金融力量所控制，社会总劳动的按比例分配也在很大程度上因金融因素的变动而变动。利息率上涨抑制了生产性投资，失业率增加抑制了大规模消费，资本的金融风险投机行为增加。与此同时，企业通过增加设备投资减少劳动力雇佣等方式节省成本。大规模生产与大规模消费的基础均被破坏，资本主义的积累体制与调节模式遭遇严峻挑战，同时因替代性的新的积累体制与调节模式还未形成，资本主义的长期萧条随之出现。在此阶段，政府对金融市场的宏观调控至关重要，博耶认为政府应强化对金融创新的规制，通过加强对银行的监督、制定金融产品销售许可制度、规范金融治理等方式进行宏观调控。阿格利埃塔也提出了加强证券化市场调控的观点。

显然，法国调节学派的积累体制理论受马克思社会总资本理论影响颇大，两者都非常重视生产与消费结构的变化，但法国调节学派更重视从历时性视角分析不同阶段的变动性，并注重将技术范式、制度体系与积累体制结合在一起，有机地探讨不同阶段三者的适应性及变化趋势，一旦出现不适应状况，则意味着新的适应性体系必须产生，否则资本主义体系就会陷入经济萧条、发展停滞，乃至严重危机之中。

### （二）调节效果理论：危机不可避免论 VS 危机阶段性累积论

对于资本主义的经济危机，马克思秉持不可避免论。生产的社会化与生产资料私人占有制的矛盾决定了资本主义的经济危机不可避免。一方面，生产社会化程度越来越高，生产供给能力越来越强；另一方面，资本家剥削工人越来越成功，工人有支付能力的需求越来越弱，长此以往，必然会产生生产的相对过剩，爆发危机。即使资本主义生产体系存在市场与政府调节，这种调节也无法规避资本主义生产体系的最终灭亡。

法国调节学派也重视马克思所说的生产与消费的结构性矛盾，也认为存在最终危机的可能，但在马克思危机理论的基础上，法国调节学派探讨了缓和危机的可能性与危机的阶段性。

法国调节学派认为，资本主义有三种危机：小危机、大危机、最终的危机。小危机包括石油等外部因素干扰而产生的最初的危机、调节模式的内部调节产生的周期性危机。大危机包括调节模式不适应新的积累体制而产生的危机、积累体制引发资本主义内部结构变化并导致的发展模式的危机（结构性危机）。最终的危机即资本主义生产方式的最终危机，意味着资本主义的灭亡。法国调节学派认为，对于前两种危机，如果调节方式得当，资本主义生产体系内部的诸如市场调节、制度调节、政府调节之类的调节方式也有可能使之缓解。但是，如果前两种危机靠自我调节无法矫正，随着危机的不断累积，将会导致最终的危机。

不过，从法国调节学派的理论来看，法国调节学派倾向于认同当前的资本主义还具备缓解危机的能力与自我调节空间。博耶（2004）[①] 认为，经历了“物对物的生产”“货币对货币的生产”，资本主义将会转向“人对人的生产”，三者分别对应福特主义发展模式、金融主导型发展模式、人类主导型发展模式。人将取代物与货币，成为经济发展的动力，人的知识、能力等无形资产的重要性凸显，经营计划能力、技术开发能力等无形

---

① BOYER ROBERT. The future of economic growth: as new becomes old[M]. Edward elagar publishing limited, cheltenham, UK. northampton, USA,2004:137 - 144.

资产将代替资产、设备等有形资产并推动生产率的提高，与之相关的教育、培训、健康等行业会在很大程度上影响社会的供给与需求结构。依据法国调节学派在三个层面的调节理论，一旦与人相关的技术范式、调节模式、积累体制三者调整到位并和谐共存，新的发展方式将取代旧的发展方式，并再次推动资本主义的发展，直至下次危机及调节的到来。

总之，法国调节学派在继承的基础上进一步发展了马克思的危机理论，大大丰富了马克思判定的在资本主义灭亡之前、在旧的社会形态所容纳的全部生产力发挥出来之前的这段时间的危机调节内容，讨论了各阶段危机的动态发展及累积性特征，从而使资本主义危机理论得以大大拓展。

## 四、当代借鉴及意义

马克思主义不是一个已经完成的、僵化的、封闭的理论体系，而是一个不断随着社会发展而发展、不断创新、完善的理论体系，法国调节学派对马克思调节思想的发展充分说明了这一点。发展完善后的法国调节学派的理论体系也对现实经济有了更强的解释力，并推动了当代马克思主义理论的发展及其对实践的影响力的提升。从中，值得当代中国借鉴之处颇多。

### （一）不断推进中国特色社会主义理论的创新

中国特色社会主义理论是马克思主义中国化的产物，是马克思主义与中国实践相结合的智慧结晶，体现了中国历任领导人、学者、人民群众的理性认知及其对马克思主义的继承与发展。随着中国经济发展的实践，这一理论必然也会进一步发展，也面临进一步创新的问题。

习近平总书记指出："理论的生命力在于创新。创新是哲学社会科学发展的永恒主题，也是社会发展、实践深化、历史前进对哲学社会科学的必然要求"①。党的二十大报告指出，实践没有止境，理论创新也没有止境。要不断谱写马克思主义中国化时代化新篇章，继续推进实践基础上的

① 习近平．习近平谈治国理政：第二卷［M］．北京：外文出版社，2017：342.

理论创新。新中国成立至今，经过70余年的实践与发展，我国已成为经济体量最大的发展中国家，国民生产总值居世界第二，这份成绩来之不易。更难得的是，这份成绩是不同于西方路径，也不同于其他社会主义国家路径的中国特色社会主义实践的产物，需要从理论层面对之进行诠释、总结与概括。这是一个需要理论创新也可以进行理论创新的时代，我国亟须用中国语言讲好中国故事，进一步在继承马克思主义的过程中进行理论创新。

那么，该如何推动理论的创新？法国调节学派的做法提供给我们一个很好的思路。法国调节学派视野中的资本主义体系既呈现出历时性阶段性演化特征，又呈现出多元化多样性发展特点，也正是因为正视资本主义实践的历时性、复杂性、动态性、多样性，并基于马克思主义基本理论给出了合理的阐释，法国调节学派才推动了其理论创新。

同理，中国特色社会主义理论创新也应在坚持马克思主义立场，继承马克思主义基本原理、基本方法的基础上，吸收包括中国传统文化、西方先进理论在内的一切人类文明成果，正视中国经济发展遇到的时代新问题，并对之进行深度的理论阐释。如此，中国特色社会主义理论创新才能得以不断推进。

**（二）不断坚持并强化中国特色社会主义实践的与时俱进**

法国调节学派对资本主义实践中的危机进行了全面的剖析，并认为如若不能很好地解决资本主义体系运行过程中的小危机与大危机，则资本主义必然会迎来最终的危机，资本主义体系将不复存在。在这一点上，法国调节学派与马克思的判断是一致的，这个判断也契合了马克思主义生产力与生产关系辩证关系的逻辑机理。随着生产的社会化，以生产资料私人占有制为核心特征的生产关系越来越成为发展的桎梏，最终一定会被更符合生产社会化要求的以生产资料公有制为核心特征的社会主义、共产主义所代替。

中国特色社会主义实践之所以能取得非凡的成就，被称为“中国奇迹”，就是因为中国始终在发展中立足中国实际情况，坚持中国尚处于社会主义初级阶段的基本认定，坚持以生产资料公有制为主体，同时又允许并支持多种所有制共同发展。按照法国调节学派的理论逻辑，中国的实践是技术科技范式、调节模式、积累体制完美契合的典范。

当前，中国正面临世界百年未有之大变局，国际国内形势都正在进行重大调整，全球贸易发展进入低迷期，贸易保护主义声音增大，中国经济增长速度放缓，步入追求高质量发展的经济结构调整期。越是这种时刻，越是考验中国的定力，中国唯有立足于中国实际，不断与时俱进地坚持并强化中国特色社会主义实践，才能稳稳地屹立于世界民族之林。

# 第十三章　法国调节学派第一代思想与第二代思想的比较

师荣蓉[*]

法国调节学派的发展分为“调节学派第一代”（1976—2002 年）和“调节学派第二代”（2003 年至今）两个时期。法国调节学派第一代学者的理论主要包括“福特主义积累体制论”和“金融主导型积累体制论”，法国调节学派第二代学者的理论主要包括“制度形成论”和“资本主义多样化论”。本章在概述法国调节学派第一代思想和第二代思想的基础上，从第二代思想对第一代思想的继承性、发展性和共通缺陷性三个方面，对法国调节学派第一代思想与第二代思想进行比较。

## 一、法国调节学派第一代思想概述

### （一）法国调节学派第一代思想的产生背景

法国调节学派第一代存在于 1976—2002 年，前后两代在 21 世纪初完成新老更替。20 世纪 70 年代资本主义爆发经济危机，在这样的理论背景和现实背景下，法国调节学派应运而生。

从理论背景来看。在经济危机面前，主流经济学在经济危机面前显得狼狈不堪。一方面，当时占据西方主流经济学地位的凯恩斯经济学无法对“滞胀”危机给出合理解释和解决方案；另一方面，新古典经济学派始终沉醉于由“均衡”和“增长”构筑的理论体系中，认为危机不过是偶然事

---

* 师荣蓉，西北大学经济管理学院副教授，主要研究方向为发展经济学。

件，产生的原因无非是市场的外部力量搅乱了市场均衡，上述两个学派的理论认识使经济学陷入比经济危机更严重的危机之中。与此同时，马克思主义经济学也受到了前所未有的挑战①。

从现实背景来看，布雷顿森林体系的崩溃为国际金融市场持续动荡、全球金融危机和经济危机的频发埋下了祸根；1973 年爆发的“石油危机”使石油价格迅猛上涨，并带动了其他能源价格的上涨，导致资本主义生产萎缩、企业倒闭，为资本主义“二战后黄金发展时期”画上了句号，并带来了前所未有的“滞胀”。

在此背景下，以米歇尔·阿格利埃塔（Micbel Aglieta）为代表的一些法国青年马克思主义者们开始旗帜鲜明地坚持马克思主义经济学，反对新古典经济学派静态的、均衡的、缺乏历史意识的分析方法，同时他们认为马克思主义经济学不应该是一个封闭的理论体系，而应该是一个随着资本主义发展而不断完善、持续创新、开放的理论体系，为此必须对马克思主义经济学进行创新。1976 年，阿格利埃塔出版的《资本主义的调节理论：美国经验》可以看作在马克思对 19 世纪前半期以英国为代表的自由资本主义研究的基础上，对二战后以美国为代表的资本主义发展规律进行的积极探索，并成为法国调节学派创立的标志②。

**（二）法国调节学派第一代思想的代表人物**

法国调节学派第一代的内部存在着三个学派，它们分别是“格勒诺布尔学派”“法国共产党—国家垄断资本主义学派”和“巴黎学派”。

格勒诺布尔学派的代表人物主要有杰纳德·德斯坦·德·伯尼斯（Gerard Destanne de Bernis）、伯纳德·比尔奥德（Benard Billaudot）和雷纳托·蒂·儒扎（Renato Di Ruzza），他们主要集中在格勒诺布尔经济学院。该学派的研究内容主要从两个方面展开：一方面，致力于批判一般均衡理论，力求从长期的、历史的视角动态地把握资本主义的本质特征；另

---

① 吕守军．法国调节学派理论与马克思主义经济学创新[M]．上海：上海人民出版社，2015：12－13.

② 吕守军．法国调节学派理论与马克思主义经济学创新[M]．上海：上海人民出版社，2015：14.

一方面，把资本主义划分为竞争或自由资本主义、简单垄断资本主义、国家垄断资本主义三个阶段，认为每一个阶段都有与之相适应的调节模式，但是调节模式并不是一成不变的，每一次危机之后都会出现新的调节模式。

法国共产党国家垄断资本主义学派的代表人物有保尔·波卡尔（Paul Boccara），该学派在20世纪60年代中期提出了“新的国家垄断资本主义”理论，认为资本主义的出路不在于实现专业化或自动化，而在于最大限度地增加对人类技能培训的投资，增加国民的可支配性收入和财富。

巴黎学派是法国调节学派中最具影响力的学派，其代表人物除了法国调节学派的创始人阿格利埃塔之外，还有罗伯特·博耶（Robert Boyer）、阿兰·利比兹（Alain Lipietz）、安德烈·奥尔良（Andre Orlean）、布鲁兹·特莱特（Bruno Theret）等，其中，阿格利埃塔和博耶、利比兹被看作法国调节学派和巴黎学派的三个创始人①。

法国调节学派第一代学者中最主要的代表人物是阿格利埃塔，其分别担任巴黎第十大学教授、国际信息预测研究中心顾问，是法国总统经济分析顾问委员会成员。代表作有《资本主义的调节理论：美国经验》《货币暴力》《雇佣劳动者社会的嬗变》《基轴货币的终结》《金融宏观经济》等。

法国调节学派第一代学者的第二位代表人物是博耶，其曾经担任法国数理经济计划预测研究中心和法国国立科学研究所教授、社会科学高等研究院研究部部长，研究重点主要集中在工资的长期分析、宏观理论体系和国际比较理论上。主要著作有：《历史视角下的工资形成：基于法国经验的考察》《调节理论：挑战危机的经济学》《第二次大转变》等。近年来的主要著作有：《21世纪初的经济增长》《资本主义对抗资本主义》《金融资本主义的崩溃》等。

法国调节学派第一代学者的第三位代表人物是阿兰·利比兹，其曾担

---

① 吕守军．法国调节学派理论与马克思主义经济学创新[M]．上海：上海人民出版社，2015：27.

任数理经济计划预测中心的主任研究员，1988 年成为法国国立科学研究所所长。20 世纪 90 年代之前，利比兹的理论最接近于马克思的理论，其研究主要围绕《资本论》和南北问题展开。20 世纪 90 年代之后，他开始对法国左翼和欧洲生态学运动进行研究，并提出了改革议案，进而对欧共体统一和东欧经济问题进行研究，并对后福特主义时代的民主主义构想进行了积极探索。20 世纪 90 年代之后，他把自己的问题意识放在了环境问题、南北问题和失业问题上，出版了《沙漏型社会》《何谓政治的生态学》等著作，不仅对这些问题进行了深刻分析，而且提出了很多具有可操作性的对策建议。

### （三）法国调节学派第一代思想的基本内容

法国调节学派第一代学者最突出的研究成果主要有两个：第一个是 20 世纪 70 年代中期对福特主义积累体制的研究，第二个是 90 年代以来对金融主导型积累体制的研究。前者通过对福特主义积累体制形成、发展和衰退的历史考察，揭示出资本主义在二战后出现“黄金发展时期”以及在 20 世纪 70 年代跌入“石油危机”中的原因；后者通过对金融主导型积累体制形成、发展和衰退的历史考察，揭示出资本主义在 20 世纪 90 年代出现新经济以及 2008 年爆发金融危机的原因①。

#### 1. 关于福特主义积累体制的研究

关于福特主义积累体制的研究，主要包括：福特主义积累体制的形成和发展，福特主义积累体制下劳动过程、消费模式的转变和福特主义积累体制的崩溃。

（1）福特主义积累体制的形成和发展。阿格利埃塔在发展模式转换理论的基础上，通过对福特主义在原理和制度方面主要特征的归纳，揭示了福特主义体制的形成和发展与资本主义进入“黄金发展时期”之间的内在联系。首先，福特主义在原理方面具有以下三个特征：一是生产的决定权和分配的决定权相分离的原理；二是长期稳定的雇佣关系原理；三是上述

① 吕守军．法国调节学派理论与马克思主义经济学创新[M]．上海：上海人民出版社，2015：56.

两个原理相互作用的原理。其次，在制度方面存在以下三个特征：一是工会的组织化；二是国家干预的强化；三是国际货币制度的稳定。

（2）福特主义积累体制下劳动过程和消费模式的转变。福特主义积累体制促使劳动过程和消费模式发生了根本性转变，以下从资本循环的三个阶段的视角，对福特主义劳动过程的基本情况进行分析：在资本循环的第一个阶段，资本家购买两种产品，即生产工具和劳动力。这里的生产工具主要是专用性的大型机器。在资本循环的第二个阶段，生产工具和劳动力被结合在一起，生产出新的商品。在资本循环的第三个阶段，新生产出来的商品被售出，生产组织获得比初始投资更多的货币。总之，福特主义劳动过程可以概括为：为减少不确定性，资本家努力将劳动过程中的控制权从工人手里转移到自己的手里。为在越来越少的单位时间里生产出越来越多的产品，在资本家占有劳动并对熟练工人加强管理的背景下，管理者通过泰勒制或科学管理方法的应用，实现了对生产方式的改进并提高了机器的使用效率。这一过程引起了劳动分工的进一步发展，雇佣工人的劳动被分解为一般的、不断重复的各种标准化动作。

（3）福特主义积累体制的崩溃。20 世纪 70 年代中期以后，资本主义国家陷入长期萧条之中，很多学者认为其原因在于“石油危机”的爆发。但是阿格利埃塔（1989）指出，“石油危机”虽然对资本主义经济造成了打击，但是 80 年代石油价格下降了，很多国家的生产率依然没有提高，失业率依然居高不下，因此，长期萧条的根本原因不在于“石油危机”，而在于福特主义的结构性危机。具体表现为以下四个方面：一是泰勒主义效率性的丧失；二是分配公平的丧失；三是价格体系中信用的丧失；四是消费模式的规律性丧失。在上述四个方面的共同作用下，福特主义积累体制和调节模式的作用丧失殆尽，但是新的积累体制和调节模式尚未出现，从而使资本主义陷入长期萧条之中。

2. 关于金融主导型积累体制的研究

关于金融主导型积累体制的研究，主要包括：金融主导型积累体制的形成与发展、金融主导型积累体制的崩溃和摆脱危机的对策与新发展模式的探索。

（1）金融主导型积累体制的形成与发展。法国调节学派认为，伴随美国企业治理结构的变化，20 世纪 90 年代之后，“实现股东价值”成为企业经营的主要目标，导致美国在制度诸形式、积累体制和发展模式等方面发生了结构性的转变。①关于制度诸形式的转变，主要体现在五个方面：一是在雇佣劳动关系方面，企业采取了派遣制等灵活的雇佣形式，导致工人收入的差距扩大和企业雇佣的不稳定。但是由于这一时期工人普遍持有股票，可以从金融中获得收益，从而容忍了该变化。二是在竞争关系方面，企业在产品竞争方面越来越激烈，但是来自金融市场上的竞争压力空前加大，并成为左右企业决策的主要因素。三是在国家形式方面，政府发行的债券数量越来越大，导致其决策受到来自金融市场上要求削减公共支出、放松金融规制的新自由主义思想的影响。四是在货币和金融关系方面，由于金融全球化导致货币通胀和货币紧缩交替发生，各国中央银行的任务与其说是稳定物价倒不如说是稳定金融市场。五是在国际体制方面，美英两国的金融业占据着世界金融中心的地位，并通过金融创新促进了两国经济的增长，其他的 OECD 国家则主要通过出口贸易促进本国经济的发展。②调节模式和积累体制的转变，主要体现在两个方面：一是关于调节模式的转变。这一时期的调节模式是围绕“股东主权”展开的，因此被称为“股东主权型调节模式”。二是关于积累体制的转变。这一时期，股权和住宅等“资产价格”上涨成为带动经济增长的原动力，使美国经济进入到虚假的良性循环之中，形成了“金融主导型积累机制”。总之，基于上述制度诸形式和发展模式与积累体制的变化，资本主义在 20 世纪 90 年代初期实现了从福特主义型发展模式（工资和消费主导型积累体制、劳资联合型调节模式）向金融主导型发展模式（金融主导型积累体制、股东主权型调节模式）的转换。但是由于金融主导型积累体制具有不稳定性、脆弱性和不可持续性的特征，从而为 2008 年国际金融危机的爆发埋下了祸根。

（2）金融主导型积累体制的崩溃。法国调节学派认为，金融主导型发展模式具有不稳定性、脆弱性和不可持续性的特征，这正是 2008 年国际金融危机爆发的重要原因。首先，在消费方面，劳动者过度消费导致债务增加，在促进股票和住宅价格上涨的同时，也导致经济泡沫的形成。其次，在投资方面，资产价格迅速上涨导致“华尔街逻辑”肆意横行。再次，金融市场并不像新古典经济学所鼓吹的“具有自我调节的能力”，如果没有适当的规制必然导致金融失控。最后，与20世纪50—60年代相比，90年代以后资本主义发生经济危机的频率显著增加，这进一步证实了金融主导型发展模式具有不稳定性和脆弱性的特征。

3. 摆脱危机的对策与新发展模式的探索

（1）对国内和国际政策的探索。首先，在国内政策方面，博耶（2009）认为应该强化政治和政府对金融创新的规制以防止金融业再次失控和新自由主义的回潮。关于具体的政策，第一，对商业银行、投资银行和保险公司进行综合性监督；第二，明确债权人和债务人之间的责任关系，提高金融衍生产品的风险透明度；第三，禁止拥有充分信息者向不具有充分信息者销售具有风险转嫁性质的金融产品；第四，制定金融产品销售许可制度；第五，强化政府和国民之间的信息沟通，让金融专家掌控金融治理机构。其次，在国际政策方面，博耶（2011）认为：一是应该对作为新自由主义和金融自由主义排头兵的国际货币基金组织和世界银行等机构进行改革；二是以G20峰会为代表的国际性合作在采取政策的顺序方面必须达成一致，否则不利于迅速摆脱危机，也不利于美国从金融主导型发展模式向新的发展模式的转换。

（2）对新发展模式的探索。一是“人类”取代“物”和“货币”，成为经济发展的原动力，形成“人类主导型积累体制”。二是教育、培训、健康、医疗、护理、文化等行业对“人类主导型积累体制”的形成和发展，以及对社会需求都起着调节的作用，将成为新的调节模式的主要内容。

**（四）法国调节学派第一代思想的影响**

从经济学领域来看，法国调节学派对微观经济学和宏观经济学进行了猛烈的批判。价格调节的原理不具有普遍意义，因为并不是所有的市场都统一地向均衡收敛，市场交换也多是在个人先验地不知道商品质量的情况下进行的。价格机制不可能改善所有资源分配的非效率，每个人在交易过程中必须搜寻信息，而且是否会有不确定性结果的出现都是不可预知的。因此，调节经济的不是价格，而是制度和规制，微观经济学的基础就是经济系统中多元组织之间所订立的制度和规则。在此基础上，法国调节学派引进了“调节”“调节模式”“制度诸形式”等概念，认为制度是宏观经济调节中各种矛盾势力相互妥协的结果。但是，法国调节学派并没有追随制度学派记述的研究方法，而是把研究的焦点对准了制度对经济的调节作用上，以人们之间利害冲突关系为前提，对制度是如何演化的、如何调节经济的，不同制度是如何导致经济差异的问题进行了深入研究。他们认为雇佣劳动制度是诸多制度中最重要的制度，工资制度与生产率互为条件、相互影响。一方面，与其他经济理论一样，法国调节学派重视工资上涨依存于生产率状况的观点；另一方面，法国调节学派也提出了生产率上涨也依存于工资状况的观点。他们通过对福特主义的研究发现，雇佣劳动阶级的发展产生了通过工会进行集体交涉的制度，它有效调节着劳资之间的对立关系，是先于生产率上升和工资上升而存在的，而这正是当时主流经济学所忽略的。

另外，法国调节学派的学术影响力不仅仅限于经济学领域，它对其他社会科学的发展也产生了深远影响。法国调节学派推动了经济地理学基础理论和方法论的发展。法国调节学派第一代学者对“福特主义”以及资本主义经济增长和经济危机的考察，为经济地理学的国民经济分析提供了新的理论基础，经济地理学把法国调节学派的“制度诸形式”的概念和理论运用到了对产业网络、政府形式、地区规模、金融形式和劳资关系的分析中，并在“福特主义”理论的基础上，提出了企业在选择厂址方面应该力求分散化、推进地域的阶层性开发理论；“福特主义”理论重视对国民经济中耐用消费品、大规模消费、流通市场、制造业和积累方式的研究，这些研究成果都直接成为经济地理学的基础理论；“福特主义”的大规模生产和大规模消费理论为工人工资水平的提高、国民生活水平的提高、社会保障制度的完善奠定了基础，为经济地理学关于二战后国民经济理论的研究提供了重要启示。

## 二、法国调节学派第二代思想概述

### （一）法国调节学派第二代思想的产生背景

法国调节学派产生于20世纪70年代，当时资本主义正遭受严重的经济危机，而当下盛行的凯恩斯主义和新古典经济学派却对此束手无策，于是以阿格利塔埃等为首的经济学家们从资本主义如何对经济和社会进行调节的视角，对20世纪以来资本主义的调节方式、积累体制和发展模式进行了深入系统的分析①，致力于找到适应资本主义社会发展的良好调节方式。然而随着时间的推移，调节学派的发展逐渐开始面临危机，其主要原因有两个：第一，调节学派在其发展中逐渐忽略了对制度的研究，关于制度理论没有独特的见解，并且采用了与其他学派共通的方法论，使其丧失了理论的独特性。第二，法国调节学派虽然以“结构主义”为源泉，但是却不能在结构主义的基础上回答制度调节社会冲突的机制，更谈不上对“结构主义”的超越。因此，在各个学派的不断竞争中，调节学派的理论越来越被边缘化，如比较制度理论目前已经越来越成为制度经济学的微观基础，而法国调节学派则越来越无人问津，上述两个原因迫使法国调节学派不得不重新思考自己的理论②。

在这样的背景下，以阿玛布尔、帕劳姆巴利尼、山田锐夫为代表的经济学家们对调节学派做出了巨大贡献，形成了更为合理的概念和理论分析框架。他们因此被称为调节学派第二代。第二代学者们在研究对象，研究方法以及思想理论上继承了第一代学者的研究方向，例如，在研究对象上他们都将研究焦点对准了制度对经济的调节作用；在研究方法上都强调了“结构主义”的重要性，“通时态分析方法”也在两者之间一脉相承；在思想理论上对“制度调节”理论、制度形成理论、资本主义多样性理论等进行了深入

---

① 于珊，张嘉昕．法国调节学派第二代经济思想的政治经济学研究[J]．经济视角，2018(3)：1－7.

② 于珊，张嘉昕．法国调节学派第二代经济思想的政治经济学研究[J]．经济视角，2018(3)：1－7.

研究。同时，调节学派的第二代学者继承了第一代学者理论联系实际的研究风格，不仅能够对理论进行高度抽象和概括，而且关注现实问题。

### （二）法国调节学派第二代思想的代表人物

20 世纪 90 年代，法国调节学派第二代学者登上历史舞台，并于 21 世纪完成了法国调节学派第一代学者和第二代学者之间的新老更替。

法国调节学派第二代学者最主要的代表人物主要有布鲁诺·阿玛布尔（Bruno Amable）、弗莱德里克·罗尔敦（Frederic Lordon）、司德凡·帕劳姆巴利尼（Stefano Palombarini），他们不仅在“制度理论”“资本主义多样化理论”“结构主义的方法论”等方面对调节学派第一代学者的理论和方法进行了完善和补充，而且形成了更为合理的概念和分析框架，成为“法国调节学派第二代”的代表人物。

阿玛布尔是法国调节学派第二代最著名的代表人物，现任巴黎第十大学经济学教授，数理经济计划预测研究中心研究员，主要对法国调节学派第一代学者的理论进行了总结和批判，并对资本主义多样化的理论进行了研究，主要著作有：《全球化时代的创新体系》《制度互补性和多样化的社会制度创新和产生》《现代资本主义的多样性》《政治经济学为什么不是一门道德科学》。从阿玛布尔的研究内容来看，主要包括对制度经济学进行了重新构建，并从理论和实证两个方面对现代资本主义多样性进行了说明，对法国调节学派第一代学者在理论方面存在的问题进行了批判。

罗尔敦是法国调节学派第二代学者的第二位著名代表人物，现任法国国立科学研究所研究员，主要对制度理论进行了系统的研究，主要著作有：《经济政策》《资本政策》《金融危机何时才结束》等。

帕劳姆巴利尼是法国调节学派第二代学者的第三位著名代表人物，现任巴黎第八大学教授，主要著作有：《意大利的妥协：关于宏观经济政策的论文集》等。

### （三）法国调节学派第二代思想的基本内容

调节学派第二代理论的最大贡献突出表现在其从制度形成理论和资本主义多样性两方面来对资本主义进行研究。

1. 关于制度形成理论的研究

关于制度形成理论的研究，具体包括制度的形成和制度的调节作用。

（1）制度的形成。法国调节学派第二代学者认为，各社会主体之间存在着利害关系，这些利害关系表现为普遍存在的社会冲突，而制度具有调节社会冲突的作用。制度是各个主体之间相互妥协的结果，而各主体之所以能够相互妥协是因为政治的力量。因此，在制度的形成过程中，政治起到了决定性的作用。阿玛布尔（2005）等把“政治”定义为“社会的一个子系统，也是实现社会选择的一个子系统”，是“将人们之间的利害冲突协调一致的社会组织”。但是现实中的制度往往与制度设计时的初衷不相吻合，其原因在于社会主体之间的利害关系是多元的，从而导致主体之间相互妥协的结果也是多元的，而政治是使这种多元结果相互妥协形成唯一制度。这与各个主体是否具有完全理性，以及拥有完全信息有关，主要与博弈各方所采取的战略、该制度的寿命、各个主体之间的政治成本等因素有关。因此，制度自产生起就不一定是符合本来意图的产物，只不过是社会各个主体之间相互博弈妥协的结果。同时，因为政治成本的存在，改变现有的制度也是非常困难的。另外，法国调节学派的第二代学者认为，制度形成时的历史条件也影响着制度的选择，而且历史是不可还原和不可逆的，制度选择的结果往往是不可逆的，制度选择的结果往往是唯一的。

（2）制度的调节作用。阿玛布尔（2005）认为，制度是和意识形态、政治媒介相互作用、共同调节社会冲突的。首先，意识形态可以减少社会主体之间的异质性，使拥有相同意识形态的主体所拥有的立场趋于一致。这些立场如果是社会期待的，那么就可以继续存在下去，如果不是社会期待的则有可能会被淘汰。在这个过程中，意识形态之间也是相互竞争、优胜劣汰的关系。其次，制度是社会各个主体之间相互妥协的结果，是社会主体之间博弈的规则，对意识形态具有优胜劣汰的作用，具有决定政治结构的功能。最后，政治媒介具有实现社会选择的功能。从政治的供给方面来看，为获得政治支持和保持政治体制的持续，需要政治媒介；政治的供给者之间相互竞争，各个利益集体之间的相互竞争都需要政治媒介。从政治的需求方面来看，政治媒介起到了动员社会主体表明其偏好什么样的社会期待的作用。政治媒介具有使政治的供给和需求可以顺利地交接，并促使政治体制再生产的作用。如果政治需求的双方不能够顺利地交换，就意味着政治体制陷入了危机。阿玛布尔把这种危机分为“政治的危机”和“体制的危机”两种。“政治的危机”是指支配集团既不能满足社会主体的期待，也不能满足政治需求的状态。解决这一危机的方式是在既定制度中产生新的支配集团。“体系的危机”是指任何政治战略无法持续，唯有改变制度的状态。但是由于改变制度需要付出高额的政治成本，改变制度的结果也有可能使危机陷得更深。

2. 资本主义多样化理论

关于资本主义多样性的研究也是第二代学者做出的一大贡献。20 世纪 90 年代末，苏联解体，美国摆脱了福特主义危机并由此摆脱了长期的经济停滞，加上 IT 业和生物技术产业的发展及跨国公司对世界经济的渗透，美国成功进入新经济时代，许多国家和机构开始信奉、模仿和引进美国的政治经济制度。在这一背景下，新古典学派重新提出了资本主义最终会向着以美国为代表的主导型资本主义市场收敛的假说。此时，法国调节学派通过自己的理论研究提出了资本主义多样性理论，即各种资本主义即使不是市场主导型资本主义，其固有的各种制度之间也具有制度互补性和制度层级性的特征，该特征具有排斥外来制度的作用，同时协调机制具有多样性①。调节学派认为不应当把市场视为唯一的协调机制，在现实生活中存在多种协调机制，因此资本主义只能是保持多样化的进化而不是最终向单一的一种模式收敛。

法国调节学派的“资本主义多样性理论”主要包括“资本主义的类型化学说”和“资本主义五类型说”两个主要内容。“资本主义的类型化学说”否定了资本主义世界正在向美国型资本主义收敛的假说，提出世界资

---

① 张旭．调节学派的比较资本主义研究及其启示[J]．山东社会科学,2016(2):40－47.

本主义多样性，确保各种资本主义类型的存在；“资本主义的五类型说”将资本主义类型进行了划分，分为市场导向型、亚洲型、欧洲大陆型、社会民主型和地中海型，并被看作资本主义类型化理论中最趋完善的学说。

首先，阿玛布尔认为对资本主义制度的比较研究决不能仅仅囿于对宏观经济指标的比较，除此之外，还应该对一组制度进行比较。阿玛布尔通过对 21 个 OECD 国家的比较研究发现，每个国家的五个“子维度”之间具有强烈的制度互补性的特征，会对外来制度进行“抵抗”，并使其发生“变异”甚至被“淘汰”，导致各个国家的制度只能保持多样性的特征。他通过对 21 个 OECD 国家的 SSIP 的比较研究发现，资本主义内部存在以美国为代表的“市场主导型资本主义”、以日本为代表的“亚洲型资本主义”、以瑞典为代表的“社会民主主义型资本主义”、以德国为代表的“欧洲大陆型资本主义”和以意大利为代表的“地中海型资本主义”五种类型。

其次，阿玛布尔通过对 21 个 OECD 国家 GDP 增长率等宏观数据和 SSIP 的特征分析，实证证明与“主导型”资本主义相比，其他类型资本主义同样具有效率性，从而否定了世界各国应该向以美国为代表的“市场主导型”资本主义收敛的假说。阿玛布尔指出“欧洲大陆型”资本主义的未来发展方向既不是新自由主义也不是凯恩斯主义，而是介于两者之间的“第三条道路”，从而彻底否定了世界正在向以“市场主导型”资本主义收敛的假说。

**（四）法国调节学派第二代思想的影响**

首先，法国调节学派第二代学者提出的“空间多样性和时间可变性”的研究方法以及对“后福特主义”的分析内容，为经济地理学提供了新的理论框架。经济地理学最初主要侧重于对国民经济和积累体制的研究，具有忽视地域分析和全球化背景下的国际经济分析的倾向，而法国调节学派第二代学者的理论把经济分析划分为国际、国民、地域三个层次，并在“后福特主义”时代新的社会制度妥协理论的基础上，提出了如何消除地区间的不平衡发展、如何在国家层面对地区经济进行调节的方法，这些研究成果也为经济地理学的发展提供了新的理论。

其次，法国调节学派第二代学者在方法论和研究内容方面实现了对新古典主义经济学、新自由主义的批判。从方法论来讲，收敛假说坚持物理的均衡分析，认为社会主义向资本主义收敛、资本主义向美国型资本主义收敛，最终整个世界收敛到一点，即在美国制度的统治下达到均衡。对此，法国调节学派通过对制度本质特征的分析，认为资本主义的进化如同生物界的进化一样，只能是保持多样性的进化，同时通过历史与理论相结合的研究方法，实证证明了资本主义多样化的存在，从而在方法论上实现了对新古典经济学无视历史分析，注重物理的均衡分析方法的批判。从研究内容上，法国调节学派第二代学者通过对资本主义的类型化，以及对各种类型资本主义的制度比较，实证证明了资本主义具有多样化的特征，否定了美国型资本主义的效率性和普遍适用性，否定了世界向美国型资本主义收敛的假说。

最后，法国调节学派第二代学者对多学科产生了影响。例如，英国激进地理学派的研究领域是经济地理学，加拿大新葛兰学派的学术影响主要集中在国际关系学方面。英国的政治学者杰瑟普把调节理论运用到了自己的“国家理论”中，以《资本与阶级》杂志为营地，对后福特主义的国际理论进行了深入探讨，并出版了专门研究法国调节学派理论的五卷本著作，进一步巩固和扩大了法国调节学派在政治学领域的影响①。

## 三、法国调节学派第一代思想和第二代思想的比较

### （一）第二代思想对第一代思想的继承性

法国调节学派第二代思想对第一代思想的继承性主要体现为研究对象的继承性、研究方法的继承性和思想理论的继承性。

1. 研究对象的继承性

两代学者的研究对象基本相同，研究的大范围是美欧资本主义经济，

① 吕守军．法国调节学派理论与马克思主义经济学创新[M]．上海：上海人民出版社，2015：41.

并且他们将研究的焦点对准了制度对经济的调节作用上。一方面，两代调节学派学者以人们之间存在的利害冲突为前提，对制度是如何演化的、是如何调节经济的，不同的制度是如何导致经济差异的问题进行了深入研究①；另一方面，第二代学者在继承第一代学者对于社会关系的研究基础上，进行了更深入的社会研究，如“社会系统创新理论”“劳动保护和收入分配理论”“福利国家的制度理论”等。

2. 研究方法的继承性

第二代学者继承了调节学派初建时期的方法论，继续强调调节理论的独特性，并在重建制度理论方面做出了巨大贡献。他们认为，各社会主体都有各自的利益，社会主体在追求自己利益的过程中会产生社会冲突，而制度就是为了调节社会冲突而产生的，是社会主体在社会冲突中相互妥协的产物，其中，制度形成时的历史条件和政治交换对于形成什么样的制度起着关键性的作用②。同时，制度、意识形态和政治媒介的相互作用形成了社会冲突调节的一般机制。在研究过程中，调节学派始终坚持马克思的辩证唯物主义和历史唯物主义分析方法，始终坚持将经济学、政治学、历史学、社会学和经济地理学等相结合的研究方法。

第一代学者的研究方法论经历了从结构主义方法论向制度主义方法论的演进，在继承第一代制度化分析等研究方法的基础上，第二代学者阿玛布尔以“制度化的妥协”为基础，又引进了“博弈论”的研究方法。与此同时，“通时态分析方法”也在两代之间一脉相承，从中他们得出了制度诸形式随时可能发生变化的结论，认为历史的研究方法可以更好地把握变化的历史背景和原因，更清晰地刻画变化的过程和结果，最终在第二代形成了“空间的多样性和时间的可变性相结合”的方法论特征③。同时，法国调节学派在方法论和研究内容方面实现了对新古典经济学新自由主义的批判。由此可见，第二代学者继承了很多第一代学者的研究方法。

① 吕守军. 法国调节学派理论与马克思主义经济学创新[M]. 上海:上海人民出版社, 2015:92－93.
② 吕守军. 法国调节学派理论与马克思主义经济学创新[M]. 上海:上海人民出版社, 2015:84.
③ 吕守军. 法国调节学派理论与马克思主义经济学创新[M]. 上海:上海人民出版社, 2015:48.

3. 思想理论的继承性

第一，“制度调节”理论。两代学者都认为，制度可以调节微观主体的行动以使其符合宏观经济稳定发展的需要，使国家调节和市场调节相互契合。调节学派的理论结构有微观、中观、宏观三个层面，而新古典经济学派只有微观和宏观两个层面，忽视了中观层面的制度调节，容易导致市场调节失效。凯恩斯经济学重视封闭经济条件下的货币制度、财政制度的调节，但调节学派更强调开放经济下的劳资关系制度、竞争制度等五种“制度形式”的调节，从而使国家调节更有效。第二代学者继承了第一代学者在该领域的研究，都研究制度调节对于经济发展、应对经济危机和宏观调控的重要作用。

第二，制度形成理论。法国调节学派第一代学者对资本主义的结构、制度、积累体制等进行了研究，当时称之为“结构诸形式”，已经初具制度形成理论的雏形，但并没有系统完整地提出这一理论。第二代学者在继承第一代学者理论的基础上，提出了“制度形式”等概念，正式提出了调节学派的制度形成理论。

第三，资本主义多样化理论。法国调节学派第二代学者在“后福特主义”理论成果的基础上提出了与之针锋相对的“资本主义多样性理论”，一针见血地否定了美国型资本主义的效率性和普遍适用性，否定了“资本主义收敛论”的假说，认为资本主义只能是保持多样性的进化。法国调节学派第一代学者提出的“后福特主义积累体制论”及“国民轨道的分歧性”假说虽然具有把特定国家进行“模型化”和“特权化”的倾向，容易忽视对美国发展模式之外的国家进行研究的倾向，但是其理论本身确实蕴含了丰富的“资本主义多样性”的思想，并成为法国调节学派第一代学者布瓦耶提出的“资本主义四类型说”的雏形，也为第二代学者阿玛布尔的“资本主义五类型说”奠定了理论基础①。第二代学者提出并完善了

① 吕守军．法国调节学派理论与马克思主义经济学创新[M]．上海:上海人民出版社，2015:100－101.

"资本主义多样性理论"，并继承了大量第一代学者的已有研究。

**（二）第二代思想对第一代思想的发展性**

法国调节学派第二代思想对第一代思想的发展性主要体现为方法论的发展性、制度形成理论的发展性和资本主义多样性理论的发展性。

1. *方法论的发展性*

法国调节学派第一代学者将结构主义与制度主义作为其方法论的理论源泉。

首先，哲学的结构主义研究重点为结构如何影响个人行为、个人行为又是如何反作用于结构，其认为结构的原型是现实社会和个人行为。法国调节学派第一代学者从"结构主义"出发对马克思主义进行结构分析，不仅从生产方式再生产的角度提出了结构的存在理论，而且提出了再生产方式是由有"自律"的各个层级构成的，再生产方式对各个层级起着支配作用的主张。方法论的结构主义具有两个基本特征：第一个特征是对整体性的强调，它认为任何事物都是一个复杂的统一整体，只能把它其中任何一个组成部分的性质放在一个整体的关系网络中，即把它与其他部分联系起来才能被理解，因此"整体"更重要；第二个特征是对共时性的强调，"共时"现象是指同时要素间的关系。一般认为，语言是一个符号系统，系统内部各个要素之间是同时并存的，因此作为符号系统的语言具有共时性。为此一种与共时性的语言系统相匹配的共时性研究方法，即对系统内各成分之间的关系，尤其是同整个系统的关系展开研究的方法，就成为方法论结构主义的第二个特征，它是结构主义整体观和系统观的必然延伸。

法国调节学派第一代学者将制度引入分析框架中，以解决"通时态分析"和"共时态分析"难以结合的问题，从而导致该学派在方法论上从结构主义向制度主义发生转变。法国调节学派制度主义方法论基础是对制度和结构之间的差异进行比较，他们通过对制度进行分类，认为制度是现实的结构，是通过"机能的因果关系"的调节发挥作用的。他们在"方法论的结构主义"基础上，提出了以结构的秩序和实践的秩序为媒介的"制度诸形式”的概念和调节模式的理论，不仅用“制度诸形式”代替了“结构诸形式”概念，而且指出“制度诸形式”主要包括五种制度形式（雇佣劳动制度、货币制度、竞争形式、国家制度、国际体制），它们具有“共时性”，其整体就是调节模式①。与此同时，他们强调调节模式具有抑制和调节各个主体和利益集团之间对立和矛盾的意义。

法国调节学派第二代学者引入了“博弈论”和“空间多样性和时间可变性”的研究方法。

在博弈论的方法论中，第二代法国调节学派代表阿玛布尔假设现实社会中存在着上层的博弈和下层的博弈。前者是政治的博弈，后者是经济的博弈，并假定博弈者在质量与数量上存在很大的差异，但从博弈的结果来看，得出了制度是政治妥协的表现，制度设计反映了分配问题中存在着的冲突，也正是各个主体的相互博弈才得出了使非对称的权力和对立趋于均衡的结论。阿玛布尔认为，调节理论中的制度化妥协是和其他学派的制度均衡概念相对立的术语，相互博弈的结果是各个主体和各个社会集团朝共同的政治目标发展。具体而言，各个主体和各个社会集团体现为经营者团体和工会，他们通过战略博弈实现各自的政治诉求，并形成支配社会的组织，其基础是政治的联合，是通过实施社会和经济政策、共同制定社会博弈的规则来影响经济系统与政治系统的发展。

在时间的可变性和空间的可变性方面。首先，空间的多样性主要是指该学派强调国民的、地域的方法论特征。其研究对象首先为美国资本主义，再拓展为法国、西欧、北欧、日本、经济与合作发展组织，最后该学派进一步把研究对象扩大到对第三世界国家、南北问题、苏联解体和社会主义经济问题的研究上，甚至对国际货币制度、生态经济学等问题也进行了专门性的研究，并于21世纪初提出了资本主义多样性理论，形成了强调各个国家国民的、地域的多样性的方法论特征。其次，时间的可变性的方法论特征主要体现在该学派反对新古典经济学派静态的、均衡的分析方

① 吕守军．法国调节学派理论与马克思主义经济学创新[M]．上海：上海人民出版社，2015：46.

法，强调制度诸形式随时可能发生变化，认为历史的研究方法可以更好地把握变化的历史背景和原因，更清晰地刻画变化的过程和结果。总之，法国调节学派通过研究发现，在同一个资本主义国家的不同时期以及同一个时期的不同资本主义国家中，积累体制都会表现出不同的形式，这也正是法国调节学派强调时间的可变性和空间的可变性的一个重要的理论基础。

2. 制度形成理论的发展性

法国调节学派第一代学者认为，调节模式就是制度诸形式的结合方式，是理解资本主义的关键，它主要包括五种制度：第一，雇佣劳动关系制度。其主要包括工作过程的组织、技能等级、工人流动、直接和间接工资形成、工资收入的作用等，它规定着劳动力的使用和再生产，是制度诸形式中最关键的制度。第二，货币制度。其主要是指管理或者制约货币的制度或手段，包括银行和产业的关系、股票市场在产业融资中的作用、流动性创造的机制、货币管理的类型，以及国家和国际金融体系的发展程度和组织结构。第三，竞争形式。其主要是指企业之间、地区之间和国家之间的竞争形态是自由竞争还是垄断竞争等。第四，国家制度。其既包括国家在经济活动和解决社会矛盾中是“廉价型政府”还是“干预型政府”的角色定位，也包括国家具体的财政、金融和产业政策。第五，国际体制。从历史发展脉络来看，其包括 19 世纪中期到 20 世纪前期大英帝国统治下的世界和平时期、二战后到 20 世纪 80 年代后期美苏两国统治下的世界和平时期、1991 年至今美国一极体制统治下的世界和平时期的国际体制，以及各国在该国际体制中所处的位置等。从静态的视角来看，它包括国际贸易、投资和资本流动的规制、专业化形式和国际政治经济关系等。制度诸形式的不同组合产生特定的积累体制和调节模式，而积累体制和调节模式的组合产生特定的发展模式。

法国调节学派第一代学者认为“制度诸形式”具有以下特点：第一，制度诸形式的概念不仅继承了马克思的阶级分析方法，重视对雇佣劳动关系制度的分析，还继承了马克思的资本积累理论，注重对资本积累和制度之间关系的研究。第二，它既没有把研究焦点局限于对资本之间竞争关系的分析上，也没有局限在对国家形式或市场制度的分析上，而是把研究焦点扩大到对经济制度、政治制度、社会制度等五种制度形式的分析上，这可以看作对以往资本主义研究方法的超越。

法国调节学派的第二代制度形成理论在继承第一代理论的基础上，突出了其理论的特殊性，表现为其理论不同于新制度经济学、比较制度分析理论、美国激进学派和法国公约经济学的理论。

法国调节学派第二代学者认为，各个社会之间存在着利害关系，这些利害关系体现为普遍存在的社会冲突，而制度具备调节社会冲突的作用。制度是各个主体之间相互妥协的结果，而各个主体之所以能够相互妥协是因为政治的力量。在制度的构建过程中，政治具有决定性的作用。历史因素也影响着制度的选择，而且历史具有不可还原性，因此制度选择的结果大多唯一。

在制度作用层面，法国调节学派第二代学者认为制度和意识形态、政治媒介相互作用、共同调节社会冲突。首先，意识形态可以减少社会主体之间的异质性，使拥有相同意识形态的主体所拥有的立场趋于一致。这些立场如果是社会期待的，那么就可以继续存在下去，如果不是社会所期待的则有可能会被淘汰。在这个过程中，意识形态之间也是相互竞争、优胜劣汰的关系。其次，制度是社会各个主体之间相互妥协的结果，是社会主体之间博弈的规则，对意识形态具有优胜劣汰的作用，并具有决定政治结构的功能。最后，政治媒介具有实现社会选择的功能。从政治的供给方面来看，为获得政治支持和保持政治体制的持续，需要政治媒介，政治的供给者之间相互竞争、各个利益集团之间的相互竞争都需要政治媒介；从政治的需求方面来看，政治媒介起到了动员社会主体表明其偏好的作用。通过政治媒介使政治的供给和需求可以顺利地交换，并促使政治体制再生产，如果政治需求的双方不能够顺利地交换，就意味着政治体制陷入了危机①。

---

① 吕守军．法国调节学派理论与马克思主义经济学创新［M］．上海：上海人民出版社，2015：46－47.

法国调节学派第二代学者的制度形成理论不同于美国激进政治经济学派、法国公约经济学派和比较制度分析学派的观点。法国调节学派第二代学者从历史的角度来探索一般制度的形成，认为交易费用不是影响制度的唯一因素，提出政治具备重要的作用，人类社会存在众多的冲突，为调整这些冲突从而诞生了制度。

3. 资本主义多样性理论的发展性

法国调节学派第一代学者提出了“资本主义四类型说”雏形。

为解决阿玛布尔在资本主义类型化方面出现的问题，法国调节学派第一代学者博耶于2004年出版了《一个资本主义的理论是可能的吗》，通过比较研究资本主义国家的劳资关系和调节方式，提出了“资本主义四类型说”。在该学说中，博耶把阿玛布尔提出的“资本主义两类型说”中的莱茵型资本主义进一步划分为以日本为代表的“企业主导型资本主义”、以德国为代表的“国家主导型资本主义”和以瑞典为代表的“社会民主主义型资本主义”，在很大程度上解决了阿玛布尔理论中“盎格鲁－撒克逊型资本主义”的国家在同质性方面很高、“莱茵型资本主义”在同质性方面很低的问题①。

法国调节学派第二代学者提出了“资本主义五类型说”。

首先，法国调节学派第二代学者阿玛布尔认为对资本主义制度的比较研究不能仅仅囿于对宏观经济指标的比较，还应对一组制度进行比较。他不仅突破了世界经济比较研究中仅侧重于对宏观经济指标体系进行比较的分析方法，还突破了第一代学者过多侧重于以某个单一制度的历史变化作为分析基轴的研究方法。他吸收了比较制度分析学派的制度互补性的理论，又结合法国调节学派原有的制度阶层性的理论，提出了“社会创新和生产体系”（Social Systems of Innovation and Production，SSIP）概念。制度互补性是指某一个制度的存在会对另一个制度的存在和发展起到强化、补

① 吕守军. 法国调节学派理论与马克思主义经济学创新[M]. 上海：上海人民出版社，2015：104－105.

充的作用。制度阶层性是指每一个制度的下层存在着诸多的子制度，组成了类似于金字塔形状的层级结构。相比较而言，上层制度有更重大的作用，而且上下层制度相互支撑、相互促进。在这两个概念的基础上，阿玛布尔指出，SSIP 是各个国家在科学、技术、产业发展中最关键的制度，具体包括产品市场竞争制度、劳资之间的纽带关系、金融部门制度、社会保障制度、教育制度五个子制度，而这五个子制度具有互补性。同时，他强调 SSIP 是一个在微观经济制度之上和宏观经济制度之下的制度，是联系微观经济制度和宏观经济制度的纽带和桥梁，对宏观经济产生强烈的影响。法国调节学派第一代学者博耶等曾提出“社会的生产体系”（Social Systems of Production，SSP）的概念，从 SSIP 概念来看，阿玛布尔在 SSP 概念的基础上进一步强调了创新的重要性，把 SSP 概念中作为创新基础的“科学—技术—技能”包含在了 SSIP 概念的“劳动—教育—金融”中，形成了社会创新和生产体系概念，并扩大了制度研究的范围。因此，法国调节学派第二代学者阿玛布尔提出的理论是建立在法国调节学派第一代学者理论的基础之上的，是法国调节学派理论的新发展。阿玛布尔通过对 21 个 OECD 国家的比较研究发现，每个国家的五个子制度之间都具有强烈的制度互补性的特征，会对外来制度进行抵抗，并使其发生变异甚至被淘汰，导致各个国家的制度只能保持多样性的特征。另外，他通过对 21 个 OECD 国家的 SSIP 的比较研究发现，资本主义内部存在着以美国为代表的市场主导型资本主义、以日本为代表的亚洲型资本主义、以瑞典为代表的社会民主主义型资本主义、以德国为代表的欧洲大陆型资本主义和以意大利为代表的南欧（地中海）型资本主义五种类型，而且上述五种类型的资本主义在 20 世纪 80 年代末期和 90 年代末期都同时存在，从而否定了世界正在向以美国为代表的市场主导型资本主义收敛的假说①。

其次，法国调节学派第二代学者在第一代学者研究基础上进一步对各种类型资本主义的效率性进行比较研究。第一代学者博耶通过考察制度结

① 吕守军．法国调节学派理论与马克思主义经济学创新[M]．上海：上海人民出版社，2015：106.

构的历史演化和制度的多样性，得出了任何市场并非万能的结论，他从时间的可变性和空间的多样性的视角，得出了资本主义在过去、现在和将来都只能保持多样性进化。第二代学者阿玛布尔通过对21个OECD国家GDP增长率等宏观数据和SSIP的特征分析，论证出与市场主导型资本主义相比，其他类型资本主义同样具有效率性，进而否定了世界各国应朝市场主导型资本主义收敛的假说。第二代学者阿玛布尔指出欧洲大陆型资本主义的未来发展方向既不是新自由主义也不是凯恩斯主义，而是介于二者之间的“第三条道路”，进而彻底否定了“世界正在向以‘市场主导型’资本主义收敛”的假说。

### （三）第二代思想和第一代思想的缺陷性

调节学派第二代思想虽相较于第一代思想有极大的发展，但其仍然存在着较大的缺陷和不足。由于第二代思想的发展重心在于制度形成和资本主义多样性理论，调节学派核心理论的缺陷和不足并未得到改变和弥补，法国调节学派一、二代思想的缺陷存在共通性，主要表现为以下几个方面：

1. 过于看重资本积累体制在资本主义社会中的重要性

调节学派认为，资本主义经历了不同的“积累体制”，每一种积累体制都有一种特定的“调节方式”，这种调节方式又支配积累过程。因此调节理论的核心就是对积累体制的研究，以找到适应资本主义社会发展的良好的调节方式。调节学派虽然对福特主义、后福特主义的生产方式和积累体制进行了深入研究，但由于调节学派过于重视积累体制的作用，导致其制度多样性和互补性等方面不足，从而在一定程度上造成了其边缘化的危机。

调节学派第二代学者专注于制度理论性，对社会系统的创新和生产制度的互补性和多样性等进行了深入研究，其理论相较于两代学者来说突出了其独特性。但无论是第一代学者还是第二代学者，调节学派探索的是一般制度的形成，使用“社会的积累结构”的概念，落脚在对制度与资本积累长期变化关系及对积累体制的研究上。

综上，法国调节学派两代学者都十分重视对积累体制的分析，由于过于看重也使得研究陷入死角，使其理论缺乏创新。调节学派认为积累体制之间的变化决定了资本主义的发展进程，不过资本主义生产方式的演变也存在着其他因素的影响，这些因素调节学派的学者们在分析时并未进行充分说明，例如，第一次世界大战后，资本主义生产方式的发展一方面受到世界战争的影响，另一方面也受到国内外社会主义力量压力的影响，所以其体制的进化不能只从资本积累的内在逻辑来说明，但调节学派忽略了相关因素，过于专注对积累体制的研究，以致很难看到有关这方面的分析①。

2. 局限于资本主义内部改良

调节学派对资本主义历史和现实的分析，其中对资本主义的批判有重要借鉴意义，但这并不是说调节理论就是完美的，它有很大的局限性，突出表现为调节理论从本质上来看是一种改良主义理论。调节学派的理论家们认为尽管资本主义制度有许多弊病，但由于它具有自我调节、自我更新以及自我发展的能力，仍然是世界上最好的经济制度。因此，调节学派的一切理论分析都是在资本主义框架内进行的，没有触及资本主义所有制。

以积累体制和调节模式这两个调节学派最重要的概念为例，积累体制代表的是为协调生产和社会需求，资本主义发展的每一个时期所要求的剩余在资本和劳动之间分配的形式，主要分为“外延性积累”和“内涵性积累”。调节模式是对积累体制在生产所要求的必要的制度形式和社会妥协的命名，而其他概念如生产关系、制度形式（主要包括劳资关系、竞争形式、货币形式）和危机理论均不涉及所有制方面的研究，而是着眼于分配生产等环节进行研究。

例如，在讨论金融危机对资本主义的影响时，法国调节学派第一代学者阿格利埃塔认为金融危机的确对资本主义的经济关系产生了最重要的影响，但并不必然导致对资本主义政治关系和所有制形式的改变，所以调节学派的学者们实际上充当着“资本主义床前医生”的角色，他们认为资本

① 陈叶盛．调节学派理论研究[M]．北京：中国人民大学出版社，2012：144.

主义生产方式之所以遇到危机，是因为资本主义的分配存在问题，而解决的办法就是对分配领域进行调节。法国调节学派认为只要在资本主义制度的框架内不断对出现的矛盾进行审时度势的调节，资本主义便有着无限发展空间。虽说这种改良主义的分析在某种程度上有一定的存在理由和积极意义，但这种丝毫没有触及资本主义所有制的分析显然是先天不足的①。

3. 调节学派研究方向日益偏离马克思主义传统研究方向

从本质上说，调节学派许多重要的理论见解都来自对马克思经济学的创造性转化，它试图沿着马克思的传统推进制度经济学的发展，但“随着制度主义方法的发展及其对调节学派影响的加深，调节学派对马克思主义的承诺被逐渐稀释了”。调节学派的比较资本主义研究，在很大程度上借鉴的是新制度经济学或经济社会学的研究成果，这种取向很可能导致资本主义多样性研究“对‘多样性’言之甚多，但对‘资本主义’言之甚少”。调节学派向新制度主义的靠拢和逐渐远离马克思主义的趋势，正是在比较资本主义研究中存在的最大理论问题②。

除此之外，大多数调节学派学者对世界采取一种不可知论的态度：为解释真实的世界，没必要诉诸不能观察的看不见的世界。因此，他们认为马克思关于资本主义经济学虽然强调了社会关系和积累过程的历史特殊性，但其使用的概念过于抽象，只能应用于总体分析和一般计算，无法应用于具体的研究范围③。因此，法国调节学派学者不再关注“劳动价值论”“剩余价值学说”的深奥世界，并且质疑研究资本主义积累原理的一般理论的必要性，将《资本论》视为资本主义一般理论，对《资本论》的理论倾向采取否定态度④。总之，调节学派理论保留了资本主义长期演化的研究兴趣，但不接受马克思的继承者们坚持的宏大的资本主义理论，而是更多围绕宏观经济学对现实进行解释，其范围也局限于宏观理论方面，在后

① 陈叶盛．调节学派理论研究[M]．北京：中国人民大学出版社，2012：143－144.

② 张旭．调节学派的比较资本主义研究及其启示[J]．山东社会科学，2016(2)：40－47.

③ 陈叶盛．调节学派理论研究[M]．北京：中国人民大学出版社，2012：2.

④ 胡海峰．对法国调节学派及其理论的分析[J]．教学与研究，2005(3)：79－84.

续发展中逐渐偏离马克思主义传统研究方向。

## 四、结论与启示

20 世纪 70 年代在法国兴起的调节学派，由于其独特的研究方法和创新性的理论对社会科学的各个领域和国家政策的制定都有重大影响，但由于其自身的理论缺陷，曾一度陷入边缘化。20 世纪 90 年代后，受到学派内部理论缺乏独特性和外部学派不断竞争两个方面的影响，法国调节学派第二代学者在继承第一代学者部分思想理论的基础上，对原有理论进行了发展和完善，取得了一系列丰硕的成果。本章首先从产生背景、代表人物、基本内容和主要影响四个方面对法国调节学派第一代和第二代学者的思想分别进行概述，其次从继承性、发展性和缺陷性三个方面比较法国调节学派第一代学者与第二代学者思想的理论异同，研究发现法国调节学派第二代学者在继承第一代学者研究对象、研究方法和研究理论的基础上，对第一代研究理论进行了独特化和扩充化，对第一代研究方法进行了创新化和现实化。通过两代的比较，发现第一代学者主要是对金融主导型积累体制进行研究，第二代学者则将其扩展到对整个资本主义多样性的研究，正是两代学者的接力，使得该学派在理论研究上取得了一系列新成果，也使得法国调节学派重新焕发了生机。同时，调节学派第二代学者的思想虽相较于第一代学者的思想有极大的发展，但其仍然存在着较大的缺陷和不足，主要表现为过于看重资本积累体制在资本主义社会中的重要性、局限于资本主义内部改良和偏离马克思主义传统研究方向等方面。

法国调节学派经历了一个从创立到鼎盛再到新老交替的过程，第二代学者的出现无疑对调节学派的发展起到了承前启后的作用，为中国特色社会主义市场经济建设提供了借鉴，促进了我国政治经济学的发展，具有重要的启示。首先，调节理论为中国经济发展提供了新的思路。调节学派第二代学者研究的历史条件和政治在制度形成中的作用以及意识形态、制度和政治媒介对于社会冲突的调节机制，对于任何一个社会来说都具有一般性，对于我国来说也具有借鉴意义。我国社会冲突的调节和政治体制的改革都需要在收入分配和经济关系调整的范围内展开，需要把调节理论对资本主义特殊的研究扩展为对制度形成一般过程的研究，需要对马克思主义经济学的相关理论做更多的强调。其次，调节理论为中国经济的理论研究提供了一个可供选择的努力方向。调节理论第二代学者所采用的方法论，不同于新制度经济学派、比较制度分析经济学派、激进政治经济学派等的方法论，具有鲜明的独特性。同时，调节学派第二代学者又与马克思主义经济学、演化经济学的方法有许多共通之处，他们强调政治在制度形成中的作用，强调制度对政治结构的反作用，这与马克思主义经济学的辩证法是一脉相承的。但是，他们与演化经济学的方法论不同，并不拘泥于马克思主义的方法论，不认为历史是具有普遍性的规律，强调资本主义的多样性，强调初始的历史条件对制度形成的作用，以及历史元素的不可还原性，强调制度的结果与最初意图的不一致性，放弃了方法论的个人主义，强调集团的决定作用，反对还原论的研究方法。因此，法国调节学派的理论引起了各国马克思主义经济学者的高度重视，并被视为西方马克思主义经济学的一个重要流派，这种独特而又不失合理性的方法论，对于中国政治经济学理论的研究无疑具有重要的借鉴意义。最后，从研究内容来看，法国调节学派的第二代学者继承了第一代学者理论联系实际的研究风格，不仅能够对理论进行高度的概括和抽象，而且高度关注现实问题。资本主义多样化理论也让我们清晰地看到，美国型资本主义既不是最有效率的，也不是普遍适用的。因此，新古典经济学派所倡导的“新自由主义”绝不是我们应该追求的目标，这样的观点对于中国特色社会主义市场经济建设也具有重要的借鉴意义。

# 第十四章　法国调节学派的金融制度与中国特色金融制度创新

刘希章[*]

法国调节学派是马克思主义的一个重要分支，自20世纪80年代以来，其理论观点被广泛运用于转型经济学、经济全球化等诸多领域，逐步成为一支具有一定国际影响力的经济学流派。本报告从中国特色金融供给制度、金融分配制度、金融协调制度和金融风险防范制度四个维度出发，结合调节学派的金融制度、相关思想和中国金融制度现存的问题，对我国现行金融制度进行特色创新，以期对中国坚持走特色社会主义金融道路的制度制定方面有所借鉴。

## 一、引言

调节学派产生于资本主义经济危机不断加深时期，其重点探究了世界大战期间周期性的经济危机和20世纪70年代资本主义国家的“滞胀”现象。调节学派以马克思主义经济学为基础[①]，同时吸收了凯恩斯主义的部分观点和看法，其理论成果对资本主义的新制度经济学、演化经济学、发展经济学等学派产生了很大影响。调节学派的主要研究成果贡献在于，重点研究剖析了战后资本主义国家由福特制到后福特制的转变逻辑，认为社会基础决定着上层建筑：诚然，金融行业服务于生产生活，在任何经济体

* 刘希章，西北大学经济管理学院副教授，主要研究方向为金融理论与政策、宏观经济等。

① 吕守军，严成男．法国调节学派的学派定位及其理论创新研究［J］．上海交通大学学报（哲学社会科学版），2013，21（3）：33－40.

中均属于第三产业，是整个经济社会中典型的上层建筑形式，因此从马克思的观点来看，金融制度亦属于生产关系的范畴，必须适应特定阶段的生产力发展水平，当金融制度与经济发展水平不相适应时，必须对金融制度进行创新改造，使之与经济发展水平相匹配。

聚焦中国，党的二十大报告指出，要深化金融体制改革，建设现代中央银行制度，加强和完善现代金融监管，强化金融稳定保障体系，依法将各类金融活动全部纳入监管，守住不发生系统性风险底线。同时，2023 年的中央金融工作会议上首次明确地提出金融强国战略，标志着金融已成为中国强国战略目标的重要组成部分，并为未来金融工作的高质量发展指明了方向。然而，中国金融制度的变迁呈现出渐进性特征，金融制度演进的动力基本上源于政府自上而下的改革，这种由政府强制力实施的金融制度改革存在一定的弊端，一个突出表现就是中国东中西部、城乡及行业间的金融资源分配不合理的现象。要解决金融资源分配不合理问题，必须进一步深化金融供给侧改革，把金融资源配置到重点领域和薄弱环节，补齐县域、小微企业、新型农业经营主体等金融服务短板。同时，当前金融全球化日趋显著，如何规避全球金融风险波动、进一步增强中国经济和金融运行的稳健性，以及如何做好金融与经济社会发展的协调，也都成为学术界与实践界亟待解决的重要议题。

一直以来，中国金融制度的创新滞后于经济体制改革步伐，中国金融制度的创新之路仍然任重而道远。调节学派的金融理论和主要观点对于中国金融制度创新、促进中国经济转向内生经济增长模式具有重要的导向作用①。本章将吸收借鉴调节学派的观点，结合中国金融制度实际，从中国特色金融供给制度、分配制度、协调制度及风险防范制度四个维度出发，为符合当前高质量发展阶段的中国金融制度创新提供思路。

---

① 任保平．法国调节学派的政治经济学理论及中国特色社会主义政治经济学对它的借鉴[J]．政治经济学季刊，2019(4)：24－34.

## 二、法国调节学派的金融制度和中国特色金融供给制度创新

法国调节学派主张政府适当的干预可以促进经济平稳运行，但政府过度的干预会破坏市场活力。一直以来，我国金融领域一直面临或多或少的金融抑制，亦普遍存在金融资源供给和需求结构性不匹配的问题①，这一现象在农村地区表现尤为突出。因此，必须创新中国特色金融供给制度，解决金融资源供需失衡问题，实现金融资源的优化配置。此处将依托法国调节学派的相关金融理论研究，结合中国实际，从金融供给侧结构性改革、非正规金融以及农村金融三个方面探讨中国特色金融供给制度创新。

### （一）法国调节学派的金融制度与金融供给侧结构性改革制度创新

调节学派代表人物罗伯特·博耶认为中国经济模式过度依赖于强有力的中央政府，这造成了金融资源供给与需求的失衡。目前中国正通过市场化的改革和相应的制度重构，推进金融供给侧结构性改革，改革的重心主要就在于优化资源配置，配置金融资源到重点领域和薄弱环节，加快补齐县域、小微企业、新型农业经营主体等金融服务短板，并大力促进普惠金融和绿色金融、科创金融等融合发展。可以预期，这对于缓解中国中小企业和农村地区的融资约束、提高金融资源配置效率具有重要实践价值。但当前中国金融供给侧结构性改革依然面临直接融资占比较低、货币政策传导机制不通畅、银行证券和保险业发展不协调等问题。

针对中国金融供给侧结构性改革制度存在的诸多问题，结合法国调节学派相关理论观点，需进一步健全具有高度适应性、竞争力、普惠性的现代金融制度体系。法国调节学派对制度调节社会冲突的作用进行了深入研究，认为任何制度均产生于特定的历史环境，任何制度框架均具有特定的时代背景，制度的作用在于调和与解决社会冲突，其本质在于调节社会主体的政治利益关系②。具体来看，聚焦于当前我国金融供给侧结构性改革

---

① 刘峻峰，李巍．金融新常态与经济新常态的协同发展分析——兼论金融供给侧结构性改革中解除金融抑制的进程[J]．经济体制改革，2020(1)：21－28.

② 吕守军．法国调节学派的制度理论[J]．上海交通大学学报（哲学社会科学版），2009，17(6)：23－28.

的社会利益主体冲突问题，要建立多层次的资本市场制度，增强对直接融资体系的包容性；从金融供给的主体来看，提高证券、信托、保险等非银行金融机构占比，推进融资机构供给侧改革，健全各金融机构间的协作机制。同时，要健全金融机构业务创新管理体制，满足金融机构拓展业务的需求，促进金融机构创新；加强存款利率监管制度，优化利率形成和传导机制，降低社会整体融资成本。

### （二）法国调节学派的金融制度与非正规金融制度创新

调节学派认为任何经济行为都离不开社会关系网络，都不是单纯的经济现象，任何经济活动均是特定社会背景下的人格化行为活动。非正规金融的运行也高度依赖社会网络，社会网络扩大社会信用，形成一种隐性担保机制，大大提高了资金的融通效率。长期以来，非正规金融在夹缝中生存，多以地下活动的方式进行，难以得到法律的确认和有效保障，一直到2005 年，非正规金融在优化资源配置中的作用才得到认可。非正规金融于体制外运行，其抗风险能力较差，如果不加以规制，会为我国金融市场的平衡运行埋下隐患。因此，未来需要政府进一步放开对非正规金融的管制，建立健全非正规金融发展的制度体系。具体来看，从非正规金融方式创新来看，政府要采用诱致性的经济手段，发挥引导作用，创造良好的社会网络，促进非正规金融发展；明确非法集资和非正规金融的范畴边界制度，加速非正规金融阳光化与合法化，促使非正规金融规范化发展；积极建立非正规金融与正规金融协同发展的社会信用网络制度，推动非正规金融机构与正规金融机构良性互动发展；同时，调节学派强调信息投资在经济活动中的作用，因此应建立非正规金融活动的信息定期采集与公开披露制度，以确保非正规金融市场稳定发展。

### （三）法国调节学派的金融制度与农村金融供给制度创新

中国农村地区的金融资源稀缺，特别是正规金融机构很少，很多偏远地区农村可能只有农村信用社一家金融机构，然而农村地区的金融需求却很旺盛，除少数农户以及村镇企业的融资需求由非正规金融满足外，大部分农户和乡镇企业融资需求难以得到满足，农村金融主体供需的非均衡性问题日渐突出①。农村地区金融供需失衡不但不利于巩固我国脱贫攻坚的成果，反而会进一步加剧城乡间的不平等；并且乡村振兴战略的实施也离不开农村金融发展的支持，需要政府完善相关政策和机制，为农村地区金融发展提供更好支持。调节学派认为制度的作用就在于调和社会冲突，其本质在于调节经济活动中普遍存在的社会主体的政治利益关系。针对农村金融供给面临的困境，要进一步加大对农村金融体系的制度创新力度。具体来看，要建立与需求增长相匹配的农村金融供给制度，建立村镇村级银行等金融组织制度；结合调节学派的金融危机理论，要健全农村地区的存款保险制度，提高风险防范和控制水平，增强农村金融体系的稳定性与安全性；健全农村地区的征信体系建设，提高非正规金融在农村地区的信贷配置效率；构建农村金融风险分担与补偿机制，充分发挥不同主体风险分散的功能，分散涉农贷款风险②；建立健全农村地区有效的系统性风险防范制度体系，创新丰富农村金融产品，构建农村金融专项激励机制，完善多元化的农村金融中介服务体系，全面盘活农村金融市场的活力，充分满足农村地区日渐多样化的金融服务需求。

## 三、法国调节学派的金融制度和中国特色金融分配制度创新

金融资源的分配也不是纯粹的经济现象，其在分配过程中要考虑到社会目标的实现，在现阶段的中国，金融资源分配的一个标准就是看是否有利于共同富裕目标的实现。共同富裕要解决的是发展不平衡、不充分的问题，让全体人民共享改革开放的成果，但目前我国的金融资源集中于国有企业和城市，中小企业和农户难以筹集到经营和发展所需资金，因此完善金融分配制度、优化金融资源配置是一个亟待解决的问题。

### （一）法国调节学派的金融制度与金融市场化改革制度创新

政府出台了诸多政策促进金融市场化改革，包括打破国有金融机构长

---

① 黎秋华．农村金融供给保障乡村振兴的路径选择[J]．农业经济，2022(3)：113 – 114.

② 刘晓东，陈江．乡村振兴视阈下农村金融供给改革与制度创新[J]．西南金融，2020(1)：54 – 61.

期垄断局面的产权改革、利率和汇率改革以及人民币的国际化改革等。同时，我国金融市场的市场化改革已经取得显著成效，逐步形成了多层次的市场化金融体系。但目前中国的金融体系依然呈现出三个非常突出的特征，即“规模大、管制多、监管弱”。政府对金融市场的限制主要表现为行政力量强制干预利率汇率决定机制、管制跨境资本流动等①；同时，市场化改革进程中配套的监管制度也并不完善，部分监管制度未得到有效执行。

调节学派反对凡事都由政府调节的主张，认为当政府干预不能促进经济增长时，就要发挥市场的作用，而金融市场化改革本质上处理的就是政府和市场的关系问题。聚焦于金融市场化改革制度创新问题，应从如下几个方面进一步厘清政府与市场的作用边界，推进金融市场改革进程。首先，金融市场化改革需要与有效金融监管框架的构建相结合，聚焦未来，监管方面要建立机构监管和功能监管相结合，同时注重行为监管与审慎监管的多重监管机制②；其次，作为金融市场化改革的重要方面，要优化利率传导管理制度，进一步扩大贷款利率的浮动范围，增加利率开放的品种；最后，金融市场化对居民资金的管理也提出了新的要求，要满足居民多元化的金融需求，包括但不限于居民日常消费的金融需求、金融理财需求等。

### （二）法国调节学派的金融制度与金融资源产业间配置制度创新

调节学派主张社会的资本积累体制需要相应的制度形式架构加以维持，而所谓的“调节”意指这些制度形式。金融通过资本导向机制将资源配置到效益更高的部门，加速资本在各个产业间的流动，优化配置资源，促进产业结构升级。然而金融资源在产业间的配置也存在一些问题：金融资源对不同产业发展的支持力度存在差异，虽然信贷资源在各产业间的配

① 张佩瑶，崔建军．市场化改革有助于经济去杠杆吗？——来自中国省级层面的经验证据［J］．经济问题探索，2021（10）：1－12.

② 陈长．数字化赋能新时代金融供给侧结构性改革：逻辑、特征与路径［J］．西安财经大学学报，2022，35（2）：50－61.

置结构日趋合理，尤其是第二产业信贷资源配置不断优化，但仍然存在金融资源在产业间配置失衡的现象①。金融资源在产业间的不合理配置阻碍了产值的增加，抑制了整体资本积累机制的高效运行，这就客观需要创新制度形式，重构相应的制度框架。

针对金融资源在不同产业间的配置现状，要创新金融资源在产业间的配置方式，完善金融资源配置和产业发展资金需求对接制度，引导金融资源流向产业发展薄弱环节；制定加大对第三产业的金融支持制度框架，发挥金融在优化产业结构中的作用，尤其是加大对一些高技术制造业的支持力度，推动金融更好服务于实体经济；加快完善金融资源配置与产业政策协调机制，顺应国家产业发展方向，推动金融资源更多地流向重点领域和薄弱环节②。同时，在当前乡村振兴和共同富裕背景下，更应进一步优化引导金融资源更多地向“三农”领域倾斜③。

### （三）法国调节学派的金融制度与普惠金融制度创新

普惠金融是国家助力小微企业和农村等群体的金融服务体系，体现了政府主导金融资源向弱势群体倾斜的政策，致力于解决金融资源的配置不均问题。自2016年起，我国就正式启动普惠金融改革试验区的试点建设工作。地方政府和各类金融机构也通过内部机制建设和外部合作，积极提升普惠金融服务能力，推动普惠金融制度和政策创新。虽然当前我国普惠金融形成了以商业银行为主、民间金融机构为辅的发展模式，但是目前我国普惠金融发展仍然存在不少难题：普惠金融概念、原则和适用主体不明晰，各主体应享有的权利和承担的义务也不明确，导致相应的利益主体冲突时有出现；商业银行的普惠金融业务大多源于政府的干预，绑架商业银行的运营，不利于普惠金融的持续性发展；普惠金融的服务群体具有特殊

① 刘悦，郑玉航，廖高可．金融资源配置方式对产业结构影响的实证研究[J]．中国软科学，2016(8):149－158.

② 史贞．金融资源配置效率对实体经济发展影响的动态空间效应研究[J]．统计与决策，2021,37(19):161－165.

③ 姜辉，周倚乐，龙海明．金融资源配置对产业结构优化的影响研究[J]．金融经济，2020(10):9－19,28.

性，中小企业和农村地区风险承受能力较小且信用资质差，加大了普惠金融的风险性；与普惠金融风险相关的金融监管制度也不健全，尤其是数字普惠金融的发展，进一步加大了监管的难度。

调节学派认为维持经济的良性循环需要制度性因素的调节，因此必须制定一套高效的制度框架体系，保证普惠金融系统的良性循环运行。具体来说，政府要进一步加强普惠金融领域立法，明确普惠金融的适用主体和服务提供主体；鼓励商业银行开展普惠业务，完善普惠金融激励制度，提高银行参与普惠业务的积极性；要转变监管思路，吸收借鉴国外普惠金融先进的监管经验，明确监管者的职责，提高监管能力，引导普惠金融健康发展。同时，调节学派主张实行密集性的信息投资，大力提高资本的生产率，以金融资产的增长摆脱经济危机，这启发我们要把数字经济和普惠金融的发展结合起来，大力发展数字普惠金融，推动金融和金融科技深入融合发展。

## 四、法国调节学派的金融制度和中国特色金融协调制度创新

金融协调与金融分配侧重点不同，金融分配注重在初次分配中通过制度创新实现金融资源分配效率的最大化，而金融协调是一个动态过程，更加注重当金融资源分配不均时，如何进行金融内外部协调以提高金融资源配置效率。事实上，金融协调的过程本质上就是金融制度变迁的过程，金融制度创新的终极目的其实就是促使金融系统内外部社会主体的关系更加协调，更加有利于金融与经济健康互动发展。因此可以说，金融协调制度创新问题本质上还是如何科学处理政府和金融市场之间的关系。法国调节学派认为创造出科学合理的金融制度形式是建立在金融体系各社会主体自发相互协调的基础上，强烈反对政府过度的干预调节，否则即使创造出来新的金融制度也会摇摆不定，难以促进经济的发展。因此中国特色金融制度创新要做好金融协调工作，既包括金融内部的协调，也包括金融内外部间的协调。

### （一）法国调节学派的金融制度与金融内部协调制度创新

金融内部协调的内涵很丰富，具体包括金融监管层、金融产品、金融

机构以及金融市场等之间的调节。我国金融市场发展十分不协调，金融内部的利益冲突广泛存在于金融组织、金融市场及金融产品之间。与间接融资相比，直接融资占比较低，不利于中小企业融资。资本市场发展也不均衡，债券市场发展远落后于股票市场，国内金融衍生工具的发展也较为缓慢；并且金融市场规模小，发展不成熟，利率和汇率尚未实现完全市场化。如果不加以协调解决，这种利益冲突会显著降低金融市场上信息的质量，加剧信息的不对称。

调节学派认为制度是调节社会冲突的主要机制模式，这种由制度形成的调节模式不是一成不变的，是会随着社会环境的改变而变化的，具体表现为当此前给定的调节模式调节社会冲突无效时，经济社会发展就会缓慢甚至停滞，客观上需要制度变革，形成新的调节模式以适应新的经济社会环境①。对于当前中国金融内部的各种利益主体冲突，需要政府进一步加强金融市场的制度建设，建立金融产品创新机制，形成新的调节模式。同时，当前银行业、证券业、保险业等金融机构的业务互相渗透发展，从金融内部协调来看，需要客观上建立起央行与国家金融监督管理总局、证监会等相关部门间的金融监管协调机制和信息共享机制，以提高金融市场的监管水平。

### （二）法国调节学派的金融制度与金融内外部协调制度创新

调节学派认为，市场不是唯一的协调机制，在现实经济活动中存在不同主体间的多种协调机制。聚焦金融问题，除了金融内部的协调，金融与经济和社会间也广泛存在着矛盾和冲突。实际上要从更大的视角看待金融协调问题，其包含的范围更广，不只是包括金融市场、金融机构与金融监管层间的协调，也包括金融机构、金融市场以及金融监管层与实体经济间的协调。事实上，关于金融与经济的关系，马克思经济学中早有论述，经济与金融相互作用，经济发展水平决定金融发展水平，金融对经济发展具有很大的反作用，这种反作用有时表现为促进作用，有时表现为阻碍作

① 贾根良．法国调节学派制度与演化经济学概述[J]．经济学动态，2003(9)：56－59.

用。调节学派的代表人物博耶对中国金融与经济的关系进行了深入研究后发现，中国经济发展表现出“金融主导型积累体制”特征，即房地产、股票等金融资产的价值快速上升，是推动经济增长的重要推动力，然而金融资产价格过度上涨极易导致泡沫产生，形成潜在的系统性金融风险①，加之当前中国金融发展也存在不平衡以及不充分问题，可见这种金融和经济间协调机制的缺失为中国经济发展埋下了巨大的隐患。

调节学派反对过度的金融化，主张金融应服务于实体经济，同时调节学派对中国金融主导型积累体制的认识为协调金融和实体经济的关系提供了有益借鉴。要完善金融和实体经济的利益均衡机制，引导金融回归本源，发挥自身优化资源配置的作用，更好服务于经济高质量发展；按照调节学派的逻辑体系，当社会劳资矛盾发生激烈冲突时，就要以推出新的劳动关系调节模式来缓和矛盾从而维持运行。金融对社会发展是一把双刃剑，当金融的发展难以协调社会主体的利益时，要积极探究金融与社会福利的新协调机制。单靠市场机制难以同时实现个人利益和社会总体利益的最大化，政府要发挥自身社会管理的职能，积极探究金融促进社会发展的新制度形式，如通过发展普惠金融和养老金融，促进社会公平，增进社会福祉。

## 五、法国调节学派的金融制度和中国特色金融风险防范制度创新

调节学派关于经济危机的研究形成了系统性理论成果，其观点不同于新古典经济学坚持经济危机主要来源于外来冲击的观点，调节学派认为经济危机的来源不仅来自经济体外部的外源性冲击，也来自经济体内部生产模式等方面的内源性因素②。调节学派的危机理论对于我国防范金融风险具有重要的借鉴意义，即金融风险防范既要从经济体内部着手，完善金融

---

① 吕守军，严成男．循环累积因果论与资本主义的不平等——从法国调节学派理论看皮凯蒂的《21 世纪资本论》[J]．河北经贸大学学报，2015，36(6)：9－13.

② 陈叶盛，胡若南．法国调节学派的危机理论[J]．经济经纬，2008(2)：9－11.

内部运行和监管机制①，同时也要提高对国际金融风险的警惕性，防范外部冲击带来的金融风险。

### （一）法国调节学派的金融制度与金融机构内控制度创新

博耶指出，不平衡的金融权力导致了系统性危机，整个社会各集团利益越不平衡，危机就越严重。作为金融的三大组成部分，银行、证券和保险从单一的发展模式逐渐走向融合发展，但三者存在矛盾与系统冲突，必然也存在监管空白和监管漏洞。在金融自由化和经济全球化的背景下，中国各金融机构面临的经营条件更加复杂多变，风险管理与防范必须贯穿金融机构内控始终，这不仅有利于金融机构的稳健发展，也能够促进整个宏观经济的稳定运行。

调节学派认为经济体发展的长期动态是不稳定的，是会随着社会环境的改变而发生变化的，当既定的经济发展调节模式不适应整体社会环境时，这种经济发展调节模式对各经济部门之间的协调性就会失效，存在着显著的不稳定性与无序性②。当前我国各金融机构在内部控制制度方面存在不少不稳定与无序因素，要加强其内部控制制度建设，建立良好的治理体系和分工明确的组织架构，稳健经营，确保各组织部分之间的连贯性；加大对内部控制的执行力度，完善内部控制监督激励制度，并利用信息技术不断提高自身风险评估的能力，建立全面的风险管理体系，尽快构建适应当前环境的新的发展模式，及时识别经营中的重大风险，提高风险管理人员的素质；同时，调节学派极其强调信息投资的重要作用，因此要完善机构内部和外部信息的获取制度，提高内部信息传递的效率，减少信息不对称；设置更高的信息披露标准，提高自身经营透明度，以便及时发现经营中的重大风险；完善商业银行、证券和保险公司间的关联交易信息披露制度，对三者间的交易过程进行必要的监督，提高内部监督部门参与度。

---

① 赵超．法国调节学派论全球金融危机[J]．国外理论动态，2011(11)：26－35.

② 吕守军．国际马克思主义经济学调节学派最新发展述评[J]．毛泽东邓小平理论研究，2015(12)：82－88，90.

### （二）法国调节学派的金融制度与金融监管制度创新

随着经济的发展，我国的金融监管制度逐步形成了由中国人民银行、国家金融监督管理总局、中国证监会组成的总体分业监管格局。但目前中国金融监管依然存在独立性不够、监管机构间的协调性较差等问题，不利于金融创新，难以满足金融新业态下的监管要求。尤其是近年来互联网金融的兴起对传统的金融监管分工带来新挑战；分业监管的金融监管模式难以满足金融混业经营形式，存在监管效率低下、权责不明等问题。

调节学派的危机理论对于填补我国金融监管空白和漏洞具有借鉴意义。调节学派认为西方国家的银行对风险的了解是高于监管机构的，政府对金融市场基本没有影响力，对汇率利率也没有决定权，金融市场的兴衰等一切都将按照市场预期来决定。然而市场调节不是万能的，政府对于金融市场的监管对金融市场的稳定至关重要，因此在金融监管过程中也要处理好政府和市场的关系。针对我国现存监管制度的局限性，要进一步完善金融监管责任体系，明确各监管主体的责任，对金融监管过程中的失责和错误进行惩戒，对监管过程中的腐败行为进行严厉打击；针对银行、证券和保险间的监管空白和漏洞，要进一步强化银行、证券、保险监管的协调与合作，逐步建立和完善监管部门间的监管信息共享机制①；同时，建立中央和地方两级管理层的金融监管协调机制，提高金融监管效率②。

### （三）法国调节学派的金融制度与国际金融风险防范制度创新

法国调节学派对开放经济学进行了深入研究，该学派认为对于国际经济关系调节的第三个层次是处理金融危机，解决银行破产问题，抑制系统传染，肯定国际货币基金组织等超国家机构在维护国际金融市场稳定中的重要作用。针对境外金融风险，自 2006 年 12 月起，我国相继颁布了对外资银行的管理条例，同时建立了完善的金融风险预警机制，基本上满足了新的格局下规制和监管的需要。但国际金融市场形势错综复杂，尤其是在

① 左晓慧，刘思远．金融监管对防范系统性金融风险影响研究[J]．经济问题，2021(7)：55－61，119.

② 宁子昂．中央与地方双层金融监管体制的形成及完善[J]．经济纵横，2018(5)：123－128.

新冠疫情的影响下，原有的风险防范制度难以适应国际金融市场的新变化。

在金融全球化的趋势下，国际金融市场冲击风险的防范也是金融风险防范的重要方面。调节学派反对市场原教旨主义，十分注重国家和政府对经济的宏观调控作用以及社会和市场的有机结合①，因此未来我国为应对国际金融市场风险，要加快构建“双循环”新发展格局，注重政府与市场的有机结合式干预调控，增强中国经济增长的内生动力，提高自身金融市场的稳定性。同时，调节学派认为金融全球化是市场经济与货币交换高度发达的产物，是社会化大生产的必由之路，因此我国必须积极参与金融全球化，对于国际金融风险，要立足我国国情，进一步完善境外金融机构的准入与经营管理的制度，最大限度地减少境外风险的传入；其次，要建立完善的国际金融风险防范和预警机制②。同时，国际金融风险有汇率、债务、货币等指标预兆，要对国际金融市场上的异变保持一定警觉，完善国际金融风险预警机制；加强国际金融监管多边合作的制度建设，加强与各个国家的金融协调与合作的力度，进一步推进金融开放。

## 六、总结

调节学派从马克思经济学衍生而来，可以看作马克思经济学在新时代的发展，同时，调节学派也吸收了凯恩斯关于政府干预市场的思想，但又与凯恩斯经济学不尽相同③。处理好政府和市场的关系贯穿于我国金融制度创新的始终，因此调节学派关于政府和市场关系的认知对中国处理好政府干预和市场化、金融内外部的协调及国际经济和金融关系具有重要的借鉴意义④。本章从中国特色金融供给制度、金融分配制度、金融协调制度和金融风险防范制度四个维度出发，结合调节学派的金融制度研究成果，

---

① 李其庆．法国调节学派评析[J]．经济社会体制比较，2004(2)：123－134.

② 周开国，季苏楠，杨海生．系统性金融风险跨市场传染机制研究——基于金融协调监管视角[J]．管理科学学报，2021，24(7)：1－20.

③ 杨虎涛．马克思经济学对法国调节学派的影响[J]．马克思主义研究，2009(9)：121－126，160.

④ 于珊，张嘉昕．法国调节学派第二代经济思想的政治经济学研究[J]．经济视角，2018(3)：1－7.

对我国现行金融制度进行创新。具体来看，未来金融供给制度创新要进一步关注金融供给侧结构性改革、非正规金融的制度创新和解决农村供需失衡问题的制度创新；金融分配制度创新要进一步推动金融市场化改革，促进金融资源在产业间的合理配置，并创新普惠金融管理制度；对金融内部和金融内外部间的协调机制进行创新，即创新金融机构内控制度和金融监管制度，注重各种制度协调配合，相互补充，共同促进我国金融市场的平稳运行。

调节学派对中国经济发展的模式也进行了系统研究，其观点在现在看来也非常高瞻远瞩，如调节学派通过研究认为中国粗放型的经济增长模式已难以为继，中国过去经济发展的历史事实已充分证实这一点；调节学派的学者雅尼教授也曾指出，在当前社会发展状况中，单纯的经济增长已经不符合人类发展的福祉，以 GDP 为指标衡量经济发展状况是不可取的，这与目前中国的经济高质量发展思路十分契合。此外，调节学派关于经济危机如何依靠乡村发展解决的观点也与中国当前的乡村振兴战略相契合。面向未来，追求经济高质量增长的中国迫切需要找到一条适合自身金融市场实际的金融制度创新方向，聚焦于金融供需失衡、金融资源配置效率低下、金融内外部利益不协调等实践问题，学术上还存在诸多理论命题亟待深入研究。

# 第十五章　法国调节学派生态文明思想与中国特色社会主义生态文明思想对比研究

岳利萍　杨欣怡*

党的十九届六中全会报告指出，在生态文明建设上，党中央以前所未有的力度抓生态文明建设，美丽中国建设迈出重大步伐，我国生态环境保护发生历史性、转折性、全局性变化。生态文明建设是关系中华民族永续发展的千年大计和根本大计，文明交流互鉴是推动人类文明进步和世界和平发展的重要动力。将法国调节学派生态文明思想与中国特色生态文明思想对比，学习借鉴先进的生态文明思想，从战略高度深化对我国生态文明发展态势和阶段特征的总体认识，有助于开创人与自然和谐的社会主义现代化建设新局面。

## 一、法国调节学派生态文明思想

### （一）形成背景

环境污染是一项世界性的问题，在工业发达的国家和地区尤为突出，法国作为欧洲老牌工业强国，在应对自然环境恶化和资源枯竭、推进生态文明建设方面起步较早。1962 年《寂静的春天》的出版，使正在享受工业化成果的法国惊觉在工业化带来物质极大丰富的同时，也带来了严重的污染问题。因此，法国调节学派逐渐正视环境问题并形成生态文明思想，将

* 岳利萍，西北大学经济管理学院副院长，中国西部经济发展研究院研究员，教授、博士生导师，主要研究方向为资源与环境经济学；杨欣怡，西北大学经济管理学院硕士研究生，主要研究方向为资源环境约束下的经济发展。

对环境的关切大规模落实为政策法规等实际行动，带来一场“环境转型”。

### （二）演进阶段

法国生态主义思潮在 20 世纪中后期逐步形成和发展，在多元思潮的综合影响下形成一些生态组织，如法国绿党。法国调节学派代表人物阿兰·利比兹积极参加法国“绿党”的活动，为“绿党”制定经济政策提供了理论基础。法国绿党在政坛中一直较为活跃，推进了法国生态环境保护进程。法国于 1971 年创建环境保护部，并成立了相应的政府职能部门，针对很多具体的领域进行立法，开启了法国生态环境保护的政策创建，缓解了地区污染问题，使人们逐渐认识到环保政策的合理性与必要性。之后，随着可持续发展理念的出现，法国认识到公共政策不仅要保护环境，还需要满足可持续发展的要求、考虑后代人的发展诉求，因此 1991 年制定的国家环境规划要求大幅增加环保部门预算，并于 2003 年建立可持续发展部际委员会，以监督可持续发展战略的落实情况。这些举措使法国的生态环境问题得到了缓解。但随着臭氧层空洞带来的环境挑战，空气污染物的地域逐渐扩大，空气污染物减排的复杂性也逐步增加，法国面对的环境问题也由地方性的酸雨问题变为全球气候变化问题。为此，法国逐渐扩大了环境治理的参与主体，在 2007 年格勒纳勒环境论坛中要求创建一个全民参与的环境治理框架，并且积极参与全球环境问题的治理，推动达成《巴黎协定》，督促欧盟履行更多的减排责任，在国际舞台上扮演“绿色先锋”的角色。

### （三）主要内容

当前，法国调节学派是发达资本主义世界中十分活跃的一支国外马克思主义经济学派别，长期从宏观、中观和微观视角分析资本主义经济制度的演变。在生态问题日益严峻的今天，法国调节学派将环境约束与其理论结合起来，形成独特的生态文明思想，其主张通过妥协以及妥协的制度化实现不同权益主体的利益，在社会再生产中考虑到生态关系并将其组织成一种制度形式，调节生态环境与经济发展的关系。法国调节学派这些先进思想对于中国特色社会主义生态文明建设理论有一定的借鉴作用，二者的生态文明思想存在相同点，但中国特色生态文明思想又有与之相区别的独特的内在逻辑性，必须对其进行谨慎分析和深入的比较研究，全面理解两种理论与实践。对比研究两种生态文明思想，有助于厘清二者关系与思想特征，有助于促进中国生态文明建设，增强我国生态文明建设的决心与信心。

### （四）主要特征

第一，法国调节学派生态文明思想具有妥协性，其主张对各利益集团利益冲突进行妥协的可能性和妥协的制度化，使得与生态环境有关的主要利益相关者互相妥协，通过建设环境制度机构解决环境问题，最终使各主体的生态权益受到保护。第二，法国调节学派生态文明思想具有开放性，其生态文明思想吸收了马克思、凯恩斯、卡莱斯基、诺斯等经济学者，涂尔干、布尔迪厄等社会学者，布罗代尔等历史学者，阿尔都塞的结构马克思主义的思想，实现了对法国本国生态环境保护和全球环境危机的指导。第三，法国调节学派生态文明思想具有系统性，在已有的微观和宏观理论的基础上，法国调节学派创造性地提出“制度形式”等中观层面的概念，主张以“中观”为抓手，构建自上至下全面的制度解决生态环境问题，受其思想影响，法国具备了系统的环境保护体系。第四，法国调节学派生态文明思想具有创新性。随着时代的变化，法国调节学派提出相应的理论。由于法国生态文明思想觉醒较早，在环境保护机构、环境立法、全球生态危机的解决等方面都处于领先地位，并创造性地提出环境制度机构时间可变性等一系列解决生态环境问题的思想，为其他国家环境保护工作提供了借鉴和指导。

## 二、中国特色社会主义生态文明思想

### （一）形成背景

党的十八大报告在论述生态文明建设时指出，随着经济的飞速发展，中国正面临资源约束趋紧、环境污染严重、生态系统退化的严峻趋势，必须改变传统的思维模式，以中国特色生态文明思想扭转生态环境恶化的趋势，为人民创造良好的生活环境，努力建设美丽中国，实现中华民族永续发展。在中国特色生态文明思想指引下，与时俱进地走高水平的清洁生产、绿色发展的新路，适应了在新的时代条件下解放和发展生产力的要求，适应了生产发展、生活富裕和生态良好的新型文明道路的新要求。此外，随着生活水平的不断提高，人民对优美生态环境的需要日益凸显。高度重视生态环境问题、加快生态文明体系建设，是进一步实现人的自由全面发展的基本前提和重要内容，也是在生态文明建设中实现人民至上价值立场的重要表现。

**（二）演进阶段**

中国特色生态文明思想的发展循环往复、不断前进。1983 年中央召开第二次全国环境保护会议，正式将环境保护确定为基本国策，这标志着环境保护的地位已经提升到国家战略层面，“环境保护”一词频繁出现在党的一系列重要会议和领导人讲话中，在党的十三大报告中首次特别指出“人口控制、环境保护和生态平衡是关系经济和社会发展全局的重要问题”①。随着可持续发展理念的引入，在 1995 年召开的党的十四届五中全会上，江泽民同志强调“在现代化建设中，必须把实现可持续发展作为一个重大战略”②，首次在中国提出了可持续发展战略；进一步地，1997 年党的十五大首次将可持续发展写入党的报告，并提出通过加强法治，统筹国土资源开发整理；加强环境污染治理，改善生态环境；控制人口数量，提高人口素质等措施实现可持续发展。进入 21 世纪，粗放型的经济增长方式难以支撑中国经济的进一步发展，科学发展观应运而生，党的十六大报告第一次明确提出了生态文明思想，要求增强可持续发展能力、改善生态环境、促进人与自然和谐发展；党的十七大报告把建设生态文明作为实现全面建设小康社会奋斗目标的新要求，这也是党的重要文件首次将对生态、生态环境等问题的认识纳入生态文明建设的范畴中。党的十八大报告

① 中国共产党第十三次全国代表大会文件汇编[M]. 北京：人民出版社，1987：28.

② 中共中央文献研究室. 江泽民论有中国特色社会主义（专题摘编）[M]. 北京：中央文献出版社，2002：282.

首次将绿色发展与创新、协调、开放、共享发展并列成为五大发展理念，将生态文明建设融入“五位一体”的总体布局中，站在国家发展的高度，显示出生态文明建设关乎人民主体地位的体现、共产党执政基础的巩固和中华民族伟大复兴中国梦的实现。党的十九大向全国人民发出了“牢固树立社会主义生态文明观”的号召，将“习近平生态文明思想”确立为我国生态文明建设的指导思想，在“十四五”时期要系统推进环境治理体系与治理能力现代化，实现生态环境总体改善，开启建设美丽中国的第一个五年。

**（三）主要内容**

习近平生态文明思想是当前中国特色生态文明思想的具体体现，集中体现了马克思主义哲学、马克思主义政治经济学、马克思生态文明思想的基本立场、观点和方法，是推动新时代高质量发展的科学理论体系，是迄今为止中国共产党关于人与自然关系最为系统、最为全面的理论体系和话语体系，是新时代推进生态文明和美丽中国建设的根本遵循。习近平生态文明思想提出建设美丽中国是生态文明的奋斗目标，要求分“两步走”，在本世纪中叶建成富强民主文明和谐美丽的社会主义现代化强国，体现了“生态兴则文明兴、生态衰则文明衰”的深邃历史观、“人与自然和谐共生”的科学自然观、“绿水青山就是金山银山”的绿色发展观、“良好生态环境是最普惠的民生福祉”的基本民生观、“山水林田湖是生命共同体”的整体系统观、“以最严格制度保护生态环境”的严密法制观、“全社会共同建设美丽中国”的全民行动观和“共谋全球生态文明建设之路”的共赢全球观。中国特色生态文明思想的建设，在纷杂的全球生态环境问题争议中发出了中国声音，为解决生态环境问题提供了中国方案。因此，深入研究中国特色生态文明思想的创新性理论，有利于我国生态文明建设的进一步发展。

**（四）主要特征**

第一，中国特色生态文明思想具有传承性，其理论渊源既来自对马克思主义哲学、政治经济学、人与自然关系思想的继承和发展，又来自对中国传统的自然思想理论的传承和发展，在中国一代代共产党人的实践中将生态环保工作经验加以提炼，在传承的基础上结合相关经验，提炼成为中国特色生态文明思想。第二，中国特色生态文明思想具有民族性，其诞生在中国文化和中华基因土壤中，既承载着中华文明和中华生态智慧的传承、弘扬的历史使命，又承载着中华传统文化和马克思主义“两个结合”的历史使命①，是指导中国生态文明建设、实现美丽中国的强大思想武器。第三，中国特色生态文明思想具有实践性，习近平生态文明思想是结合当前中国实际问题后对马克思主义人与自然思想的最新发展，是生态文明建设价值观与方法论的统一，指导着中国如何开展生态文明建设，如何进行环境保护工作，如何实现经济发展、人民幸福与环境保护相统一，经过多年的实践，中国生态环境已经有了很大程度的改善。第四，中国特色生态文明思想具有民生性，中国特色生态文明思想的出发点是以人为本、关爱民生，强调“必须坚持以人民为中心的发展思想”。生态文明思想首先要考虑人民群众的根本利益，坚持人民立场、顺应民意才能使生态文明思想得到全社会的认同，最终成为具有约束力的价值理念和行为准则，早日建成蓝天、碧水、青山的美丽中国。

## 三、两种生态文明思想的比较

### （一）共同之处

1. 研究背景相同

在国内背景方面，两者都由于经济迅速发展造成生态环境的破坏，激起国内学者对生态文明思想的研究，以缓解生态环境问题。法国在经济建设和工农业现代化过程中，在取得明显成就的同时对环境造成严重破坏，20 世纪 60 年代大气中的二氧化硫和氮氧化物每年分别达到 200 万吨和 60 万吨，江河受到污染的长度达到 2500 公里，环境污染严重，生态平衡遭到严重破坏。在此背景下，法国调节学派的生态文明思想成为绿党制定经济

① 黄承梁，杨开忠，高世楫．党的百年生态文明建设基本历程及其人民观[J]．管理世界，2022，38(5)：6－19.

政策的理论基础，据此提出很多具有可操作性的对策和建议，指导法国生态环境的保护和经济发展。中国工业化起步较晚，为追赶其他国家经济发展速度，长期以来粗放式的发展模式对生态环境产生了巨大的破坏，2006年中国成为世界上最大的二氧化碳排放国①，2013年雾霾大爆发蔓延至25个省、100多个大中城市，严重影响了中国经济持续增长、居民身体健康和中国政府形象。为此，中国政府高度重视生态环境问题，不断就生态文明建设的战略问题提出一系列重要论述，逐步形成中国特色生态文明思想体系，为推进生态文明建设、打赢污染防治攻坚战、解决生态环境问题提供理论指导。

在国际背景方面，两者都面临全球气候问题。随着资本不断向全球扩张，机械化的大规模生产带来了资源的浪费和环境的污染等种种弊端。发达的资本主义国家为保护本国的环境，将污染密集型企业转移到环境规制相对宽松的地区，使得这些落后地区成为发达国家的“污染避难所”②，带来全球性环境问题。全球性生态环境危机表现在很多方面，首先是全球气候变化，一方面，随着人口的急剧增加、工业的迅速发展，大气中的二氧化碳排放量逐年增加；另一方面，随着城市化进程的加快，城市建设用地需求不断增加，大面积的森林和草场被破坏后用于工厂和城市建设，植被覆盖率的下降使得二氧化碳没有被吸收，最终导致温室效应不断增强，致使全球气候变暖。世界气象组织发布的《2020年全球气候状况》报告指出，2020年是有记录以来三个最暖的年份之一，全球平均温度比工业化前水平约高1.2摄氏度③，全球气候变暖导致海平面上升、极端天气出现频率增加，给世界各国人民带来了巨大的生命和财产损失。其次是环境污染

---

① BP. BP Statistical Review of World Energy [EB/OL]. https://www.bp.com/content/dam/bp/en/corporate/pdf/energy-economics/statistical-review-2017/bp-statistical-review-of-world-energy-2017-co2-emissions.pdf, 2017.

② 金春雨，王伟强．“污染避难所假说”在中国真的成立吗——基于空间VAR模型的实证检验[J]. 国际贸易问题，2016(8)：108-118.

③ 陈永森，陈云．习近平关于应对全球气候变化重要论述的理论意蕴及重大意义[J]. 马克思主义与现实，2021(6)：18-25，195.

空前严重，工农业生产和生活排放大量污染物，导致大气污染、水污染空前严重，各类呼吸系统疾病与日俱增，并且大气中二氧化硫浓度升高会导致酸雨问题，带来农作物减产、建筑物腐蚀等问题，不利于各国经济发展，此外，成堆的固体废弃物没有得到有效处理和降解，限制了人类扩大发展空间。最后是生物多样性下降，随着人类对土地的开垦和扩张，生物栖息地不断缩小、破碎化，并且过度利用与消费野生生物导致生物多样性严重减退。这些全球性生态环境危机说明现代经济发展已经严重影响到人类社会的可持续发展，亟须研究生态文明思想，解决生态环境问题。

在理论研究背景方面，当前生态文明理论也处于一个零散化和碎片化的状态，完整的生态文明理论体系尚未形成。马克思主义生态文明思想由于其阶级属性，并没有在世界范围内推广；环境经济学的研究重点是核算资源环境价值和生态破坏损失，只是从数据角度说明生态环境问题的严重性，并没有给出具体的解决方案，在理论上没有取得突破；生态中心主义为反驳人类中心主义和个体主义，将人贬低为生态共同体的普通成员，忽视了人的主观能动性，在与其他观点的争论中很容易走向极端，因而没有形成科学的理论体系。我国关于生态的政策方针还未形成具体的理论体系。正是在这样的时代背景和理论研究背景下，法国调节学派生态文明思想与中国特色生态文明思想不断兴起并不断发展。

2. 目标相同

总的来说，法国调节学派生态文明思想与中国特色生态文明思想有着相同的目标，二者都希望解决生态问题，维护社会公平正义，保护全球生态环境，最终实现经济社会可持续发展。法国调节学派代表人物阿兰·利比兹提出马克思主义政治生态学，他致力于对人与自然关系的解读，否定人对自然界的征服力[①]。近年来，他参加法国“绿党”的活动，为“绿党”制定经济政策提供了理论基础，使“生态政治”成为法国政坛的主导

---

① 唐正东．政治生态学代表了马克思主义的未来吗？——评阿兰·利比兹的政治生态学马克思主义[J]．哲学研究，2008(3)：33－40，128.

性议题，提倡人类要肩负为其后代保护环境和生态系统的责任，坚持对可预见灾害进行预防和干预的原则，以应对气候变化、保护生物多样性、实现经济绿色发展[①]；在自然与社会的关系方面，强调社会可持续发展，具体来说，就是要摒弃忽视地球资源有限性的生产主义意识形态与经济无限增长的教条，提倡生产与消费方式的生态转型等[②]。

在维护社会公平正义方面，“环境正义”是中国特色生态文明思想始终坚持的价值取向。中国特色生态文明思想以科学认识和正确处理人与自然的关系为核心。习近平总书记提出：“要充分发挥党的领导和我国社会主义制度能够集中力量办大事的政治优势……加大力度推进生态文明建设、解决生态环境问题[③]。”这表明在中国共产党的统一领导下，中国特色生态文明思想建设以人民群众为价值目标和建设主体，以期实现人与自然的和谐共生。党的十九大将坚持人与自然和谐共生确立为新时代坚持和发展中国特色社会主义的十四条基本方略之一，并指出人与自然是生命共同体，只有坚持新发展理念、倡导绿色发展，统筹好绿水青山与金山银山的关系，才能最终实现建设美丽中国的美好愿景。因此，在国内生态治理实践中，中国特色生态文明思想强调应当建立科学的生态补偿制度，将生态环境问题的外部性内部化，同时保证环境受益人和环境受损人在生态利益上的公平正义。

在保护全球生态环境方面，法国调节学派认为经济全球化产生了新的矛盾和危机，生态问题的治理陷入困境，需要积极采取措施保证资本主义社会再生产顺利进行。因此，法国政府也意识到全球气候变暖的严重性和危害性，对生态环保及可持续发展等问题给予了特殊关注，2020 年颁布法令通过“国家低碳战略”，积极推动全球绿色低碳转型的大潮涌动。中国作为负责任的大国，一直致力于解决全球生态环境问题，早在 1992 年就参

---

① 张金岭. 欧洲生态绿党在法国掀起“绿色浪潮”及其影响[J]. 当代世界,2020(11):71 – 79.

② Europe Écologie – Les Verts, “Statuts EELV”, juin 2016[EB/OL]. https://www.eelv.fr/wp – content/uploads/2011/11/Statuts – Nationaux – V4 – juin – 2016 – 1. pdf.

③ 中共中央党史和文献研究院. 十九大以来重要文献选编(上)[M]. 北京：中央文献出版社,2019:448.

加了联合国环境与发展大会并签订了《联合国气候变化框架公约》，之后又签署了《京都议定书》《巴黎协定》等国际公约，并在国内积极采取有效措施，真抓实干为解决全球生态问题作贡献。在全球生态治理实践中，始终倡导以“人类命运共同体”理念为指导，强调所有民族国家都应当承担保护人类唯一地球家园的责任和义务，依据造成全球生态问题的历史责任和民族国家发展的现实，厘清不同民族国家应承担的全球生态治理的责任和义务，在实现环境正义的基础上，把全球生态治理与发展中国家消除贫困、全球共同繁荣发展有机统一起来。在中法两国的生态合作方面，2015 年中法共同发表《中法元首气候变化联合声明》，对于推动达成《巴黎协定》发挥了重要作用；之后两国又同联合国于 2019 年在气候变化问题会议发表新闻公报，为解决全球生态环境问题注入新活力；同年 11 月，两国共同发表《中法生物多样性保护和气候变化北京倡议》，为完善全球治理确定了宏伟而精确的路线图。由此可见，尽管法国调节学派生态文明思想与中国特色生态文明思想表述上不尽相同，但二者实现人与自然和谐相处、实现经济可持续发展、保护全球生态环境的目标是一致的。

3. *方法论相同*

法国调节学派的生态文明思想与中国特色生态文明思想都受到马克思主义的影响，坚持马克思经济学，反对新古典经济学派静态的、均衡的、缺乏历史意识的分析方法。具体来说，两者都坚持唯物史观的观点。唯物史观认为“社会存在决定社会意识”，社会意识是社会存在的反映，要从社会制度和生产方式入手考察生态危机的根源和解决途径，而不能仅仅停留于对抽象的生态价值观的考察，进而把生态问题简单地归结为一个价值观问题。法国调节学派生态文明思想在生态环境出现问题后产生，力求在生态环境的日益恶化、自然资源过度开发的今天，调节积累体制和调节方式来维持资本主义经济增长；党的十八大指出，中国经济进入了新常态，社会主要矛盾发生了转变，解决发展不平衡不充分问题成为经济工作的主要方面，生态文明成为人类文明发展新阶段的时代标记。同时，社会意识对社会存在具有能动的反作用，先进的、革命的、科学的社会意识对社会存在的发展产生巨大的促进作用。法国调节学派提出生态文明思想代表人物利比兹的生态环境理念，成为绿党制定经济政策的理论基础，据此提出很多具有可操作性的对策和建议，指导法国生态环境保护和经济发展；中国坚持绿色发展理念，将绿色发展理念贯穿到全社会各个领域。习近平总书记指出："保护生态环境就是保护生产力，改善生态环境就是发展生产力。让绿水青山充分发挥经济社会效益，不是要把它破坏了，而是要把它保护得更好"①，优质的生态环境可以带动经济发展，因此在新时代必须坚持中国特色生态文明思想，走低碳经济、绿色经济、循环经济的道路。

唯物主义自然观认为，"人与自然界都是客观现实的存在，而且自然是先于人的客观存在"。马克思指出，人"所以创造或设定对象，只是因为它是被对象设定，因为它本来就是自然界。因此，并不是它在设定这一行动中从自己的'纯粹的活动'转而创造对象，而是它的对象性的产物证实了它的对象性活动，证实了它的活动是对象性的自然存在物的活动"②。人与自然之间的关系是不断变化、发展、演进的，现代以来资本主义社会生产呈现出无限扩张的态势，表现出对全球范围自然资源的掠夺性开发和落后国家和地区生态环境持续恶化，人类与自然已经呈现出对立异化的趋势。但人与自然应该具有同一性，人一旦脱离自然界将无法从事任何意义的生产实践活动，因此人类在通过实践活动改造自然界的同时，要遵循自然界的客观规律，维持人与自然的生态平衡。法国调节学派将经济危机划分为五类：其中第一类危机是外部扰动造成的，与自然或天气灾害相关的短缺导致持续经济再生产受到阻碍③。为应对全球生态危机、保证社会经济正常运行，各国政府应充分重视生态环境问题，制定相应的政策调节人们的行为，坚决否认人对自然界的征服力的观点。习近平总书记认为"自

① 中共中央文献研究室．习近平关于社会主义生态文明建设论述摘编[M]．北京：中央文献出版社，2017：21.

② [德]马克思，恩格斯．马克思恩格斯文集：第1卷[M]．北京：人民出版社，2009：209.

③ 任保平．法国调节学派的政治经济学理论及中国特色社会主义政治经济学对它的借鉴[J]．政治经济学季刊，2019，2(4)：24－34.

然是生命之母”①，破坏自然环境同样会反映于人类生命之中。同时，他提出“人与自然是生命共同体”的思想②，要求加快建立健全生态文化体系、生态经济体系、目标责任体系、生态文明制度体系以及生态安全体系，保证人与自然和谐共生。可见法国调节学派生态文明思想与中国特色生态文明思想都坚持唯物主义自然观，都在经济发展的同时正确处理了人与自然的关系。

4. 理论基础相同

马克思主义是随着时间的推移不断创新、不断发展的，法国调节学派生态文明思想与中国特色生态文明思想以马克思主义为理论基础，在实践中不断丰富和发展马克思主义理论的内容，对马克思主义理论具有原创性贡献。首先，由于时代背景的变化，法国调节学派在不同时期提出了不同的理论，但在理论体系上都采取《资本论》“批判的体系”和“体系的批判”相结合的策略③，在研究生态环境问题时不拘泥于马克思主义经济所固有的理论体系，在充分吸收生物学、社会学、历史学等不同学科的理论后，形成法国调节学派生态文明思想。其次，法国调节学派在制度理论方面创造性地提出“制度形式”等中观层面的概念，主张构建自上而下全面的制度解决生态环境问题，依次为法律秩序、制度、组织、惯例、习惯和习性，拓展了马克思主义经济学。最后，法国调节学派把生物进化论作为方法论的一个源泉，强调“时间可变性”和“空间多样性”，认为在解决生态环境问题时可以构建环境制度机构，而各环境制度机构可以根据自身恒定时间控制每种生态进程，这是同经济决策时间不一致的，因此各国的环境保护大多滞后于经济发展；并且经济专业化和国际一体化类型也影响

① 习近平．在纪念马克思诞辰 200 周年大会上的讲话[M]．北京：人民出版社，2018：21.

② 习近平．决胜全面建成小康社会 夺取新时代中国特色社会主义伟大胜利——在中国共产党第十九次全国代表大会上的报告[M]．北京：人民出版社，2017：50.

③ 吕守军．法国调节学派理论与马克思主义经济学创新[M]．上海：上海世纪出版集团，2015：8.

环境制度机构的发展①，不同国家地区的生态环境保护力度并不相同，发达国家经济发展水平更高，有更多的资金投入环保技术研发和生态环境监督中，调节学派这一方法论的创新是对马克思历史唯物主义的有益补充。

马克思主义理论对于中国特色生态文明思想的建设有着突出的影响，中国特色生态文明思想也在不断地丰富马克思主义理论，习近平生态文明思想属于马克思主义生态文明理论发展的最新阶段。首先，中国特色生态文明思想创造性地继承并发展了马克思主义唯物辩证法。习近平总书记根据新时代中国特色社会主义实践面临的新情况新问题，明确提出了我国社会主要矛盾已变为“人民日益增长的美好生活需要和不平衡不充分的发展之间的矛盾”，良好生态环境成为人民群众的迫切需要。在唯物辩证法的基础上，该理论要求加强生态文明建设以满足人民群众对良好生态环境的需要，这是对马克思主义对立统一规律的发展。其次，中国特色生态文明思想还创造性地继承并发展了马克思对人与自然关系的认识。马克思主义承认以自在自然为前提的人化自然本体论，基于人与自然平等的角度，习近平总书记提出了“人与自然是生命共同体”这一观点，这是对马克思人化自然本体论的深入阐释，并且充实和发展了马克思主义关于尊重自然规律的思想。生态文明建设既是人与自然和谐共生的一种新的文明境界，更是中国特色社会主义道路的重要内涵和一种更高级的社会形态，必须切实贯彻新发展理念，正确处理好人与自然的关系。这一观点有利于从根本上改变当前粗放、浪费的生产生活观念，推动绿色生产生活方式的建设。最后，中国特色生态文明思想的方法论还对马克思主义唯物史观进行了创新。唯物史观认为“人民群众是社会物质财富的创造者，是社会精神财富的创造者，是社会变革的决定力量”，生态文明建设的目的在于促进人的全面发展、让人民群众共享发展成果、增进人民的福祉，反之，生态文明建设也需要每个个体的努力。因此，中国特色生态文明思想建设以思想变

---

① ELIE L. ,ZUINDEAU B. ,BECUE M. ,CAMARA M. ,DOUAI A. et MEUNIE A. Approche regulationniste de la diversite des dispositifs institutionnels environnementaux des pays de l'OCDE[M]. Revue de la regulation ,n°12,automne,2012.

革引领生态价值观的创新，要提倡培育生态伦理、转变人们现有的生产方式、生活方式和消费理念，树立环保意识、节约意识、低碳意识、绿色出行意识，这有助于营造一个全社会关心、支持、参与生态建设的良好文化氛围，最大程度减少社会经济活动对自然环境造成的损害。

同时，马克思主义是实践的科学。法国调节学派生态文明思想和中国特色生态文明思想把生态文明理论付诸实践，是对马克思主义唯物史观的创新。受法国调节学派生态文明思想的影响，2007 年法国政府把环保和可持续发展当作政府工作的重中之重，通过制定国家环保战略、设置二氧化碳排放税、发展核电改善能源结构等措施，生态环境明显好转。2021 年法国二氧化碳排放量 4.18 亿吨，与 1990 年相比下降了 23%，积极履行了《巴黎协定》的碳减排承诺。法国空气质量指数逐年下降，2021 年时 AQI 的年平均值降低到 11.4，法国的新喀里多尼亚成为全球空气质量最好的三个地区之一。随着国家对生态文明的不断重视，在顶层设计方面的不断完善，中国生态文明建设取得了巨大的成就，从《生态环境状况公报》中发现，2021 年全国生态环境质量明显改善。大气环境方面，空气质量达标城市数量、优良天数比例持续上升，空气质量达标城市占比达到 64.3%，优良天数比例达到 87.5%，主要污染物浓度如细颗粒物、可吸入颗粒物、臭氧、二氧化硫、二氧化氮和一氧化碳首次全面下降。水环境方面，重点流域水质持续改善，淮河、辽河流域水质由轻度污染改善为良好，生活饮用水水源水质达标率保持稳定。在生态多样性方面，全国生态质量指数值为 59.77，表明我国生态多样性较丰富，生态结构较完整、功能较完善。

5. *在制度重要性上观点一致*

在有关政府与市场关系的论述中，法国调节学派生态文明思想与中国特色生态文明思想有一定的相似性。法国调节学派创造出“新现实主义研究方法”，强调政治在制度形成中的决定性作用。博耶认为“中国的改革实现了政治和经济的协同进化，形成了竞争主导型积累体制，国家干预保证了经济的稳定增长，并推动中国向福利主导型发展模式转变[①]”，阿格利埃塔指出“中国在政治体制上继承了优秀的历史传统，这样的政治体制在谋划未来发展、倡导中华民族优秀传统伦理道德、建设和谐社会等方面，优越于某些自由民主模式的体制”[②]。关于如何解决环境问题，调节学派坚持妥协的可能性以及妥协的制度化，强调环境制度机构是制度形式在经济与环境关系上的投影，各国可以根据不同的国情制定相应的绿色税收水平和环境规制以保护生态环境，平稳渡过这一场全球性的生态危机。

习近平总书记指出，“我们既要遵循市场规律、善用市场机制解决问题，又要让政府勇担责任、干好自己该干的事”[③]，与资本主义相比，中国政府具有驾驭资本的能力，建设中国特色生态文明需要充分发挥有为政府和有效市场两大力量。有为政府需要在宏观层面颁布纲领性政策文件，调控市场经济与资源环境的配置关系，如习近平总书记所强调的：“保护生态环境必须依靠制度、依靠法治。只有实行最严格的制度、最严密的法治，才能为生态文明建设提供可靠保障。”[④] 党的十八大以来，党中央全面推进生态文明体制机制改革，制度出台频度之密前所未有，执法督察尺度之严前所未有，生态文明建设系统性、整体性、协同性持续增强，重要领域和关键环节改革取得突破性进展。通过生态文明建设试验区、按流域设置环境监管执法机构、国家公园体制等改革试点有序推进，为全面推进生态文明建设积累了丰富经验。在中央政府与地方政府的关系中，中央高度重视生态环境保护督察，推动解决了一大批长期想解决而没有解决的生态环境“老大难”问题，在官员政绩考核中摒弃了“唯 GDP”论，逐步加入对生态环境的考核，并且实现终身追责制，严格落实生态环境保护考责、

---

① BOYER ROBERT. Diversity and Transformations of Asian Capitalisms [M]. London: Routledge, 2012: 184 - 204.

② AGLIETTA MICHEL and GUO BAI. China's Development: Capitalism and Empire [M]. New York: Routeledge, 2013: 31, 294 - 297.

③ 习近平. 习近平总书记关于经济发展论述摘编[J]. 人民论坛, 2017(27).

④ 习近平. 习近平关于全面建成小康社会论述摘编[M]. 北京：中央文献出版社, 2016: 168 - 169.

履责和追责的环环相扣的制度链条，督促地方政府更好地执行法律法规，制定符合地方实际的更科学严格的生态环境政策。法国调节学派生态文明思想与中国特色生态文明思想都强调政治在制度形成中的重要性，以法律制度强制性地维持良好的生态环境。

### （二）不同之处

1. 理论来源和对待马克思主义态度不同

法国调节学派融合了多种学派的经济思想，其理论渊源可以追溯到阿尔都塞结构主义、新制度主义和后凯恩斯主义[①]。阿尔都塞认为："任何科学的理论实践总是同它史前时期的意识形态的理论实践划清界限：这种区分的表现形式是理论上和历史上的质的中断，用巴什拉的话来说就是'认识论的断裂'[②]。"法国调节学派生态文明思想是在工业化发展到一定程度后产生的，需要站在一个全新的角度思考经济发展与环境保护的关系，重新发现新的问题。新制度主义将制度定义为嵌入政体或政治经济组织结构中的正式或非正式的程序、规则、规范和惯例[③]，以挑战传统制度或借用其他领域的制度等方式来适应时代要求。法国调节学派生态文明思想吸收了新制度主义要在资本主义中建立一个制度框架的思想，强调通过环境制度机构解决生态环境问题。后凯恩斯主义认为政府的投资和消费可以解决有效需求不足的情况，能够实现经济的稳定增长，反对自由放任而主张政府干预[④]。法国调节学派也强调政府在生态环境保护工作中的重要性，强调通过发展模式的转换以克服生态危机。法国调节学派生态文明思想的部分观点与马克思主义相关，但法国调节学派对马克思经济学与马克思主义经济学进行了严格区分，只是批判继承和发展了马克思提出的相关观点，比如马克思认为在资本主义阶段政府干预并不能挽救资本主义危机，而法

---

① 陈叶盛．调节学派理论研究[M]．北京：中央人民大学出版社，2012：11.

② [法]路易·阿尔都塞．保卫马克思[M]．北京：商务印书馆，2010：139.

③ [美]彼得·豪尔，罗斯玛丽·泰勒，何俊智．政治科学与三个新制度主义[J]．经济社会体制比较，2003(5)：20－29.

④ 张荭．政府干预观的形成述评——新古典宏观经济学与新凯恩斯主义经济学的比较[J]．江西社会科学，2010(11)：86－90.

国调节学派强调在解决生态问题时要充分发挥政府的作用。

中国特色生态文明思想理论主要有两大来源。

一是传统的自然思想理论。中国传统文化中蕴含着很多可以为当前中国生态文明思想建设提供理论指导的思想理论。如“天人合一”这一思想理论，季羡林先生指出：“‘天人合一’是中国哲学史上一个非常重要的命题，是对东方思想的普遍而又基本的表述。这个代表中国古代哲学主要基调的思想，是一个非常伟大的、含义异常深远的思想，非常值得发扬光大，它关系到人类的前途”①。它指的是天、地、人三者合一，这一理论认为人要做到敬畏自然之道，按照客观规律办事，不破坏自然环境，与环境和平相处，如果没有自然万物的存在，人类难以获得生活必需品，也就难以维持生存。而随着近代工业文明的兴起，人与自然的关系呈现“主客二分”的特点，指的是为了追求生产力的发展，人们过度开发自然资源、严重破坏生态平衡，最终造成大自然对人类的报复，引发生态危机。“天人合一”是中国传统生态文明思想的传统理念，这一朴素的生态思想在今天仍然适用。在当前自然资源紧缺的情况下，我们要对传统的思想进行“扬弃”，吸收优秀的传统自然思想理论以完善当前的中国特色生态文明思想，也即我们要做到敬畏自然，与自然和平相处，做到当前社会环境下的“天人合一”。

二是马克思主义。中国坚持马克思主义指导思想，不断推进马克思主义中国化。马克思主义是实践的理论。马克思认为“实践是人与自然辩证关系的基本范畴，要在实践中把握人与自然的关系②”。在生态文明理论的建设中，中国将马克思主义理论付诸实践，自党的十八大以来，与生态文明相关的制度多次出台，密度前所未有，这也使生态环境质量在一定程度上得到改善。马克思主义也是科学的理论。马克思提出“科学技术是生产力”这一观点。中国坚持创新驱动发展战略，通过技术创新带动经济绿色

① 沈邦仪．人才生态论[M]．北京：蓝天出版社 2005：55.

② 严书翰．科学社会主义基本范畴解析[J]．当代世界与社会主义，2010(4)：75－78.

转型发展。马克思主义还是人民的理论。马克思主义第一次站在人民的立场上探求人类自由解放的道路①。中国生态文明建设的主体是人民群众，最终目标是为中国人民谋幸福、让人民群众在绿水青山中共享自然之美、生命之美、生活之美。由此可见，中国特色生态文明思想始终坚持马克思主义的基本原理，并且基于中国国情将马克思主义进行了中国化，在生态文明思想的建设上体现了马克思主义的观点、立场和方法。

2. 建设生态文明的途径有一定差异

法国调节学派认为西方生态危机的根源来自资本扩张和科学技术的资本主义使用，主张对各利益集团利益冲突进行妥协的可能性和妥协的制度化，使得与生态环境有关的主要利益相关者互相妥协，各主体的生态权益受到保护。调节学派代表人物阿格利埃塔曾提出将生态关系转换成生态生产再生产约束，并将其建立为一种制度形式②，实现经济发展与生态环境保护的同步。利比兹认为对环境进行干预的样式取决于积累体制，建立环境制度机构可以有效解决生态环境问题③，国家可以通过制定生态法规和标准、设置合理的环境税收水平、促进科技创新等手段引导社会经济朝着绿色低碳方向发展。具体来说，法国制定了一部系统且完整规定环境保护的宪法《2004 年环境宪章》，明确规定个人的环境权利和义务、国家的环保职责、国际层面的生态环境组织④，以实现生态平衡、社会经济可持续发展、全球范围内的生态环境保护。随着全球生态环境问题的进一步加剧，法国又于 2019 年通过《能源与气候法案》，为减少化石燃料对气候及自然生态圈的破坏，首次在法律层面上明确要逐步淘汰化石能源；2020 年政府实施“反废物计划”，尽可能减少一次性塑料品的使用，实现到 2040

---

① 习近平. 在纪念马克思诞辰 200 周年大会上的讲话[M]. 北京：人民出版社,2018:8.

② AGLIETTA M. Regulation et crises du capitalism. Calmann - Levy, Paris[M]. 2e edition 1982; ODILE JACOB Reedition, nouvelle preface, Paris, 1997.

③ 1999LIPIETZ A. Vers une theorie regulationniste de la politique. Croyances economiques et pouvoir symbolique[Z]. L' Annee de la regulation, n°3:169 - 207.

④ 王建学. 法国的环境保护宪法化及其启示——以环境公益与环境人权的关系为主线[J]. 暨南学报(哲学社会科学版),2018,40(5):62 - 71.

年前将一次性塑料物品的使用率降低到零；法国政府还通过市场激励手段鼓励公众绿色消费，2020 年把对二氧化碳排放量少于 20 克/公里的汽车的奖励额度提高 50%，消费者购买清洁能源汽车可以获得“生态奖金”，而二氧化碳排放量高的汽车需要缴纳罚款。

中国生态危机产生的原因更为复杂，仅将资本扩张作为罪魁祸首并不准确。中国与法国国情不同，中国工业化起步较晚，为追赶发达资本主义国家的步伐，不得不向自然索取资源，以廉价的资源和劳动力优势发展经济，竭泽而渔式的开发使得许多地区生态环境脆弱，并且中国技术相对落后，造成资源利用率较低、工业废弃物排放量更大。西方发达国家一两百年积累和发展起来的环境问题，在我国改革开放后的快速发展中，一下子集中显现，不仅生态环境中的历史欠账难以归还，新的环境问题也不断涌现。起初，政府对生态环境关注不够，地方官员追求 GDP 增长而不断降低环境规制，吸引污染企业进驻发展经济等，导致地区污染严重。为此，中国解决生态危机、建设生态文明的途径与法国不同。首先要确保党在生态文明建设中的领导核心地位。党的十八大第一次将“中国共产党领导人民建设社会主义生态文明”的内容明确写入党章，在党的十九大报告中进一步完善了这一规定，只有在中国共产党的领导下才能有效解决生态环境问题、满足人民群众的生态环境需要和维护人民群众的生态环境权益。其次要发挥人民群众在生态文明建设中的主体作用，人民群众是历史的创造者。习近平总书记提出：“生态文明是人民群众共同参与共同建设共同享有的事业，要把建设美丽中国转化为全体人民自觉行动①。”要问计于民，善于发现人民群众最关心的环境问题，通过科学制度解决好这些生态文明建设中的“痛点”，在充分听取人民群众意见的基础上制定生态文明制度，使各项制度在群众实践中不断得到检验和完善。要充分调动人民群众保护生态环境的积极性，提倡文明健康、绿色环保的生活方式和消费方式，根据人民群众的消费需求，引

① 中共中央党史和文献研究院．十九大以来重要文献选编(上)[M]．北京：中央文献出版社,2019:451.

导产业向绿色、低碳、循环经济转型。最后要发挥社会主义对生态文明建设的制度优势作用。中国“坚持自然资源资产的公有性质”①，要坚持生产资料和自然资源的公有制，推进共同富裕和共享发展，避免资本主义私有制的弊端，从根本上解决生态环境问题。

3. 理论参照的制度背景存在差异

法国调节学派生态文明思想是以资本主义国家为参照的，而资本主义私有制是当代全球性生态危机产生的重要根源，“就自然环境来说，资本主义只是把它当作追逐利润和积累更多资本的一种手段，而不是作为值得珍惜和享受的东西。这就是资本主义经济制度的内在本性，是造成当今环境危机的最基本的原因。”② 随着资本主义社会的发展，一方面创造出大量的社会财富，另一方面耗费了大量的人力资源和自然资源、造成了环境的污染。所以资本主义本质上是一种反生态的制度，这种反生态性根植于资本主义生产方式之中，全球生态危机不仅危害到人和自然，也直接危及资本主义自身。并且资本主义创造出享乐主义人生观和消费主义生活方式，主张“越多越好”的财富观，要求“别人有的我都有，别人没有的我也有”③，消费时不再考虑是否满足自身的实际需求，编织消费至上的生活方式以保证生产的无限增长，也导致对自然资源和生态环境更加严酷的控制和盘剥④，标志着经济危机已经延展到生态领域，资本主义面临全面的危机。调节学派只满足于在资本主义内部进行改良并未去探寻更好的社会制度⑤，其生态文明思想最终目的是维持资本主义制度、保证资本主义经济平稳运行。另外，资本主义具有短视性，资本主义不断扩大再生产的动力就是资本投资的短期回报和极端竞争下的产品生产。法国调节学派将资本

---

① 中共中央 国务院印发《生态文明体制改革总体方案》[N]. 人民日报,2015-09-22.

② PAUL M. Sweezy, Capitalism and the Environment[J]. Monthly Review,2004,56(5):553.

③ ANDRE Gorz. Critique of economic reason[M]. London and New York,1989:111.

④ WILLIAM LEIISS. The Limits to Satisfaction[M]. Montreal: McGill-Queen's University Press, 1988:6-7.

⑤ 胡海峰. 福特主义、后福特主义与资本主义积累方式——对法国调节学派关于资本主义生产方式研究的解读[J]. 马克思主义研究,2005(2):63-69.

主义划分为自由资本主义、简单垄断资本主义和国家垄断资本主义三个阶段，每个阶段都有一种与之适应的调节模式，每一次危机后也会出现一种新的调节模式①，因此在生态环境问题日趋严重的今天，法国调节学派提出相应的调节模式，可见其跨期研究较少，只是解决不同时期社会存在的问题。

当前国际上有些国家在生态问题的纷争中将矛头指向制度差异。他们将社会主义制度与资本主义制度对立起来，认为中国的生态问题源于社会主义制度。然而，社会主义制度下的国家生产资料公有，生产的根本目的是满足最广大人民群众的物质文化需要，最终实现从按劳分配向按需分配的过渡。这种社会制度追求人与人之间的平等，没有经济上的贫富分化，从根本上消除个人对物质财富过多的占有欲望。在这种制度下，企业生产的目的也是满足人们的日常需求而不是谋利，所以社会主义制度与生态危机没有必然联系②。中国环境问题的成因与资本主义国家有着本质区别。归根结底，首先是中国幅员辽阔，庞大的人口规模对环境和资源形成了巨大的压力。其次由于中国工业化起步较晚，为了与其他国家的经济水平看齐，在改革开放后，中国不断发展工业。依靠着大量资源的消耗，中国经济得到了飞速的发展，但这也意味着污染排放的大量增加。长期以来“唯GDP论”的观点，使得各级地方政府不惜以破坏生态环境的方式盲目地追求经济的发展。另外，部分资本主义国家为了减少本国资源消耗，将本国的资源密集型产业转入中国，这也是导致中国产生生态问题的一部分原因，但这本质上仍然是资本主义制度造成的生态问题。由此也可以看出，中国作为社会主义国家，现有的生态问题是由于特殊时期的经济至上发展理念造成的，而资本主义国家的生态环境问题是其自身的社会经济制度影响下的必然结果。所以，解决人与自然矛盾的唯一途径就是变革资本主义私有制。

---

① JASSOP BOB. Reulation theories in retrospect and prospect[J]. Economy and Society, 1990(19): 155 - 156.

② 何畏．生态问题的研究范式及其类型划分[J]．马克思主义研究，2017(1)：70 - 78.

## 四、中国生态文明思想对法国调节学派生态文明思想的借鉴与超越

### （一）中国生态文明思想对法国调节学派生态文明思想的借鉴

1. 突出建立环境制度机构解决生态环境问题的重要性

法国调节学派生态文明思想强调通过对各利益集团利益冲突进行妥协的可能性和妥协的制度化，建设环境制度机构解决环境问题。中国在生态文明建设时也在建设更加完善的制度体系，从中央到地方各层级根据实际需求完善环境保护法，有针对性地解决生态环境问题，用最严密的法制加大对各种破坏生态环境行为的惩治力度。中国环境行政机构经历五次重大跨越，生态环保职能逐步健全，环保机构的能力不断提升，2018 年成立生态环境部，强化生态环境监管职能，坚持所有者与监管者分离，对建设美丽中国具有重要意义。在立法方面，中国自 1978 年首次将环境保护列入《中华人民共和国宪法》以来，环境保护法体系随着环保工作的不断推进，逐步发展完善。2014 年完成新一轮《中华人民共和国环境保护法》的重大修订，明确了各方的主体和主体的不同责任，要求监管主体地方政府对所辖区域内的环境保护和环境质量负总责；对于污染主体的企业，要求如实地公开污染信息，如企业发生违法排污行为，将按日进行罚款且上不封顶，明确了污染主体必须承担的社会责任。2018 年 3 月，生态文明被写入《中华人民共和国宪法》，生态文明理念更高的法律地位和更强的法律效力，为将绿色发展理念更加广泛而深入地植入人心、落实到行动上发挥了重要的推动作用。

2. 凸显包容性吸收借鉴世界先进文明的重要性

法国调节学派融合了多种学派的经济思想，其理论渊源包括阿尔都塞结构主义、新制度主义和后凯恩斯主义等思想，同时吸收借鉴了马克思提出的相关观点，取各家之所长形成法国调节学派的生态文明思想。中国生态文明思想也是在吸收借鉴众多先进思想后形成的，蕴含着深厚的理论基础和历史渊源，既继承和发展了马克思主义生态观和人类生态文明思想，

也从中华优秀传统文化中汲取了思想智慧，还有习近平总书记在各个岗位长期实践中形成的经验提炼和理论升华。中国始终保持开放的姿态，广纳世界先进文明成果，因为西方发达国家的生态文明理念提出较早，我国在学习西方生态环境保护思想的同时结合国情，吸收借鉴其有益的成果，采取马克思主义的科学态度，进行认真分析、研究、批评，借鉴有益的思想又坚决抵制有害的思想，推动了中国特色生态文明建设。如西方生态经济学思想和生态学马克思主义，虽然都在一定程度上推动了环境保护工作，但前者更加注重人类经济活动与自然生态之间的相互关系，后者带有空想色彩和对马克思主义的偏离倾向，都无法摆脱非此即彼、尖锐对立的思维范式，孤立地、片面地、静止地、割裂地去分析问题、判断问题，只看到明显的对立表面，而没有去深挖隐含其内部的辩证统一。因此中国特色生态文明思想借鉴了其思想的合理成分和科学部分，吸收了其思想精华和理念精髓，克服了其他思想的局限性，是符合中国发展国情、可以用来指导实际工作的先进思想。

3. 凸显世界环境正义的重要性

法国调节学派生态文明思想在生态危机全球化的背景下展开。地球只有一个，面对生态危机任何国家都不能独善其身，受法国调节学派生态文明思想的影响，中国坚持世界环境正义，积极参与全球环境治理、共谋全球生态文明建设。如今，中国生态文明建设进入了“快车道”，我国生态文明建设进入一个必须紧紧抓住并且可以大有作为的重要战略机遇期。我国主张构建人类命运共同体，建设“和平、安宁、繁荣、开放、美丽”的世界，在生态上要求坚持绿色低碳，建设一个山清水秀、清洁美丽的世界①，为此，我国积极行动先后加入诸多相关国际条约，自 2015 年来，中国同美国、巴西、欧盟、印度等发表气候变化联合声明，2016 年同美国签署《巴黎协定》，2020 年提出“双碳”目标，展示了中国积极开展双边和多边国际合作、推进全球环境治理进程的决心。总结提炼中国生态治理的

① 习近平．习近平谈治国理政：第二卷[M]．北京：外文出版社，2017：541.

成功经验并上升为生态文明制度体系，可以为世界其他国家解决环境问题贡献中国智慧，使发展中国家搭乘上中国的“绿色快车”，为推动世界绿色发展、维护全球生态安全作出积极贡献。我国作为负责任的大国，也在积极向其他发展中国家以及欠发达国家提供经济援助和技术支持，促进其他国家通过科学技术的提高从源头实现自然资源的减量化，在末端实现循环生产减少废弃物的产生，共同建设好我们赖以生存的地球家园。通过多维度参与全球生态文明建设，不断提升我国的国际地位，强化在国际生态文明领域的标准制修订权。

### （二）中国生态文明思想对法国调节学派生态文明思想的超越

#### 1. 正确理解马克思主义，坚持马克思主义指导思想

法国调节学派生态文明思想吸收了马克思主义相关理论，尤其是唯物史观和唯物主义自然观，但其对马克思主义和马克思经济学进行了严格的区分，批判继承和发展了马克思提出的相关观点，对马克思主义的理解存在一定偏差。因而中国在借鉴法国调节学派生态文明思想时要谨慎进行甄别，在建设中国特色生态文明思想过程中，始终要坚持马克思主义的指导思想，守住马克思主义底线，坚持其方法论、生态观、科技观、价值观等。在纪念马克思诞辰200周年大会上，习近平总书记强调，马克思主义奠定了共产党人坚定理想信念的理论基础。首先，中国始终坚持实事求是的方法，从实际出发，深入研究和把握事物发展的客观规律，因地制宜制定符合中国现阶段生态环境和社会经济状况的环境政策。其次，中国特色生态文明思想强调外部自然界的优先地位，面对自然时要心存敬畏，不断调整生产生活方式以减小对自然界的不利影响。最后，中国特色生态文明思想强调要通过科学技术发展循环经济。马克思关于人与自然物质变换思想中特别强调了废弃物的再利用，通过科学技术的发展可以很好地提高资源利用率，科技发展更加注重绿色化、健康化、智能化，更加注重低能耗、高效能的绿色技术与产品的开发、应用和推广，通过科技创新推进绿色发展实现战略性突破，使生态文明建设体现经济性、成长性和未来性。只有坚持马克思主义指导思想，中国特色生态文明思想才具有中国特色社

会主义属性，才能指导生态文明建设朝着正确的方向发展。

2. 坚持理论与实践相结合，走中国特色生态文明道路

法国调节学派的生态文明思想只是影响执政党对国家政策的制定，并不能决定国家总体的发展方向，实践性较中国生态文明思想弱一些，并且其思想是在工业化发展到一定程度下提出的，走的是“先污染后治理”的传统路径。而中国在中国共产党的领导下开展生态文明建设，可以完整地将中国特色生态文明思想付诸实践，在生态文明建设时并不拘泥于现有理论，而是根据实际国情制定符合我国生态发展的策略、方法与制度指导实践。同时，有悖于西方传统的“先污染后治理”的道路，中国坚持绿水青山就是金山银山的指导思想，在经济发展中坚决贯彻生态保护的原则，通过构建良好的生态环境推动传统产业高端化、智能化、绿色化，促进经济高质量发展，实现在发展中保护、在保护中发展。在与市场的关系方面，中国坚持社会主义制度，正确处理政府与市场的关系、充分发挥市场对资源配置的决定性作用。有为的政府要对自然资源的开采、分配、消费等市场化行为进行制度规范，有效的市场要充分运用价格机制、供求机制和竞争机制，将自然资源纳入经济成本的考核中。企业价值考量的逻辑起点从资本变为生态，最终实现有为政府与有效市场在生态保护中相辅相成、有机统一。

3. 坚持以人民为中心，协调发展、人民与生态三者之间的关系

法国调节学派的生态文明思想在处理发展、人民与生态三者关系中，缺乏对发展中国家发展落后状况的考察。同时，在限制资本发展上又缺乏明确而具有可操作性的方案，因而在三者关系的处理上明显乏力且带有空想性。而中国特色生态文明思想坚持以人民为中心，协调发展、人民与生态三者之间的关系。在发展、人民与生态三者之间的关系中，可以通过绿水青山和金山银山的协同推进，使生产、生活、生态三者在动态中达到平衡，当前生态环境就是生产力，保护生态环境的同时，自然也必将以丰厚的资源、优美的环境、优良的生态“反哺”人类。中国在出台一系列生态环境保护政策时，首先考虑是否会损害人民利益，是否始终把人民利益放

在首位，进行生态文明建设的出发点、立足点和最终归宿就是广大人民群众的利益诉求。通过健全生态文明建设的全民行动体系，加大对生态环境重要性的宣传教育力度，积极引导绿色消费，畅通人民群众进行环境监督投诉的渠道，降低公众参与环保治理的成本，坚持人民群众在生态文明建设中的主体地位，更好地实现人与自然和谐共生，最终实现经济与生态的可持续发展。

# 第十六章　法国调节学派政治经济学研究的前沿进展述评

## ——“法国调节学派学术译丛”的思想综述

任保平*

法国调节学派是欧美马克思主义经济思想流派之一，其继承了马克思政治经济学中的核心理论与范畴，解释当代资本主义经济主体的相互作用及其规律，其学说的目的在于解释资本主义危机的根源和走出危机的原因。20世纪90年代以来，调节学派的理论进一步发展，被广泛运用到对转型经济、发展中经济和经济全球化、亚洲金融危机等新问题的研究之中。经过法国调节学派三大分支之一“政治经济”流派的主要代表人物雅尼教授的介绍，我们组织翻译出版了“法国调节学派学术译丛”（共六本），已经由中国经济出版社出版。这六本著作基本反映了法国调节学派政治经济学研究的前沿进展，现述评如下：

### 一、对衡量经济增长的指标进行的研究

对衡量经济增长的指标的研究集中体现在雅尼教授的著作《财富新指标》中。在经济学上以及在经济实践中，衡量经济增长的指标是GDP，但是20世纪70年代以来这一指标受到了经济学家和实际经济工作者越来越多的批评。人们认为这一指标有缺陷，主要表现在：①GDP不能完全反映一个国家的经济增长水平。有一些不通过市场却能对人们生活产生重大影

* 任保平，南京大学数字经济与管理学院院长、教授、博士生导师，教育部长江学者特聘教授，主要研究方向为数字经济和高质量发展、发展的政治经济学。

响的经济活动就不能通过 GDP 来反映。②GDP 不能反映一个国家的产品和服务结构。如一国重视武器的研发、一国用于基础设施的建设，对人们生活水平的影响差别就很大了。③GDP 不能反映产品和服务的进步。如因技术的进步而降低产品和服务的市场价值，GDP 无法反映。④GDP有一定的统计误差，而且没有考虑给环境带来的污染和资源的消耗。尽管这一指标受到了人们的批评，但是人们却没有找到一个新的指标来代替它。但是寻求新指标的工作一直没有停止过，《财富新指标》主要对 20 世纪 90 年代经济学家、统计学家和会计评价财富新指标的工作做了研究。

全书共分为八章，第一章“替代指标研究”。主要研究指标、价值体系及评价形成、统计工作类型学以及确定合成指标的中心。第二章“GDP 与经济增长问题”。主要研究国民经济核算的产生、卫星账户、国民生产总值、经济增长以及福利。第三章“人类发展指标”。主要研究联合国开发计划署具有历史意义的四项指标。包括人类发展指数、进行不平等调整后的人类发展指数、性别不平等指数、多维贫困指数。第四章“社会性综合指标”。主要研究社会健康指数、奥斯伯格和夏普经济福利指数、可持续福利的表现和相关方法、地区社会健康指数。第五章“GDP 的初步延伸”。主要研究关于 GDP 界限扩展的争论、在 GDP 的初步延伸中诺德豪斯和托宾的先驱工作。第六章“环境 GDP 和生态足迹”。主要研究绿色 GDP 和可持续经济福利指数，可持续经济福利指数的计算、真实进步指标、幸福星球指数等。第七章“2007—2015 年：超越 GDP 的多种路径”。主要研究欧委会和经合组织进行革新、“美好生活”指数、斯蒂格利茨委员会（2008—2009）和 FAIR 组织、联合国的财富总体性指标。第八章“评估指标”。在指标技术层面主要研究构建方式、维度和变量的选择、替代性指标的潜力、使用政治术语的指标评估。

## 二、从总体绩效角度对资本主义新精神的研究

从总体绩效角度对资本主义新精神的研究，主要体现在法国调节学派弗洛朗丝·雅尼－卡特里斯教授的《总体绩效：资本主义新精神》一书

中。该著作主要是对绩效形成过程的研究，其基本观点是：与个体一样，组织、国家都应遵照整体绩效原则，整体绩效支配着个人行为与结果，并以此来影响、改良生产及其最终成果。绩效是一个协调生产过程，要由数字来量化，建立相关的指标体系，每个个体都被要求遵照这一指导原则。在这种条件下产生出来的数字化标准，在每个个体之间建立起一种具有象征性的有机联系，从而指导个体行为。该书对绩效的形成过程的研究包括两个方面：一方面确定一些社会经济变革，这些变革能够解释绩效发挥其重要作用的原因。这时候的绩效不仅是一种行为协调方式、组织参数和增值效应的认知机制、控制工具，也是一种意识形态，甚至是一种信仰。另一方面本书提供一个工作综合视角。把前人有关绩效的研究综合在一起，在整体绩效研究的基础上，研究了现代资本主义精神。现代资本主义将整体绩效置于收益的核心位置，整体绩效成了资本主义新精神的一个重要组成部分。

全书共分为六章，第一章“绩效及其词源”。主要研究“绩效”这一词语的语义组成的多样性。从玛雅·巴卡奇·博瓦勒在其《荒谬策略》中第一次提出绩效概念，开启绩效时代开始，分析了绩效的概念和双重词源概念，并进一步分析了绩效量化的重要性，同时分析了与绩效度量相关的制度变革和价值问题，以及调节学派由最初的生产力概念随着金融资本主义的产生而向绩效概念的转变。第二章“服务业经济的绩效”。主要研究第三产业的评定、现代经济中生产力增益和经济增长的结构性下降、服务性产品的多维性。第三章“工作关系的个体化与绩效”。首先研究了工作关系的个人化，认为当今社会最大的悖论是一方面工作前所未有地持续分化着，在所有经济系统的因素中创造了一种有机的统一，但另一方面，自治与个人化的趋势也前所未有地如同命令一般强烈。日益增长的个人化趋势首先依靠的是个人薪酬体系。与个人化相对应，产生了个体绩效。为了克服个体绩效于是出现了“总体绩效”，总体绩效是所有促进性配置的集合，对于这些配置没有人相信，但所有人都响应并且屈膝遵从。在此基础上研究了总体绩效的方式、体制和管理，总体绩效和个人绩效的关系。本章的研究结论认为，整体机构不能被简化为个体的集合，同样个人绩效不能保证总体绩效，将实现保护公共财产的社会政治条件放在首位。第四章"'现代化'国家的绩效"。本章从公共政策的"评估"或公共服务的"测算"入手，研究了公共政策的评估需求如何使追求绩效变得合理。研究了作为整体绩效机制的基准分析法，基准分析法是一种旨在把绩效差异数据化的机制，并且它鼓励其中业绩表现最好的人成为"标杆"（Bruno，2008），研究了这种构建评判标准的方法如何进入国家绩效测算的领域中。第五章"绩效与量化"。首先研究了数据神奇的能力与权力，研究了取代个体在工作中提出和产生证明的能力数据力量。在此基础上研究了数据的社会性能，分析了数据的认识论中立性、消除社会关系中的个性化、直接性、速度性、简易性。最后研究了数据取代概念的趋势，认为现代社会无论是在可持续发展的生产方面，还是在生活质量、福利方面，概念似乎在元叙事的背景下越来越不被看重了。相反，它越来越让位于指标清单。第六章"绩效体制的多样化"。归纳了从评估标准上划分的单一维度绩效、多维度绩效。从制定过程划分的规划式和协商式绩效体制。

总体来看，该书是从资本主义从福特制向后福特制转化过程中的新变化入手来研究整体绩效问题。该书的思想对收入分配、企业管理、人力资源管理、社会政策评估具有重要的借鉴意义。

### 三、对后增长时期发展模式的研究

对后增长时期发展模式的研究主要体现在弗洛朗斯·雅尼-卡特里斯教授的《经济增长值得期待吗》一书中，该著作主要研究的是面对地球上资源的有限性，不惜一切代价地追求经济增长是否具有合理性的问题。作者首先提出了一个疑问，那就是地球上的资源，尤其是自然能源是有限的。面对资源的有限性，不惜一切代价地追求经济增长还具有合理性吗？这个疑问成为贯穿全书的一个主线。提出这个疑问之后，作者进一步分析了经济增长在历史上的重要作用，生产本位主义式的经济活动所导致的生态危机，提出在后增长时代的发展模式必须同时能够既满足每个人的基本所需，又能够确保所有人类在生活中顺应自然、爱护自然、和谐相处、彼此照应。作者认为实现这个目标首先就需要我们形成一个共识：将后增长时期的发展模式变得为所有人所接受、向往。

全书总共八章，第一章“什么是经济增长?”主要梳理了有关 GDP 的历史知识，并且阐释我们是如何一步步最终将 GDP 这一数据集合视为衡量“财富”创造的指数的。主要梳理了英国重商主义、美国经济学家、诺贝尔奖得主西蒙·库兹涅茨、克拉克·沃伯顿、英国经济学家科林·克拉克、凯恩斯对国家收入的估算。通过历史的梳理，作者认为国民经济核算体系的形成事实上非常鲜明地强调了国家政府、公共支出以及凯恩斯乘数在经济活动中的决定性作用。另外，该体系还将经济增长的重要性置于首要位置。第二章“经济增长：一部千年历史”。人们在第二次世界大战之后才开始衡量经济增长，但是在这之前就已经有经济增长的现象。本章作者主要分析了经济增长的发展阶段，分析了美国经济学家华尔特·罗斯托和英国经济学家安格斯·麦迪森对经济增长阶段的研究，以及法国经济学家让·弗拉斯蒂埃的《黄金三十年》中对经济增长阶段的研究。第三章“发达国家注定要微增长吗?”欧洲在 1950—1973 年的黄金年代之后，经济严重放缓，生产力也随之下降。本章主要对黄金 30 年之后的经济增长大衰退进行了研究。第四章“经济增长所带来的损失”。核心内容是讨论了具有争议性的关系：经济增长与经济福利以及经济增长与幸福。分析了气候变化所需要的经济预算。第五章“绿色增长是不是一个解决办法?”作者认为应把绿色增长看成理想的解决办法，因为它在满足环境保护需要的同时，能持续为社会提供经济增长的发展潜力。然而绿色增长的概念过于模糊，其具体的衡量措施也充满争议。作者在分析了绿色增长问题的基础上，也分析了各种推行经济增长的观点。第六章“服务于新模式的新指数”。针对将经济增长作为社会进步的指数、GDP 作为财富增长的唯一标志的弊端，进行了努力解决这种弊端的各种创新性研究。包括：国民经济核算的初步尝试，可持续人文经济发展指数、货币化指标、新财富指标法等。第七章“后增长时代的社会模式是什么样的”。作者认为如果没有经济增长，失业情况就得不到改善，生活水平就无法提高，这就使得经济增速持续减缓这一前景格外令人担忧，政治家们不懈努力希望挽回经济增长的局面。然而，经济高增长率至少在目前与生态问题是相矛盾的。针对这个矛盾，作者研究了无增长式创造就业机会、后增长社会的就业及工作、稀释工作强度，重建社会模式等问题。第八章“后增长社会有什么样的变化?”作者支持实施一种能够在物质和精神上满足所有人的新型发展模式，这种模式与国内生产总值的水平没有太大关联。作者首先分析了世界市场的深刻变化，组织和机构的作用，增长之外的新社会运动。

全书总的结论认为要摆脱意识形态和对经济增长的执念，就要重新设想新的政治经济关系，尽可能考虑到更具合作性行为的合理性，同时还要将迫切需要关心的共同财富置于思想的核心地位。要建立一个远离增长恢复视角、根植于后增长时代社会前景的新模式，需要一个将政界和跨学科同时视为思想工作核心的政治经济项目，以一种批判的方式重新思考经济增长带来的得失和损害，并将此项目加入面向“美好生活”社会计划当中。

## 四、对资本主义调节与危机理论的研究

对资本主义调节与危机理论的研究主要体现在法国调节学派的创始人之一罗伯特·博耶教授的著作《资本主义政治经济学：调节与危机理论》中。该书围绕20世纪70年代以来30多年的蓬勃发展缘何戛然而止；2008年的经济危机是1929年经济大萧条以来最严重的金融危机，如何解释之前金融机构的创新加速了大萧条以来的经济增长；欧元本应使欧洲走向联合，却为何反而导致了欧洲的分裂；华盛顿共识的支持者为何错误预测了中国在20世纪90年代末会遭遇重大危机等问题而展开研究的。针对这些问题，作者分析了新古典宏观经济学的失败，提出了资本主义概念的回归，分析了与历史传统相结合的马克思主义方法和调节学派的调节理论的七个问题。

该书除序言外，共有十章内容。第一章“资本主义经济的基础：制度

形式”。内容包括：回归政治经济学、隐匿于市场经济背后的制度、调节理论的核心问题、国家—经济的关系。这一章从质疑资本主义经济的基础——制度形式开始，就组织形式的两种差异性衍生形式进行了论述，制度形式是调节模式的基础。第一种衍生形式是传统的变革，是古典政治经济学的一部分，随着一般均衡理论的出现而达到顶峰。其目的是阐明市场经济的机制。第二章“从资本主义铁律到调节模式的承袭”。内容包括：对传统马克思主义的批判性解读、估计中间概念——制度形式、数百年来迥异的调节模式、当代调节模式。第三章“积累制度与历史动力”。内容包括：积累制度中的再生产模式、表征发展模式、将福特制模型化以研究其可行性和危机、具有多重体制的一般模型。本章的结论是福特主义是一个重要但并非唯一的概念。第四章“危机理论”。内容包括：增长与危机的辩证关系、发展模式的内生衰竭、积累向调节范围外部溢出、不稳定的积累制度金融自由化。本章结论是危机再度发生，形式发生变化。第五章“行动逻辑、组织和制度”。内容包括：一切理性都是制度性安排、市场社会建构、制度形式是体制安排的集合、现实和制度——从同构性到等级组织、制度形式塑造行为。结论是机构是沟通宏观与微观的必要中介。第六章“当代资本主义的新制度安排”。内容包括：生产模式的多样性、资本主义的分化、部门和地方机构安排、社会创新系统（SSI）、工资关系与教育系统之间的互动、国家社会保障体系、不平等制度和发展模式、环境的制度安排。本章的研究结论是资本主义的演化是制度安排的复杂化。第七章“政治与经济：当今世界的政治经济学”。内容包括：通过经济分析解释国家干预的理由、政治等与经济等从分离到交织、回归葛兰西和普兰查斯、政治经济机制的形成、凯恩斯是否正确、重大危机中的政治、经济政策在调节理论中的矛盾地位。第八章“资本主义形式的多样性和革新”。内容包括：从“资本主义反对资本主义”到体系趋同、资本主义的多样性、资本主义的历史在继续、新资本主义形式出现、动态发展轨迹的多样性、从全球化丰富了资本主义的多样性、透视当代资本主义。第九章“调节层级：国家、区域、超国家和世界”。内容包括：国家框架是福特主义存在的空间、制度等级转换的两个阶段、响应全球化对各种监管模式的重新配置、食利体制及其国际角色、一个过于全面的全球化概念、在国家与全球之间的欧洲一体化。第十章“过渡到另一种调节模式”。内容包括：制度变革为何如此困难，战争锻造了新的调节模式吗，机构体系的重新配置，从一系列边缘变化到另一个霸权集团的出现，互联网络中参与者的博弈，理念、利益和政治带来了一种新的调节模式，当代世界的嵌套性和复杂性。

全书认为，近几十年来的研究证明了不同机构的多样化和复杂性使当代资本主义保持相对稳定。生产模式、社会创新体系以及国家社会保护体系就是很好的例子。无数的组织和机构在几个基本市场之间进行互动，其中最重要的是信贷和金融。建立资本主义经济所必要的形式和制度安排的多样化和复杂化，导致了资本主义具有显著的复原力。迄今为止，资本主义已经能够承受重大危机，这是社会重新控制自身留下的市场逻辑内在不稳定性的机会。一种发展模式的成功与其标志衰竭的危机类型有关。危机不是由国内生产总值或失业率的下降来衡量的，而是由体制秩序丧失能力来体现管理模式的可行性。本书的各个章节表明，对制度配置的继承并不能最大限度地提高经济效率。从根本上说，制度变迁有两个来源：一是保证某种增长机制分得利益的谈判妥协，二是在不考虑经济效率的基础上强加霸权秩序。

## 五、采用制度主义分析方法对货币问题的研究

采用制度主义分析方法对货币问题的研究主要体现在《法国货币理论文选汇编》一书中，这本书是一本论文集，主要汇集了第一代调节学派的学者们关于货币的思想的讨论。

全书总共七章，前言部分主要是理论文献的起源与发展。主要介绍了货币制度主义学者们所关注的原始双向运动，试图在经济学领域建立起货币制度主义理论，为学者们在经济学前沿概念的研究提供理论支持，并以此区分人类学和社会学中的概念，因为人类学和社会学中的货币现象远多

于经济学；随后强调伴随着相关著作而产生的理论建设与发展问题。最后以更开阔的视野来看待制度主义，以研究制度主义在经济学和经济学以外领域所产生的影响。

第一章“货币社会经济学”。重点关注不同货币研究流派的成果。作者奥尔良在这篇文章中应用制度主义方法，将货币理解成“社会总现象”。将重点转向计数，原因在于货币为所有社会生产活动提供了统一的比较标准，引导读者重视齐美尔和西米昂的思想（1934 年）。第二章“货币的暴力（节选）”。详细阐述货币危机的产生机制。阿列塔和奥尔良在这本书的开篇部分假设货币是商业暴力的传播媒介与宣泄口，界定了三种形式的暴力：原始暴力（FIII）、相向暴力（FII）和固有暴力（FI）。描述了通货膨胀制度如何打破货币与商品的关系，阐释了通货紧缩制度如何改变债券与货币的关系。重点介绍了货币秩序的不稳定性，以及冲突能够破坏货币化关系。第三章“《主权货币》合著序名”。本章区分了三种形式的信任：伦理信任是一种经集体一致同意的行为准则；等级信任服从于集体权力；而逻辑信任则要合乎生活常规行为。三种信任能够确保货币的接受与融入过程。由于债务问题复杂混乱，这三种层次的信任也极为复杂，但联系又极为紧密，以致其中一种层次的信任崩塌都会导致货币危机。主权的概念展现了社会个体通过权力所有者对更高权力代表的从属关系，这也使“货币循环”长久性地归属于社会。第四章“以历史充实货币政治经济学”。在多学科的背景下，强调了历史对理解不同社会阶段货币发展形态的重要性。阐述了三种论点：首先讨论了基本交易货币的观点，认为这种货币出现的目的是打破物物交易；接着讲述了货币逐步去物质化；最后他们强调了计数的重要性及其文化维度。对社会行为的评价可以增强社会感，社会的客体和组织由此产生亦变为可能。第五章“货币现象的普遍性与货币的多样性——从殖民对抗到社会科学碰撞”。引述了货币带来的三种社会联系：与自身的联系、与他人的联系和与社会总体的联系。这三种联系随着社会的变化而变化，同时货币形态也会发生变化。殖民的例子很好地证明了这一理论。殖民者试图改变上述的联系，否定殖民活动之前的货币秩序，以便将自己的货币秩序强加于殖民地。第六章“市场经济的货币秩序”。集中论述了在市场经济这种特殊的经济体制下，支付体系的重要性。首先引述了分权和独立的原则，以及这两个原则在市场经济中的融合变化。将货币视为一种支付体系，这种支付系统包含三个组成部分：采用集体认同的计量单位，制定铸币的规则和建立差额结算的程序。文章关注流动性问题，认为流动性问题可能会威胁到货币秩序。第七章“货币的‘三态’”。认为在社会的不同领域，货币作为其中的媒介渗透其中。需要将它们连接起来，并保障各个领域能够同时独立自主地运转。货币被设计成一种社会关系，其融入态、客化态和制度态展现出了货币同时具有的三个维度：符号维度、经济维度和政治维度。

全书的创新之处在于分析中主要采用人类学或哲学的思维方法，使用了历史分析方法，综合了各门科学的特点，来对货币问题进行分析。这些论文的共同特点是采用制度主义分析方法探讨货币问题，认为货币是一种制度，是一种体现高级秩序的社会关系，为在制度主义背景下分析货币提供了必要的概念基础。

## 六、调节学派制度主义思想研究

对调节学派制度主义思想研究主要体现在法国调节学派的贝尔纳·沙旺斯教授的著作《制度经济学》中。贝尔纳·沙旺斯是巴黎狄德罗大学的名誉教授，他的研究重点是对经济体系和制度进行比较分析。《制度经济学》一书追溯了构成制度经济学大家庭的经济理论的历史，全面介绍了制度经济学演进的历史和最新进展。这些理论都试图从有时对立的理论和方法论立场理解制度的性质、作用、起源和变化，并对当代思想做出了重大贡献。制度主义思想的主题包括：连续性与变化之间的关系、个人行为与社会规则之间的关系、制度对经济动力或长期绩效的影响、在历史发展中权力和效率的各自位置。

全书除引言外，共有五章内容，第一章“早期的制度学派”。论述了早期的制度学派，其中包括施穆勒和德国历史学派，以及以凡勃伦、汉密尔顿、康芒斯和波兰尼为代表的美国制度学派。内容包括：制度、自由与进步，习俗与法律；凡勃伦的演化制度学派、马克思主义与历史学派的局限性、凡勃伦的“二分法”与“二元论”、汉密尔顿的“制度经济学”、康芒斯的组织和制度、波兰尼与作为制度化进程的经济。第二章“奥地利学派与秩序自由主义”。介绍了门格尔和哈耶克的奥地利学派以及欧根的秩序自由主义。内容包括：门格尔的组织和实用方法、哈耶克的秩序和规则、欧根的秩序自由主义 。第三章“新制度经济学”。本章主要介绍美国新制度经济学，介绍了威廉姆森和诺斯的著作、青木昌彦和格雷夫两位博弈论学者的著作，还有阿西莫格鲁和奥斯特罗姆两位具有多学科倾向的思想家的著作。内容包括：威廉姆森的治理机制、诺斯的正式和非正式制度、博弈论与比较制度分析、方法论多元化。第四章“当代欧洲各流派思想”。介绍了当代欧洲的制度经济学流派中的调节理论、惯例经济学和霍奇森的演化制度学派。内容包括调节理论的历史宏观经济学、解释规则的惯例经济学、霍奇森与“旧制度经济学”的复兴。第五章“制度主义的统一与多样性”。讨论了制度经济学流派或领域的多样性和统一性问题。内容包括：共同的重大主题、显著的多样性、制度经济学的局限性与一般理论。

全书认为，研究各种各样的经济问题时都必须考虑制度的重要性和影响。构成制度经济学的各种流派，在 19 世纪末至 21 世纪初取得长足的发展。这些流派拥有一些共同的中心问题。经济学作为科学或学科，必须考虑并研究制度问题，经济学必须将制度视为其研究领域之内的问题。人们总是对经济学研究中的变化问题感兴趣，但是制度代表着永远处于变化之中的世界当中的稳定元素。制度经济学改变了社会科学之间的传统界限，从逻辑上讲，多学科倾向是制度经济学不同流派的共同特征。

## 七、总的评价和认识

法国调节学派自 20 世纪 70 年代在法国最早形成以来，引起了世界范围的广泛关注，并在理论和经验研究方面取得很大发展。该学派的核心概念或者用语是“regulation”，这个词在经济学中一般被译为“管制”。中文的《新帕尔格雷夫经济学大辞典》将它翻译成“管制”，但该词条的作者、调节理论的开创者之一罗伯特·博耶（Robert Boyer）在该词条中仍然清楚地表达了该学派使用这一词汇的含义：“各种调节理论构成了一个研究领域，它集中关注于分析资本主义经济的长期转变”。据此，我国经济学界把该学派称为“调节理论”和“调节学派”。该学派依据当代资本主义的新变化，发展了马克思《资本论》体系中的政治经济学，在资本主义具有自我调节、自我更新、自我发展能力问题上有共同观点。

但是从“法国调节学派学术译丛”六本书的思想内容来看，除法国调节学派的创始人之一罗伯特·博耶教授的著作《资本主义政治经济学：调节与危机理论》仍然坚持马克思《资本论》的思想逻辑外，大部分学者已经脱离了马克思《资本论》的思想逻辑，只是依据当代资本主义的新变化，满足于在资本主义内部进行社会改良。尽管该学派存在着一系列的局限性，但是该学派的思想和方法对构建中国特色的社会主义政治经济学，发展马克思主义政治经济学在方法论上具有一定的借鉴意义。

# 第十七章　关于国内对法国调节学派研究的述评

任保平*

国外非正统经济学普遍批评或反对西方现有的经济体制，主张通过改良的方式来改善现存体制，反对正统经济学的方法、理论和政策。国外非正统经济学以马克思这些资本主义体系的批评者的思想为基础，吸收了李嘉图、凯恩斯等思想中的合理成分，在20世纪70年代以后取得了较大发展，形成了以后凯恩斯主义、制度主义和激进经济学为主体，包括生态经济学、演化经济学、法国调节学派等左翼经济学流派在内的一个学术群体。国外非正统经济学坚持系统演化的方法，以解决现实问题为导向。这样的经济学整体理论大量吸收了马克思的思想，普遍对资本主义制度持批评和否定态度，对于中国特色社会主义政治经济学的资源具有较高的参考价值。法国调节学派理论被引入我国后，受到了马克思主义经济学研究领域学者的关注，学者们从不同角度进行了研究。

## 一、法国调节学派研究综述

法国调节学派引起了世界范围的广泛关注，并在理论和经验研究方面取得了很大发展。但是国内研究者直到21世纪初期才开始对该理论加以关注。国内近年来的研究成果包括三部分：一是著作。对法国调节学派研究的著作主要有三本：中国人民大学吴易风教授的《当代西方经济学流派与

* 任保平，南京大学数字经济与管理学院院长、教授、博士生导师，教育部“长江学者”特聘教授，主要研究方向为数字经济和高质量发展、发展的政治经济学。

思潮》（首都经贸大学出版社，2005 年版），吴易风教授在第 9 章中全面介绍了调节学派；北京工商大学陈叶盛的著作《调节学派理论研究》（中国人民大学出版社，2012 年版）；吕守军的《法国调节学派理论与马克思主义经济学创新》。二是译著。由任保平教授和康蓉副教授主持的，由中国经济出版社出版的“法国调节学派学术译丛”（共六本），翻译了弗洛朗丝·雅尼－卡特里斯教授的三本著作：《财富新指标》《总体绩效：资本主义新精神》《经济增长值得期待吗》。后续还翻译了罗伯特·博耶（Robert Boyer）的《资本主义政治经济学：调节与危机理论》，皮埃尔·阿拉里等主编的《法国货币理论文选汇编》，贝尔纳·沙旺斯的《制度经济学》。三是论文。从 2003 年以来总共发表文章 30 多篇，主要关注了以下问题：

**（一）对法国调节学派的理论与政策进行的研究**

中国人民大学贾根良（2003）教授对调节学派起源、研究纲领的形成、分析框架等进行了早期介绍。他认为自 20 世纪 70 年代中期以来，法国的一些经济学家通过对马克思、凯恩斯和卡尔多经济理论的独特结合，并从布罗代尔等的法国年鉴学派和波拉尼、熊彼特的理论中汲取灵感，发展了一种研究资本主义经济长期演化的独特方法，在制度与演化经济学的发展中，形成了法国的“调节”学派[①]。李其庆（2004）对调节学派的基本理论观点和政策主张进行了全面的梳理和评析，系统介绍了法国调节学派的产生原因及其代表人物，并对其基本理论观点和政策主张进行了梳理和评析，综述性地评价了国内外学术界的各种看法和观点[②]。中国人民大学吴易风教授的《当代西方经济学流派与思潮》（首都经贸大学出版社，2005 年版），在第 9 章中对调节学派产生的背景、理论、政策主张进行了全面介绍。北京工商大学陈叶盛的著作《调节学派理论研究》（中国人民大学出版社，2012 年版），归纳了从 20 世纪 70 年代调节理论诞生至今调节理论的发展历程，并对其主要分析框架进行了概括，形成了完整的调节

---

① 贾根良．法国调节学派制度与演化经济学概述[J]．经济学动态，2003(9)．

② 李其庆．法国调节学派评析[J]．经济社会体制比较，2004(2)．

经济思想史概述。

### （二）对法国调节学派的方法论进行的研究

胡海峰（2005）对法国调节学派的资本主义生产方式理论进行了研究，他认为调节学派作为西方马克思主义经济学学派，对社会科学各个领域的研究以及对欧洲许多国家的政策制定都有重大影响。文章介绍了调节学派的分析方法、主要理论观点，并作了相应的评述①。夏明（2006）对调节学派的经济增长理论进行了研究。唐正东（2003）对调节学派的方法论进行了研究，着重对法国调节学派在从抽象到具体的方法论问题上的后马克思主义思想进行了阐述，认为调节学派既不同于抛开抽象并全面转向具体的方法论，也不同于马克思从抽象上升到具体的科学方法论，而是从矛盾着的生产关系这一抽象入手，但得出的却是雇佣关系不断扩散的结论，认为对法国调节学派的方法论的研究将给我们的历史唯物论研究带来启示②。其对调节学派货币哲学进行了研究，主要是对法国调节学派阿格利埃塔的货币哲学观进行了评价。

### （三）对法国调节学派其他经济理论的研究

一是对危机理论的研究。陈叶盛（2009）研究了调节学派的危机理论，认为调节学派既不认同新古典外来冲击造成危机的肤浅解释，也不接受马克思资本主义必然灭亡的论断。它把危机分为“外部”扰动造成的危机、周期性危机、调节体系的危机、发展模式的危机、主导生产模式的终极危机五种类型。赵超（2011）研究了调节学派的全球金融危机理论，2007—2008 年的全球金融危机成为学界共同关注并积极讨论的焦点，调节学派的博耶、阿格利埃塔、利比兹参与了这场讨论，赵超主要探讨了三位经济学家如何利用该学派的理论框架对这次金融危机进行解读③。二是对调节学派的制度经济理论的研究。吕守军（2009、2010、2013、2015）发表了一系列文章，对法国调节学派的理论体系、危机理论、制度理论、最

---

① 胡海峰．对法国调节学派及其理论的分析[J]．教学与研究，2005(3)．

② 唐正东．法国调节学派的后马克思主义经济哲学方法[J]．南京社会科学，2003(12)．

③ 赵超．法国调节学派论全球金融危机[J]．国外理论动态，2011(11)．

新进展进行了研究。在制度理论方面，吕守军指出，21 世纪初，法国调节学派完成了第一代和第二代的新老交替。第二代学者继承了调节学派初建时期的方法论，继续强调了调节理论的独特性，并在制度理论重建方面做出了巨大贡献。他们认为，各个社会主体都有各自的利益，他们在追求自己利益的过程中会产生社会冲突，而制度就是为了调节社会冲突而产生的，是社会主体在社会冲突中相互妥协的产物，其中，制度形成时的历史条件和政治交换对于形成什么样的制度起着关键性的作用。同时，制度、意识形态和政治媒介的相互作用形成了社会冲突调节的一般机制①。三是调节学派的比较资本主义研究。张旭（2016）对调节学派的比较资本主义进行了研究，他认为调节学派作为比较资本主义研究中一个重要的理论派别，把分析重点从对资本主义发展阶段转换的研究，转向对资本主义多样性的研究，并运用制度层级、制度互补、协调机制等概念，对不同国家资本主义的制度结构和发展模式进行了比较分析。调节学派的比较资本主义研究，对于深化马克思主义的当代资本主义分析具有重要的借鉴意义，但其日渐偏离马克思主义传统的研究取向，则成为其突出的理论缺陷②。四是调节学派的城市地租理论研究。约翰内斯·耶格、谢富胜、汪家腾（2017）从调节学派视角研究了城市地租理论。他们将地租纳入“投影工嵌入”这一调节学派的核心观点，考察其对地租水平以及对空间隔离等城市现象的影响，在回顾最饱含争议的地租类别问题的基础上，尝试提出了一个新的一致的地租类型学③。五是调节学派的经济增长理论研究。其对调节学派从积累体制与技术内生化角度的经济增长理论进行了研究。积累体制是指资本主义现存的在生产、收入分配和需求之间的动态协调机制，是在两种结构性危机之间长期存在的正常的积累模式，特定的积累体制又是

---

① 吕守军．法国调节学派的制度理论[J]．上海交通大学学报，2009(6)．

② 张旭．调节学派的比较资本主义研究及其启示[J]．山东社会科学，2016(2)．

③ [奥地利]约翰内斯·耶格，谢富胜，汪家腾．城市地租理论：调节学派的视角[J]．当代经济研究，2017(2)．

由制度形式来具体塑造的①。在对“调节”机制的认识上，调节理论反对技术决定论对技术推动经济发展的线性表述，而强调经济对技术的反馈，一种特定的技术体系如何与资本积累体制相互融合。调节理论对技术转变的研究的突出特点在于其同生产体系的整体表述结合在一起。认为技术进步同时取决于收入分配关系，成为增长理论技术内生化的一种形式，对于技术进步调节理论通常将它归之于创新、资本密度以及规模报酬，同时强调这些都不同程度地受到收入分配关系及特定的积累体制的影响。

**（四）对法国调节学派与马克思主义政治经济学的关系进行的研究**

杨虎涛（2009）对马克思经济学对法国调节学派的影响进行了研究，认为法国调节学派是马克思经济学阶段理论的发展产物，它总体上继承了马克思的分析框架和主要理论。虽然在一些概念上有所创新，但其系列概念的基础均是马克思经济学的。内涵型积累和外延型积累的基础是马克思的剩余价值理论，工业生产范式、积累体系、制度形式、调节模式等核心概念的基础是马克思的生产方式理论，这些概念间相互作用的机理，也遵循了马克思关于生产力—生产关系以及社会再生产的论述。同时，法国调节学派也认为，批判实在论是自己与马克思经济学沟通的方法论桥梁，这使它在研究中尤其强调时空特定性、趋势和反趋势等问题②。吕守军的《法国调节学派理论与马克思主义经济学创新》（上海人民出版社，2015年版）一书从经济思想史的视角出发，对法国调节学派第一代、第二代学者的理论进行综合考察，以期全面把握法国调节学派理论发展的来龙去脉，可为中国马克思主义经济学创新提供理论借鉴。近年来，法国调节学派的理论日益受到国内经济学界的重视。

**（五）对法国调节学派理论体系的演进与最新进展的研究**

吕守军（2015）围绕法国调节学派抓住中间层次剖析当代资本主义的

---

① 夏明．技术转变与资本积累体制——法国调节学派的经济增长理论述评[J]．国外社会科学,2006(4).

② 杨虎涛．马克思经济学对法国调节学派的影响[J]．马克思主义研究,2009(9).

特点，对法国调节学派理论体系的演进进行了梳理[①]。同时他又对国际马克思主义经济学调节学派最新发展进行了述评，认为20世纪70年代石油危机的爆发，使凯恩斯主义的国家调节政策饱受批判。21世纪初金融危机的爆发，使新古典经济学派的市场调节政策受到质疑。在此背景下，调节学派的制度调节理论再度引起关注。在经济理论和方法论方面，调节学派提出了独特的前提假设、理论结构和方法论。在现实经济方面，调节学派对美国、欧洲和亚洲经济进行了系统分析，为当代经济的发展提供了丰富的思想资源。这一学派的一些成果既可以为创新中国马克思主义经济学提供理论参考，也能对坚持中国特色社会主义道路、抵制和反对新自由主义及其“华盛顿共识”、超越新老凯恩斯主义的低效调节产生积极意义。[②]

**（六）对法国调节学派理论的运用研究**

主要是运用调节学派的理论研究中国现实问题。贾蕴琦（2018）运用调节学派的理论研究改革开放40多年的劳资关系演进，认为在我国40多年的高效发展过程中，中国的劳资关系一直随着经济的发展而变化，也是因为中国独特的发展模式，越来越多的西方经济学家开始关注中国的发展成果。与马克思主义经济学关系密切的调节学派，从制度对微观和宏观的弥合作用角度，对中国的经济发展模式进行了相关研究。从劳资关系的角度去理解调节学派的研究成果，可以为中国建设和谐劳资关系提供理论借鉴，也有助于中国特色社会主义政治经济学的构建[③]。目前我们在研究中国特色社会主义政治经济学、开拓马克思主义政治经济学新境界的过程中，可以从法国调节学派那里吸收思想，研究中国经济发展的新问题，概括总结我国经济改革和发展新材料、新事实，提炼升华中国特色社会主义

---

① 吕守军．抓住中间层次剖析当代资本主义——法国调节学派理论体系的演进[J]．中国社会科学，2015(6)．

② 吕守军．国际马克思主义经济学调节学派最新发展述评[J]．毛泽东思想邓小平理论研究，2015(12)．

③ 贾蕴琦．改革开放四十年中的劳资关系——基于调节学派角度的尝试性解释[J]．当代经济，2018(24)．

政治经济学的新理论、新话语（任保平，2019）①。

## 二、对国内法国调节学派研究的评价与启示

法国调节学派作为欧美马克思主义学派，其理论主要受马克思主义和凯恩斯主义经济理论的启发和影响，又力图超越两者，集中关注于分析资本主义经济的长期转变。自20世纪70年代调节学派在法国最早形成以来，引起了世界范围的广泛关注，并在理论和经验研究方面取得较大发展。调节理论积极运用多学科方法，主张充分利用历史学、政治学、经济学、社会学和法学等各学科的研究成果。它认为没有纯粹的经济现象，各种经济行为都是在密集的社会关系和政治规定的网络的框架中进行的。

法国调节学派虽然对于我们构建中国特色社会主义政治经济学有借鉴意义，但是这一学派的理论也存在缺陷：一是第一代调节学派和马克思政治经济学关系密切，第二代开始渐渐远离马克思主义，综合利用各种方法，建立一种具有历史和制度特色的宏观经济。二是在方法上具有历史经验主义色彩。正如唐正东先生指出的："法国调节学派虽然在当代西方学界产生着越来越大的学术影响，但由于它对新古典经济学方法论的批判不够彻底、对马克思科学方法论的把握不够深入、对历史的解读不够准确等三个方面的原因，导致它在方法论上走向了与历史唯物主义不同的历史经验论。"② 他们对马克思科学方法论的理解与马克思本人的真实观点还存在距离。

国内许多学者从不同角度对法国调节的思想进行了研究，为国内马克思主义政治经济学的研究提供了法国调节学派的思想借鉴。但是，这些研究都是对法国调节学派早期思想的研究，还需要系统研究法国调节学派作为国外非正统经济学思想的演化、法国调节学派的最新进展以及对马克思经济学的独到贡献，特别是需要深入研究法国调节学派思想对中国特色社会主义政治经济学的启示和借鉴。

---

① 任保平．法国调节学派的政治经济学理论及中国特色社会主义政治经济学对它的借鉴[J]．政治经济学季刊，2019(4)．

② 唐正东．法国调节学派在方法论上为何走向历史经验论[J]．常熟理工学院学报，2009(9)．

# 后　记

法国调节学派，是欧美马克思主义的重要分支。自20世纪70年代中期以来，法国的一些经济学家通过对马克思、凯恩斯和卡尔多经济理论的独特结合，并从布罗代尔等的法国年鉴学派和波拉尼、熊彼特的理论中汲取灵感，发展了马克思主义政治经济学，形成了法国的“调节”学派。人们对法国调节学派的初始了解主要源于吴易风老师的《当代西方经济学流派》一书。

2013年，法国调节学派的创始人之一罗伯特·博耶教授被邀请来到西北大学经济管理学院讲学，做了三场报告，在此次学术交流中，我们发现了法国调节学派的理论价值。博耶教授退休以后，他介绍法国里尔一大的弗洛朗丝·雅尼－卡特里斯（Florence Jany－Catrice）教授与我们联系。雅尼教授作为法国调节学派三大分支之一“政治经济”流派的主要代表人物，也作为法国政治经济学学会副会长，近年的研究聚焦在法国重大政治经济学问题上，包括法国社会模式的转变、社会经济学与经济政策、不平等转化中的社会科学、社会再生产中的危机、通过社会创新实现社会转型、法国20世纪公共统计学和政治权利、数据中的权利等。与雅尼教授交流之后，她赠送了自己的几本著作给我，我发现这些研究很有借鉴意义，于是萌生了翻译调节学派著作的想法，并得到中国经济出版社的支持。于是我和康蓉组织翻译了“法国调节学派学术译丛”，共计6本。同时我在清华大学《政治经济学报》先后发表了研究法国调节学派的学术文章。

在翻译这些著作的基础上，2019年由我牵头成功申报了科技部、教育部“高等学校学科创新引智计划”（111计划）“国外马克思主义经济学与中国特色社会主义政治经济学学科创新引智基地”。在基地建设中，依据翻译出版的这些著作，在全国深入学习和研究习近平总书记关于构建中国特色社会主义政治经济学的背景下，我们组织大家写了一批关于调节学派和中国特色社会主义政治经济学的文章，试图从调节学派的学术研究中找到构建中国特色社会主义政治经济学的启示，这些文章汇集形成本书。这本书成稿很早，在我没有离开西安时就已经完成。由于各种原因耽误了两年，可能其中一些观点已经陈旧，但是我对法国调节学派的认同，使我坚持把这本书做完，并用我的科研经费出版，以便于对这些研究有个总结。康蓉协助我组织翻译了“法国调节学派学术译丛”和“国外马克思主义政治经济学译丛”两套丛书，我的学生段雨晨做了大量的工作，于是这本书由我们三人共同署名出版。

本书实质是一本论文集，各章作者都附于文章之后。我已经离开陕西，回到南京大学继续从事政治经济学和数字经济问题的研究工作，但是对于法国调节学派，我和我的学生们还将继续关注和研究。今年我又在清华大学《政治经济学报》上发表了一篇研究调节学派的文章，去年我的学生钞小静在《政治经济学评论》上也发表了一篇研究调节学派增长理论的文章。本书的出版，我的学生段雨晨做了大量的工作，在书稿汇集和校对上付出了辛勤的劳动。贺静编辑十多年来为我的“中国经济增长质量报告”系列图书以及其他著作的出版做了大量工作，特别是在我和康蓉组织翻译的“法国调节学派学术译丛”和“国外马克思主义政治经济学译丛”的出版中给予了积极支持，在此特别表示感谢。

南京大学数字经济与管理学院　任保平

2023 年 10 月于苏州校区